D1855039

Roswitha Gruber

Aloisia – Eine Hebamme spielt Schicksal

Roswitha Gruber

Aloisia

Eine Hebamme spielt Schicksal

rosenheimer

2. Auflage
© 2009 Rosenheimer Verlagshaus Gmbh & Co. KG, Rosenheim

Titelbild: getty images, Fox Photos
Lektorat: Gisela Faller, Stuttgart
Satz: Buch-Werkstatt GmbH, Bad Aibling
Druck und Bindung: Bercker Graphischer Betrieb
GmbH & Co. KG, Kevelaer
Printed in Germany

ISBN 978-3-475-53874-2

Für Dr. Siegfried Kubin
mit einem herzlichen Dankeschön

Kapitel 1

Auf dem stattlichen Einödhof des Gumperbauern wachte die Bäuerin Kreszentia Moosberger in der Nacht zum 3. Februar 1965 kurz vor Mitternacht auf. Mit einer Hand tastete sie hinüber zum Bauern.

»Du, Blasi, ich glaub, es geht los«, sagte sie halblaut zu ihm, als er ein unwilliges Knurren vernehmen ließ. »Lass den Girgl anspannen, damit er die Aloisia herholt.«

»Bist du sicher?«, murmelte ihr Mann, immer noch im Halbschlaf. »Es ist doch noch gar nicht an der Zeit.«

»Das hab ich auch gedacht, als die Schmerzen vor einer Stunde das erste Mal kamen«, gab die Bäuerin zurück. »Aber jetzt kommen sie schon alle zwanzig Minuten. Das ist ganz eindeutig, Blasi. Damit sollte ich mich wohl auskennen.«

Als Mutter von sechs Kindern war sie zu dieser Feststellung durchaus berechtigt. Der Bauer war plötzlich hellwach, sprang mit einem Satz aus dem Bett und tastete im Dunkeln nach seiner Hose.

»Das überlass ich nicht dem Girgl. Da fahr ich schon selber, wo ich eh wach bin. Soll ich dir die Magd schicken?«

»Ja, sie soll hier schon mal einheizen und Wasser aufsetzen.«

Auch wenn es im nahen München schon üblich war, die Kinder im Krankenhaus zur Welt zu bringen, auf dem Dorf hatte sich das noch nicht durchgesetzt, und für die Hebamme Aloisia Gaßlmaier gehörte es zum Alltag, sich zu jeder Tages- und Nachtzeit bereitzuhalten. Natürlich wusste sie immer, bei welchen Müttern aus dem Umkreis es demnächst so weit sein würde, aber mit Zenta Moosberger hatte sie eigentlich erst Anfang März gerechnet. Das Kind kam also zu früh.

Ein eigenes Telefon war zu jener Zeit noch nicht so sehr verbreitet, aber die Hebamme hatte natürlich eines. Der Gumperhof freilich nicht, und so musste der Bauer die Aloisia dennoch aus dem Bett herausklingeln. Aber sie hatte schon von Berufs wegen einen leichten Schlaf und das Nötige immer griffbereit, und so dauerte es nicht lange, bis sie losfahren konnten.

Auch ein Auto hatte Aloisia Gaßlmaier schon, anders als die meisten Bauern in der Umgebung. Doch am Abend hatte es noch einmal kräftig geschneit. Mit dem Auto wäre die Fahrt zum abgelegenen Gumperhof hinauf deshalb viel mühsamer gewesen als mit dem Pferdeschlitten. Also setzte sie sich zum Moosberger in den Schlitten und ließ sich von ihm hinaufbringen.

Auf dem Gumperhof war die Hebamme schon oft zu Gast gewesen, aber dennoch wusste sie, dass es kein Routinebesuch sein würde. Nicht nur deshalb, weil es immer ein Alarmzeichen war, wenn eine Geburt zu früh einsetzte, sondern auch, weil sie genau wusste, was die Bäuerin auszustehen haben würde, falls das Kind wieder ein Mädchen sein sollte. Sechs gesunde Kinder hatte die Zenta bereits geboren, aber der Sohn und Hoferbe, den sich der Bauer so sehr wünschte, stand immer noch aus. Der Moosberger war deshalb fast schon am Verzweifeln.

Seine Zenta hatte er einstmals, fast schon zwanzig Jahre war das her, aus Liebe geheiratet, was für damalige Verhältnisse ein bisschen ungewöhnlich gewesen war. Aber bei diesem Paar schienen die Gefühle wirklich einmal zwei miteinander verbunden zu haben, die perfekt zueinander passten: Sie war die Tochter des reichsten Bauern aus dem Nachbardorf und damit eine sehr passende Bäuerin für den stattlichen Gumperhof, dazu noch jung und blitzsauber.

Die damalige Gumperbäuerin hatte zwar eigentlich eine andere als Schwiegertochter im Auge gehabt, doch unter solchen Umständen leistete sie gegen die Wahl ihres Sohnes keinen allzu großen Widerstand. Zenta hatte dazu noch immerhin vier Brüder. Niemand wäre auf den Gedanken gekommen, dass ausgerechnet sie keinen Hoferben zur Welt bringen könnte.

Der Bauer musste sich im Dorf viel Spott gefallen lassen mit seiner Mädchenschar. Nach der Geburt der jüngsten Tochter hatte ein ganz Unverschämter am Stammtisch sogar angeboten: »Es müsst halt mal ein andrer Gockel auf den Mist. Soll ich vielleicht aushelfen?«

Alle Anwesenden bogen sich vor Lachen, und dem Moosberger blieb nichts anders übrig, als mitzulachen, obwohl er diesem Lackl, der es gewagt hatte, seine Männlichkeit anzuzweifeln, am liebsten seinen Maßkrug über den Schädel gezogen hätte. Seine Wut und Enttäuschung ließ er danach an seiner Frau aus. »Was bist du denn für eine Henne, die nur Hühner ausbrütet?«, warf er ihr vor, was auch nicht weniger ungerecht war als der Spott, den er selbst am Stammtisch einzustecken gehabt hatte.

Es war aber nicht nur das Geschwätz der Stammtischbrüder, das den Bauern und die Bäuerin vom Gumperhof unter Druck setzte. Auch die alte Moosbergerin lag ihm nach jeder Entbindung von Neuem wieder in den Ohren: »Ich hab ja gleich gesagt, die Zenta ist nicht die Richtige für dich, aber du hast sie ja unbedingt haben müssen! Hättest du nur auf mich gehört und die Hinterhuber Christl genommen! Drei Buben hat sie schon. Die Zenta ist doch gar nicht robust genug, um einen Buben auf die Welt zu bringen.«

»Ach geh, hör mir auf mit der Christl!«, schnitt er ihr dann das Wort ab. »So ein fettes, unförmiges Trumm, wie die geworden ist. Und streitsüchtig noch dazu! Nein, mit dem Lenzbauern möchte ich nicht tauschen. Und der Bub wird schon noch kommen.«

»Ja, aber wann? Wenn du gleich einen Buben gekriegt hättest, wäre er jetzt schon groß genug, dass du eine Hilfe hättest.«

»Ach, Mutter, gib eine Ruh!«

So ähnlich verliefen diese Gespräche jedes Mal. Was ihm noch mehr als die Reden seiner Mutter zusetzte: Er saß immerhin auf dem jahrhundertealten Gumperhof, auf dem seit dem Dreißigjährigen Krieg immer ein männlicher Erbe dagewesen war. Sein Vater war sehr stolz darauf gewesen und hatte sogar einen Stammbaum malen lassen, dessen knorrige Wurzeln bis ins Jahr 1627 hinabreichten. Ohne Unterbrechung folgte auf ihm ein

Moosbergersohn dem anderen, und als Letzten hatte er den Namen seines eigenen Sohnes einzeichnen lassen: Blasius Moosberger, geboren 1914.

In der Region war es üblich, dass der Erstgeborene immer den Vornamen des Vaters bekam. Im Stammbaum wechselte der Vorname aber manchmal, und das ließ darauf schließen, dass es nicht immer der Älteste gewesen war, der den Hof übernommen hatte. Krieg oder Krankheit mochten manchmal den Erstgeborenen dahingerafft haben. Aber einen männlichen Erben hatte es dennoch immer gegeben. Sollte er nun der letzte Trieb an diesem Baum bleiben?

»Aloisia, schau, dass du den Buben diesmal herbringst«, sagte er zu der Hebamme, während sie durch die Nacht dem Hof zu fuhren.

»An mir soll's nicht liegen«, gab sie im selben, nur scheinbar scherzhaften Ton zurück. »Ich kann ja nur rausholen, was drin ist. Aber wenn der Herrgott es will, dann sollte es schon klappen.«

»Hör mir bloß auf mit dem Herrgott!«, brauste der Gumperbauer da auf. »Wenn's diesmal wieder kein Bub wird, dann ist er für mich erledigt. Dann sieht der mich in seiner Kirche nimmer.«

»Aber geh, Blasi, wie kannst du nur so gottlos daherreden«, tadelte ihn Aloisia. »Erpressen lässt sich der Herrgott doch nicht! Überleg lieber, wie viel du ihm verdankst. Sechs gesunde Kinder!«

»Was nützt mir das?«, fragte er zurück. »Ich brauch doch einen Erben für den Hof.«

»Ein Madl kann den Hof ebenso gut übernehmen. Woanders kommt das ja auch vor.«

»Woanders, woanders! Was interessiert mich das? Bei uns hat's immer einen männlichen Hoferben gegeben. Brauchst nur auf unseren Stammbaum zu schauen, der im Hausgang hängt.«

»Ich weiß, ich weiß. Das letzte Mal hast du ihn mir von oben nach unten vorgelesen.« Sie musste ein Kichern unterdrücken. »Ein bisschen langweilig ist mir dabei ja schon geworden. Ein Blasius Moosberger nach dem anderen, dann ein paar Severin Moosbergers, dann wieder lauter Blasiusse und noch ein paar Severine! Und einmal war noch ein Johannes dazwischen, glaub ich.«

»Da siehst du doch, dass ich unbedingt einen Sohn brauche!«, ereiferte sich der Bauer. »Immer ist der Hof vom Vater auf den Sohn übergegangen. Und ich hab meinem Vater noch auf dem Sterbebett versprechen müssen, dass ich so lang weitermache, bis ich den Sohn auch hab. Aber wenn es diesmal kein Bub wird, wann dann? Mein Weib wird bald vierundvierzig.«

Das Versprechen, das Blasius Moosberger seinem Vater gegeben hatte, lastete wie ein Albdruck auf dem Hof, das war der Hebamme Aloisia Gaßlmaier bewusst. Wie hat sich die hübsche, lebensfrohe Kreszentia in den letzten Jahren verändert! Und auch die Töchter hatten zu leiden, denn ihr Vater nörgelte immer nur an ihnen herum. Dabei waren sie alle gesund, hübsch und gescheit, und die Älteren von ihnen erledigten fast schon ein Pensum an täglicher Arbeit wie eine vollwertige Arbeitskraft. Es war nicht recht, dass er seine Enttäuschung über den fehlenden Hoferben an ihnen ausließ.

»Gut, dass du kommst«, begrüßte die Bäuerin die Geburtshelferin. »Es beruhigt mich immer, wenn du da bist.«

Die Hebamme wärmte ihre Hände am Ofen auf, dann untersuchte sie die Gebärende. Es war alles in Ordnung, aber die Abstände der Wehen zeigten, dass es wohl noch einige Zeit dauern würde.

Der Bauer schritt unterdessen ruhelos in der Schlafkammer auf und ab.

»Geh, Blasi, magst du dich nicht in der Stube drunten aufs Kanapee legen? Du kannst jetzt doch nicht helfen. Und morgen in der Früh musst du wieder zeitig hinaus in den Stall«, ermahnte ihn seine Frau.

»Nein, Weiberl, schlafen könnt ich jetzt eh nicht. Da kann ich auch hier auf- und abgehen. Oder stört's dich, Aloisia?«

Die Hebamme wusste genau, dass die Bäuerin froh gewesen wäre, durch seine Anwesenheit nicht noch zusätzlich nervös gemacht zu werden, aber sie hätte es nicht übers Herz gebracht, ihn jetzt schon fortzuschicken. Schließlich lastete der Druck auch auf ihm.

»Im Moment nicht«, sagte sie. »Du kannst dich aber hersetzen und einen Kaffee trinken. Die Vroni hat sicher genug gemacht.« Sie selbst hatte nach ihrer Ankunft sofort von der Magd eine Tasse hingestellt bekommen.

»Nein, keinen Kaffee«, wehrte der Moosberger ab. »Das ist doch Weiberzeug. Was ich jetzt vertragen könnte, wäre ein Enzian. Geh, Vroni, hol doch mal einen her.«

Träge verrann die Zeit, doch die Wehen wurden einfach nicht häufiger, und als sie sogar schwächer zu werden schienen, begann Aloisia, sich Sorgen zu machen. Zenta war bereits so abgekämpft, dass sie eine erneute Untersuchung fast teilnahmslos über sich ergehen ließ.

»Wir müssen ins Krankenhaus!«, sagte die Hebamme endlich zum Bauern gewandt, denn die Wehen hatten sich inzwischen sogar ganz eingestellt. »Lass so schnell wie möglich anspannen.«

Blasius Moosberger hatte schon gemerkt, dass etwas nicht so war, wie es sein sollte. »Wäre es nicht gescheiter, wenn ich unseren Doktor herhole?«, fragte er erschrocken.

»Das bringt gar nichts. Hier kann er nicht helfen, jedenfalls nicht ohne die Mittel, die er im Krankenhaus hat.«

»Was meinst du damit?«

»Der Muttermund öffnet sich nicht weiter. Man muss womöglich einen Kaiserschnitt machen oder das Kind mit der Zange holen.«

»Und was ist mit dem Kind?«

»Die Herztöne sind noch normal, aber wir müssen uns beeilen; das kann sich rasch genug ändern, wenn es mit der Geburt noch lange nicht vorwärtsgeht. Nimm ein paar Wolldecken mit. Vroni, füll eine Wärmflasche mit heißem Wasser.«

Für die Bäuerin war es in ihrem Zustand eine furchtbare Strapaze, in der Eiseskälte bis zum Haus der Hebamme auf dem Schlitten transportiert zu werden, obwohl der Bauer vorsichtig kutschierte und sie außerdem mit mehreren Decken warm eingepackt war. Im Dorf angekommen, drückte Aloisia dem Moosberger ihren Autoschlüssel in die Hand.

»Schaff du die Zenta ins Auto«, wies sie ihn an. »Ich ruf den Doktor an, dass er sich gleich auf den Weg ins Krankenhaus macht.«

»Und ich? Soll ich mitkommen zum Krankenhaus?«

»Dein Ross muss zurück in den Stall. Und helfen kannst du eh nicht«, erinnerte die Hebamme. »Fahr lieber wieder heim.«

Das tat er dann auch, nachdem sie wenige Minuten später wieder aus dem Haus herauskam. Dass sie den Arzt nicht direkt erreicht hatte, sagte sie ihm aber lieber nicht. Gerade erst kurz vor dem Anruf war er zu einem Sterbenden geholt worden, hatte seine Frau am Telefon gesagt, jedoch versprochen, sie werde ihn zum Krankenhaus schicken, sobald er wieder da sei.

Normalerweise wären die beiden Frauen schon nach einer Viertelstunde am Stadtrand von München angelangt, wo sich das kleine Belegkrankenhaus befand, in dem Dr. Fischer einige Betten hatte. Aber Aloisia musste vorsichtig fahren, denn obwohl der Schneepflug am späten Abend noch einmal unterwegs gewesen sein musste, befand sich schon wieder eine weiche Schneeschicht auf der festgefahrenen Schneedecke, und in all dem Weiß musste man aufpassen, dass man nicht von der Straße abkam. So kamen sie nur langsam vorwärts.

»Wieso ist es zu einem Geburtsstillstand gekommen?«, fragte Zenta auf einmal mit schwacher Stimme vom Rücksitz. »Von so was habe ich noch nie gehört.«

»Das kommt auch nur ganz selten vor«, erklärte die Hebamme, ohne den Blick von der Fahrbahn abzuwenden. »Es kann daran liegen, dass es in eurer Kammer noch zu kalt war. Deine Angst kann aber auch die Ursache sein.«

»Wieso Angst?«, fragte Zenta. »Sechs Kinder habe ich schon zur Welt gebracht, da werde ich doch beim siebten nicht auf einmal Angst bekommen.«

»Weil du denkst, diesmal müsse es unbedingt ein Bub sein«, gab Aloisia ganz unverblümt zur Antwort. »Du hast Angst vor dem Moment, wenn das Kind herauskommt, weil es dann vielleicht ja doch wieder ein Madl ist. Dein Körper hat sich möglicherweise deshalb verkrampft.«

»Das kann schon sein«, gab sie zaghaft zu. »Du weißt ja, wie viel dem Blasi daran liegt. Er ist vorhin auch so unruhig auf- und abgegangen, dass ich den Gedanken gar nicht aus dem Kopf herausbringen konnte, was er nur machen wird, wenn's wieder kein Bub ist …«

»Du darfst dich nicht verrückt machen!«, mahnte Aloisia. »Schließlich kannst du nichts dafür.«

»Du hast gut reden«, seufzte Zenta. »Meine Schwiegermutter hat mir gestern Abend noch vorgehalten, dass es ganz allein an mir liegt. Sie sagte, ich sei zu nichts gut und hätte ihren Buben unglücklich gemacht, und sie sei von Anfang an dagegen gewesen, dass der Blasi mich nimmt und nicht die Christl.«

»Kein Wunder, dass die Wehen bei dir zu früh eingesetzt haben!« Die Hebamme spürte Erbitterung gegen die alte Moosbergerin in sich aufsteigen, die doch im Grunde auch keine böse Frau war, aber mit ihrem dummen Geschwätz alles nur noch schlimmer gemacht hatte.

Aloisia Gaßlmaier hatte sich mit der Gumperbäuerin in den letzten Jahren über jede neue Schwangerschaft gefreut, mit ihr auf einen Sohn gehofft und mit ihr gelitten, wenn es wieder kein Bub gewesen war, den sie ihr in den Arm legen konnte.

»Aloisia, gibt's denn kein Mittel, dass es gewiss ein Bub wird?«, hatte sie nach der letzten Entbindung geradezu verzweifelt gefragt.

»Nein, Zenta, ich wüsste keines«, versicherte die Hebamme.

»Aber man hört die Leute doch allerlei darüber reden. Die einen sagen, wenn man's vor dem Vollmond macht, wäre es gut, und die anderen sagen, danach wär's besser, und manche meinen gar, bei Neumond würde es ein Bub.«

»Das sind doch alles Ammenmärchen«, rief Aloisia sie mit strengem Blick zur Ordnung. »Davon darfst du nichts, aber auch wirklich gar nichts glauben. Der Herrgott allein hat es in der Hand, was für ein Kind er einem schenken will. Und wer sechs gesunde Kinder hat, der hat allen Grund, Gott zu danken. Es kommen genug kranke oder behinderte Kinder zur Welt, Zenta!«

»Ob Beten vielleicht helfen kann?«, fragte die Moosberger-Bäuerin. »Aber ich hab doch schon beim letzten Mal so viel gebetet, und dann ist es doch wieder kein Bub gewesen!«

»Dann hat Gott das so gewollt. Aber bete ruhig, schaden kann es auf keinen Fall«, versicherte ihr die Geburtshelferin tröstend.

An dieses Gespräch erinnerte sich die Bäuerin jetzt. »Ich habe viel gebetet, Aloisia. Und ich mein fast, der

Herrgott hat mich erhört. Diesmal war es nämlich ganz anders als bisher. Das Kind war viel lebhafter als die anderen. Es hat sich ständig herumgedreht.«

»Das kann schon sein«, sagte die Hebamme vorsichtig abwägend. »Viele Mütter sagen, dass ihre Buben viel wilder gewesen seien.«

Ein allzu sicheres Zeichen war das freilich nicht. Aber das sprach sie nicht aus. Wenn die Bäuerin optimistisch war, konnte das für den Verlauf der Geburt ja nur gut sein.

An der Pforte des Krankenhauses erlebte Aloisia einen unerwartet freudigen Empfang.

»Gott sei Dank, dass Sie endlich da sind, Frau Gaßlmaier«, rief die junge Ordensschwester, die in jener Nacht dort Dienst tat. »Hier wartet Arbeit auf Sie.«

Die Hebamme begriff nicht auf der Stelle. »Wieso das, Schwester Bilhildis? Ich hab mir doch selbst meine Arbeit mitgebracht.«

»Ich weiß. Aber ich habe vor einer halben Stunde bei Ihnen angerufen und von Ihrem Mann erfahren, dass Sie bereits nach hier unterwegs sind. Vorhin ist nämlich eine werdende Mutter von ihrem Mann eingeliefert worden. Die macht einen ziemlichen Aufstand. Ihr Arzt, Dr. Herbst, ist zwar schon verständigt, aber vor allem braucht sie erst mal eine Hebamme. Ihre Kollegin Kleinhuber, die eigentlich Bereitschaftsdienst hat, ist krank geworden, deshalb muss ich Sie bitten, den Fall mit zu übernehmen.«

Aloisia ergab sich in ihr Schicksal. »Ist gut, Schwester Bilhildis. Wo ist die Schwangere?«

»In Kreißsaal 1.«

»Dann bringe ich meine Patientin in Kreißsaal 2 und versuche, die aufständische Dame so lange mitzubetreuen, bis ihr Arzt kommt.«

»Das kann allerdings noch dauern«, warnte die Schwester. »Ich habe nur mit seiner Haushälterin gesprochen, die sagte mir, dass die Herrschaften auf einer Faschingsveranstaltung seien. Sobald der Herr Doktor nach Hause komme, werde sie ihn herschicken.«

»Gut, dass du da bist!«, empfing Schwester Anna, die Nachtwache hatte, die Hebamme. Sie winkte Aloisia aus dem Kreißsaal heraus, kaum dass sie Zenta dort ins Entbindungsbett geholfen hatte. »Wir haben einen Neuzugang, nicht mehr ganz jung, erstes Kind, Privatpatientin von Dr. Herbst. Die macht mich schon seit Stunden verrückt. Bei jeder Wehe läutet sie nach mir und jammert: ›Jetzt kommt's, jetzt kommt's!‹ Ich weiß gar nicht, wo ihr Arzt bleibt, aber helfen kann ich ihr ja auch nicht. Schau sie dir doch bitte mal an.«

»Wie oft kommen denn die Wehen?«

»Im Abstand von zehn Minuten.«

»Danke, Anna, ich geh sofort hinüber.«

Als Erstes horchte die Hebamme aber Zenta noch einmal ab. Die Herztöne des Kindes kamen ihr nun ein wenig schwächer vor, und auch die Wehen hatten nicht wieder eingesetzt. Das gefiel ihr ganz und gar nicht.

»Zenta, ich lass dich für einen Moment allein.« Aloisia bemühte sich, Zuversicht auszustrahlen. »Nebenan wartet noch jemand auf mich, das hast du ja gehört. Die Tür lass ich offen. Wenn sich irgendetwas tut, dann ruf nach mir, ich bin dann auf der Stelle bei dir. Atme immer schön gleichmäßig.«

Das sagte sie eigentlich nur, damit Zenta während der Wartezeit irgendwie beschäftigt war. Außerdem konnte das die Sauerstoffzufuhr für das Ungeborene nur verbessern.

Im Kreißsaal 1 fand die Hebamme die andere Frau auf dem Entbindungsbett vor.

»Sind Sie die Hebamme?«, fragte die Patientin, noch bevor sie richtig durch die Tür gekommen war.

»Ja, das bin ich. Mein Name ist Aloisia Gaßlmaier, und wer sind Sie?«

»Ich heiße Krautwald. Luise Krautwald. Mein Mann ist Assessor am Ludwigs-Gymnasium. Vielleicht haben Sie den Namen schon mal gehört?«

Aloisia war nicht ganz klar, ob sie nun den Namen des Gymnasiums oder den Namen des Assessors schon mal gehört haben sollte.

»Nein, leider nicht«, gab sie zur Antwort. »Wenn die Kinder ins Gymnasium kommen, ist meine Arbeit ja schon längst zu Ende. Aber jetzt wollen wir einmal schauen, wie weit es bei Ihnen schon ist.«

Sie schlug die Decke zurück, um die Patientin zu untersuchen, und im selben Moment verzog Frau Krautwald schmerzlich das Gesicht, bäumte sich auf und schrie: »Au, au! Das halte ich einfach nicht mehr aus. Es muss doch endlich einmal kommen. So tun Sie doch irgendwas!«

»Tief einatmen«, kommandierte Aloisia. »Und ebenso tief wieder ausatmen. Das erleichtert Ihnen die Entbindung. Sehr schön – konzentrieren Sie sich ganz darauf, immer tief ein- und auszuatmen. Gut machen Sie das!«

Das Lob brachte die Patientin nun doch ein wenig zum Lächeln, und gehorsam atmete sie in tiefen Zügen ein und wieder aus, während die Hebamme die Untersuchung fortsetzte.

»Es hat schon noch ein bisschen Zeit bei Ihnen. Der Muttermund ist noch längst nicht weit genug geöffnet.«

»Soll das etwa heißen, dass diese Tortur noch länger anhalten wird?« Frau Krautwalds Stimme klang entsetzt.

»Leider ja. Es ist Ihre erste Entbindung, da kann es schon ein Weilchen dauern. Aber machen Sie sich keine Sorgen, Ihrem Kind geht es gut. Es hat einen sehr kräftigen Herzschlag. Erstaunlich kräftig sogar, wenn Sie mich fragen …«

Sie zögerte einen Moment.

»Sagen Sie mal, hat Ihr Arzt keine Andeutung gemacht?«

»Was für eine Andeutung?«

»Nun, dass Sie vielleicht Zwillinge erwarten.«

»Um Gottes willen, nein!« Der Blick der Patientin weitete sich. »Wie kommen Sie denn darauf?«

»Der Herzschlag ist so auffallend kräftig«, erklärte Aloisia. »Es könnten auch zwei Kinder sein, deren Herzen im gleichen Takt schlagen.«

»Nein, nein, es dürfen keine zwei sein. Das wäre ja entsetzlich. Mit zwei Kindern, das geht doch gar nicht.«

Ihre Stimme kippte bei den letzten Worten über.

»Nun, regen Sie sich nicht auf, Frau Krautwald«, versuchte die Hebamme sie zu beruhigen. »Vielleicht irre ich mich ja auch. Warten Sie einen Moment, ich muss rasch nach meiner anderen Patientin schauen.«

Gleichmäßig atmend lag Zenta auf ihrem Bett, die Augen geschlossen. Sie schien eingeschlafen zu sein. Demnach hatte sich bei ihr nichts getan. Aloisia hörte sie noch einmal ab, und ihre Sorgen verschlimmerten sich, denn wieder hatte sie den Eindruck, dass die Herztöne schwächer waren, als sie sein sollten.

»Zenta, ich spritz dir jetzt ein wehenförderndes Mittel«, sagte sie endlich kurz entschlossen. »Vielleicht hilft es.«

Eigentlich durfte sie das gar nicht, jedenfalls nicht, solange kein Arzt da war. Aber dass Doktor Fischer diese Maßnahme billigen würde, davon war sie überzeugt.

»Es wird eine Weile dauern, bis sie wirkt«, sagte sie anschließend zu der Bäuerin. »Derweil schaue ich jetzt am besten noch mal nach Frau Krautwald. Wenn die Wehen einsetzen, rufst du mich gleich.«

Im Kreißsaal 1 wurde sie von einer völlig aufgelösten Frau Krautwald mit den Worten empfangen: »Nein, nein, Aloisia, ich habe mir das überlegt. Mit zwei Kindern, das schaffe ich einfach nicht!«

Die Hebamme atmete tief durch und bemühte sich, verständnisvoll zu bleiben. »Frau Krautwald, Sie tun ja gerade so, als ob ich es in der Hand hätte, ob Sie ein Kind bekommen oder zwei. Aber erstens habe ich überhaupt keinen Einfluss darauf, und zweitens habe ich Ihnen doch gesagt, dass es noch gar nicht sicher ist. Und wenn es Zwillinge werden, dann werden Sie damit auch fertig, glauben Sie mir. Andere Mütter haben das auch geschafft.«

»Aber ich schaffe es nicht!«, brach es aus ihr heraus. »Nie im Leben! Wir haben doch nur eine winzige Wohnung, wir konnten schon das Bett für ein Kind nur mit Mühe im Schlafzimmer mit unterbringen!«

»Dann müssen Sie es halt wie andere Familien machen und die Kinderbetten ins Wohnzimmer stellen«, schlug Aloisia vor.

Die Frau des Assessors war von diesem Vorschlag wenig angetan. »Ausgeschlossen!«, fauchte sie. »Das geht auf gar keinen Fall. Dort muss mein Mann doch arbeiten. Was meinen Sie, was der für die Schule alles zu tun hat: Unterrichtsvorbereitungen, Hefte korrigieren, Zeugnisse schreiben, Arbeitspläne erstellen und Schülerbeurteilungen machen. Außerdem muss er sich als angehender Studienrat auch selbst auf Prüfungen vorbereiten. Dazu braucht er äußerste Ruhe. Seine berufliche Zukunft hängt doch davon ab. Au … au … au …«

Die nächste Wehe unterbrach ihren Redeschwall. Aber gleich danach fuhr sie fort, und Aloisia ließ sie reden, denn immerhin hielt es sie davon ab, dauernd über ihre Schmerzen nachzudenken.

»Bei der herrschenden Wohnungsknappheit haben wir nichts Größeres gefunden, und uns fehlt einfach ein Arbeitszimmer. Wenn wir die Wahl gehabt hätten, dann hätte ich mir ja vorgestellt …«

In diesem Moment rief es aus dem angrenzenden Raum: »Aloisia! Aloisia!«

Mit einem Satz war die Hebamme an der Verbindungstür, und die Frau Assessor rief ihr in heller Empörung hinterher: »Aber Aloisia, Sie können mich doch jetzt nicht allein lassen!«

»Ich komme ja gleich wieder, Frau Krautwald«, rief sie über die Schulter zurück, bevor sie im angrenzenden Raum verschwand.

»Eben habe ich wieder eine Wehe gehabt«, konnte Zenta berichten. Aloisia stieß einen Seufzer der Erleichterung aus.

»Wirklich? Das ist eine gute Neuigkeit. Fest atmen, Zenta. Vielleicht ersparen wir uns ja doch noch den Kaiserschnitt.« Ihr Blick glitt auf die große Uhr, die neben der Tür hing. Nun war es schon fast drei Uhr nachts. Und keine Spur von einem Arzt, weder von Doktor Fischer noch von Doktor Herbst.

Ein lautes Wehgeschrei aus Kreißsaal 1 ließ sie wieder dort hinüberhasten, obwohl sie für Frau Krautwald, die sich vor Schmerzen krümmte, nichts weiter tun konnte, als ihr mit einer Windel die Schweißtropfen von der Stirn zu tupfen. »So ist es brav«, ermunterte sie die Patientin. »Immer kräftig atmen. Das ist gut für Mutter und Kind.«

»Wozu müssen denn diese schrecklichen Wehen nur sein?«, japste die werdende Mutter, kaum dass die Wehe abgeklungen war. »Das Kind soll endlich kommen und damit fertig.«

»Das würde kaum gehen«, sagte die Geburtshelferin. »Durch die Wehen öffnet sich der Muttermund, damit das Kind überhaupt einen Ausgang hat.«

Frau Krautwald blickte einen Moment lang ratlos, und Aloisia wurde klar, dass sie wahrhaftig keine Ahnung gehabt hatte, was sie bei der Geburt eines Kindes erwarten würde.

Offenbar war es ihr peinlich, bei so viel Unwissenheit ertappt worden zu sein. Deshalb wechselte sie schnell das Thema: »Mein Arzt müsste doch längst hier sein. Es ist eine Ungeheuerlichkeit von ihm, eine Privatpatientin so lange warten zu lassen. Ich bin nämlich Privatpatientin bei Dr. Herbst, müssen Sie wissen. Er hat mir ausdrücklich zugesichert, dass er bei meiner Entbindung zugegen sein wird. Die Schwester hat ihn doch wohl angerufen?«

»Selbstverständlich hat sie das. Das hat sie mir schon bei meiner Ankunft versichert.«

»Könnten Sie mal nachschauen? Vielleicht hat er sich bei der Pfortenschwester festgeplaudert.«

Ihre Stimme klang hoffnungsvoll.

»Aber nein, Frau Krautwald. Das würde er sicher niemals tun«, versicherte die Hebamme und konnte einen ironischen Zusatz nicht unterdrücken. »Und schon gar nicht bei einer Privatpatientin!«

Wieder hörte sie von nebenan Zenta nach ihr rufen. Sie hatte eine weitere Wehe, eine, die stärker war als die vorhergehende.

Aloisia Gaßlmaier nickte befriedigt. »Es sieht gut aus. Vielleicht schaffen wir es auch ohne Doktor.«

Dummerweise ging es ausgerechnet nun aber auch bei Frau Krautwald richtig los, und da sich bei beiden der Muttermund nun stetig öffnete, war die Hebamme gezwungen, ständig zwischen den beiden Kreißsälen hin- und herzuhasten. Rasch war abzusehen, dass beide etwa zur selben Zeit entbinden würden.

Erneut horchte Aloisia den Bauch der Bäuerin ab und bekam einen Schrecken, denn die Herztöne des Kindes waren nun nur noch ganz schwach. Wenn ein Arzt dagewesen wäre, hätte sofort ein Kaiserschnitt durchgeführt werden müssen, und wenn es dieser Doktor Herbst gewesen und seine Patientin darüber hysterisch geworden wäre. Doch weit und breit war keiner der beiden Mediziner in Sicht.

Aus dem anderen Kreißsaal kam ein lauter Schrei. Insgeheim froh, dass sie dort wenigstens etwas tun konnte, anstatt so hilflos abwarten zu müssen, hastete die Hebamme wieder zu Frau Krautwald hinüber und erkannte, dass die Ausstoßphase unmittelbar bevorstand.

»Wo bleibt denn nur mein Arzt? Wo bleibt denn nur mein Arzt?«, jammerte Frau Krautwald ein ums andere Mal.

»Machen Sie sich deswegen keine Sorgen«, versuchte Aloisia sie zu beruhigen. »Wir beide schaffen das auch allein. Sie haben alles bisher so gut gemacht, dass gar nichts passieren kann. Machen Sie weiter genau das, was ich Ihnen sage, und es ist bald vorbei. Und wenn Ihnen danach ist, dann schreien Sie einfach laut.«

Danach war sie zunächst nur noch damit beschäftigt, Luise Krautwald die nötigen Kommandos zu geben. »Pressen! Pressen! Hecheln! Hecheln! ...«

Endlich war es so weit. Die Patientin stieß einen so markerschütternden Schrei aus, als das Kind aus ihr herausglitt, dass sein sehr kräftiger Ankunftsschrei völlig unterging.

Hastig nabelte die Hebamme das Neugeborene ab, schlug es in das bereitliegende Tuch ein und legte es ungewaschen auf dem Wickeltisch unter der Wärmelampe ab, denn nun galt es herauszufinden, ob ihr Verdacht auf Zwillinge berechtigt gewesen war. Dass dies der Fall war, konnte sie schon beim Abtasten des Bauches feststellen. Um ganz sicherzugehen, horchte sie die junge Mutter aber auch noch einmal ab.

»Luise, Sie bekommen noch ein zweites Kind!«

»Nein, das kann nicht sein. Schauen Sie doch nur, wie flach mein Bauch geworden ist.«

Die frisch gebackene Mutter fuhr mit der freien Hand über den Leib, der sich tatsächlich viel weniger wölbte als vorher.

»Sie irren sich bestimmt. Horchen Sie mich doch noch mal ab.«

Resigniert setzte Aloisia das Stethoskop noch einmal an, obwohl sie viel lieber endlich wieder nach Zenta geschaut hätte.

»Kein Zweifel, ich höre weitere Herztöne.«

»Das ist mein eigener Herzschlag, den Sie hören!«, behauptete Luise Krautwald. »Ich spüre es doch selbst, mein Herz schlägt wie verrückt.«

»Das kommt von der Anstrengung, die Sie hinter sich haben, und davon, dass Sie sich so aufregen. Sie können ganz sicher sein, dass ich das unterscheiden kann. Außer Ihrem Herzschlag höre ich ganz deutlich kindliche Herztöne. Außerdem habe ich das zweite Kind beim Abtasten deutlich gefühlt.«

»Ich will aber kein zweites Kind«, schrie die Wöchnerin hysterisch auf.

»Da werden Sie leider nicht gefragt. Was drin ist, muss auch raus. Ich kann's doch nicht drin lassen, nur weil Sie es nicht haben wollen.«

Aloisia Gaßlmaier war an die Grenzen ihrer Geduld gelangt. Nebenan lag eine Frau, deren Kind in Lebensgefahr war, und diese Person machte ein solches Theater um eine Sache, die nicht zu ändern war – und über die Zenta an ihrer Stelle vermutlich überglücklich gewesen wäre. Denn das erste Kind jedenfalls war ein Junge.

»Aber wie soll das gehen, mit zwei Säuglingen? Das schaffe ich nicht!«, jammerte Luise Krautwald.

»Machen Sie sich deswegen keine Sorgen. Ich bin sicher, die eine oder andere stolze Großmutter wird Ihnen in der ersten Zeit gerne zur Seite stehen.«

»Auf die Großmütter können wir nicht zählen«, versicherte Frau Krautwald.

»Das tut mir leid für Sie. Aber der junge Vater ist ja auch noch da. Er wird Ihnen sicher zur Hand gehen.«

»Um Gottes willen, nein! Damit kann ich ihn nicht belasten. Ich habe Ihnen doch gesagt, dass er angehender Studienrat ist. Nein, nein, es ist undenkbar, dass ich ihm etwas von seiner Zeit stehle, die er doch gerade jetzt so nötig für sich braucht. Und bedenken Sie das Geschrei! Wenn der eine Säugling damit fertig ist, fängt der andere an. Wie soll mein Mann da denn arbeiten?«

Sie begann laut zu schluchzen. Die Hebamme zählte in Gedanken langsam bis zehn, bevor sie versicherte: »Das werden Sie schon schaffen. Andere Mütter haben das auch geschafft.«

Plötzlich verzog Frau Krautwald erneut das Gesicht und machte sich ganz steif. »Ich glaube, Sie haben doch recht«, stöhnte sie mit schmerzverzerrter Stimme. »Es geht wieder los. Nein, das überlebe ich nicht! Noch eine Geburt halte ich nicht aus.«

»Natürlich halten Sie das aus. Das haben schon unzählige Mütter ausgehalten.«

»Ich will das aber nicht aushalten. Das habe ich gar nicht nötig. Schließlich bin ich keine Zweite-Klasse-Patientin.«

Die Hebamme lachte auf. »Meinen Sie, die Natur macht da Unterschiede?«

»Die Natur nicht. Aber Sie könnten Unterschiede machen. Sie können mir doch etwas zur Betäubung geben.«

»Nein, das kann ich nicht. So etwas darf nur ein Arzt machen.«

Unabsichtlich hatte sie ihr damit ein Stichwort geliefert.

»Ja, der Arzt. Wo bleibt er nur? Hätte ich geahnt, dass er so unzuverlässig ist, hätte ich einen anderen genommen!«

»Regen Sie sich nicht auf, Frau Krautwald. Dr. Herbst ist ein sehr zuverlässiger Arzt. Es muss etwas vorgefallen sein, sonst wäre er schon längst da. Aber Sie können ganz beruhigt sein, auch er würde Ihnen nichts Betäubendes geben. Das kann schädlich für das Kind sein, und man macht es nur dann, wenn es wirklich unvermeidlich ist.«

Trotzig beharrte die Gebärende: »Wäre er doch nur rechtzeitig hier gewesen! Dann hätte er gleich einen Kaiserschnitt machen können, und mir wäre die ganze Quälerei erspart geblieben.«

»Das hätte er in Ihrem Fall mit Sicherheit nicht gemacht«, widersprach die Geburtshelferin. »Dazu lag bei Ihnen keine Indikation vor.«

»Dazu brauche ich keine Indikation! Wenn ich einen Kaiserschnitt wünsche, dann hat er ihn zu machen!«

Aloisia wusste nicht mehr, ob sie lachen oder sich ärgern sollte.

»Das stellen Sie sich ein bisschen zu einfach vor, meine liebe Frau Krautwald. Einen Kaiserschnitt macht man nur im Notfall. Denn eine solche Operation birgt immer ein Risiko in sich. Außerdem, sie würde Ihnen jetzt zwar die Geburtsschmerzen ersparen. Aber nachher hätten Sie tagelang unter den Operationsschmerzen zu leiden. Fänden Sie das wirklich besser?«

»Au, au, aua!«, schrie die Wöchnerin im gleichen Moment auf. »So tun Sie doch etwas!«

Aloisia, die nun wirklich genug von Luise Krautwald und außerdem Dringenderes zu tun hatte, entschied sich, ihr Lachgas zu geben, damit sie endlich nach Zenta schauen konnte. Sie drückte der Patientin die Maske in die Hand mit den Worten: »Halten Sie die vor die Nase, und atmen Sie tief ein.«

Damit würde sie erst einmal beschäftigt sein.

»Mehr kann ich im Moment wirklich nicht für Sie tun«, versicherte sie. »Wir können jetzt nur noch abwarten, bis das Kind kommt.« Von nebenan hörte sie ein Geräusch, das wie leises Wehklagen klang.

»Entschuldigen Sie bitte«, sagte sie hastig. »Ich muss jetzt auf der Stelle nach der anderen Mutter schauen. Bei Ihnen dauert es eh noch ein paar Minuten.«

Es war allerhöchste Zeit gewesen, denn der Kopf des Kindes war schon sichtbar, als die Hebamme hereinkam. Sie hatte nicht mehr viele Anweisungen zu geben, und die erfahrene und vernünftige Gumperbäuerin befolgte sie auch, ohne viel Theater zu machen. Nach wenigen Sekunden war die schwierigste Phase schon geschafft, und der Kopf war ausgetreten.

Freilich, für die erschöpfte Bäuerin war es eine ungeheure Anstrengung gewesen. Unter Aufbietung all ihrer Kräfte entließ sie das Kind in die Freiheit. Dann sank sie ermattet in ihre Kissen und schloss die Augen, ohne auch nur wissen zu wollen, ob sie denn den ersehnten Sohn zur Welt gebracht hatte.

Dafür konnte Aloisia dem Himmel nur danken, denn im ersten Moment hätte sie nicht gewusst, wie sie Zenta Moosberger hätte vermitteln sollen, dass ihr erster Sohn nicht mehr lebte. Das Kind hatte die Nabelschnur fest um den Hals geschlungen, und während des Geburtsvorgangs war ihm die Luftzufuhr abgedrückt worden. Jede Hilfe kam zu spät, das sah die erfahrene Geburtshelferin auf der Stelle.

Für einige Momente war Aloisia wie betäubt und verrichtete mechanisch alle nötigen Handgriffe, um das tote Kind abzunabeln. Geradezu mit Erleichterung vernahm sie dann aus dem angrenzenden Kreißsaal den Schrei: »Hilfe! Hilfe! Aloisia, schnell, schnell, es kommt.«

Sie rannte nach nebenan und begriff erst, als sie schon dort war, dass sie Zentas tot geborenes Kind noch in der Hand hatte. Hastig legte sie es neben dem Erstgeborenen von Frau Krautwald ab, dann beeilte sie sich, der

Gebärenden zu helfen, die trotz Lachgasmaske nun laut schrie. Dann endlich hatte auch Luises zweiter Sohn sich seinen Weg in die Welt gebahnt.

»Sie haben das Schlimmste überstanden. Jetzt kommt nur noch die Nachgeburt, das machen wir mit links«, versicherte ihr die Hebamme, während sie sich um das leise wimmernde Kind kümmerte, es in ein weißes Frotteetuch einhüllte und neben seinen schlafenden Bruder legte.

Nun lagen alle drei Kinder nebeneinander, die in dieser Nacht zur Welt gekommen waren: die Zwillinge von Luise Krautwald und der leblose kleine Körper des tot geborenen Sohns der Gumperbäuerin. Aloisia streckte die Hand nach dem toten Kind aus, um es in den Raum zurückzubringen, in dem seine Mutter lag, doch dann zog sie sie wieder zurück und sah sich die drei Kinder noch einmal an.

Wie ähnlich sie sich alle drei sahen! Eigentlich hätte Zentas Bub größer sein müssen als die Zwillinge, denn die hatten im Bauch der Mutter ja viel weniger Platz gehabt – doch er war ja ein paar Wochen zu früh dran. Man hätte alle drei für Geschwister halten können.

Dann durchzuckte sie ein Gedanke, der völlig verrückt war: »Was, wenn ich Zenta einen von den lebenden Buben bringe?«

Nachdem der Hebamme dieser Gedanke erst einmal gekommen war, schien es ihr mit einem Mal ganz logisch, ihn auch auszuführen: War es nicht Fügung, dass hier drei Knaben vor ihr lagen, die sich so auffallend ähnlich sahen? Auch, dass beide herbeigerufenen Ärzte nicht rechtzeitig gekommen waren, schien wie von einer höheren Macht geplant. Und sogar der Mutter der beiden Buben würde damit ein Gefallen erwiesen werden – so heftig, wie sie sich gegen ein zweites Kind gesträubt hatte.

Wieder streckte Aloisia die Hand aus, doch statt nach Zentas tot geborenem Sohn griff sie nach dem zweitgeborenen Zwilling von Luise Krautwald, trat in den angrenzenden Raum, legte das Kind dort auf den Wickeltisch und kam gerade rechtzeitig an Zentas Bett, um die Nachgeburt in einer Schüssel aufzufangen. Wie ferngelenkt ging sie anschließend wieder zu Frau Krautwald zurück, bei der auch gerade die Nachgeburt kam, kümmerte sich auch darum und trat dann an den Wickeltisch, wo zwei Kinder lagen, ein lebendiges und eine totes.

»Frau Krautwald, leider muss ich Ihnen eine traurige Mitteilung machen«, hörte sie sich selbst endlich wie aus weiter Ferne sagen. »Ihr zweites Kind hat seine Geburt nicht überlebt. Wenn es Ihnen recht ist, möchte ich ihm wenigstens die Nottaufe geben. Welchen Namen haben Sie ihm zugedacht?«

Die junge Mutter war noch kaum wieder bei Sinnen: »Nennen Sie es Franz-Josef, nach meinem Mann«, sagte sie mit schwacher Stimme.

Aloisia goss von dem bereitstehenden Weihwasser ein wenig über das Köpfchen und sprach die Worte: »Ich taufe dich im Namen des Vaters und des Sohnes und des Heiligen Geistes auf den Namen Franz-Josef.«

Es folgten noch einige weitere vertraute Verrichtungen, die sie ganz mechanisch vornahm: Sie wusch beide Kinder, legte das lebende, in ein frisches Frotteetuch eingeschlagen, in das bereitstehende Bettchen, damit der Arzt es später untersuchen konnte. Das tote Kind ließ sie auf dem Wickeltisch liegen, nachdem sie es verhüllt hatte. Dann füllte sie die entsprechenden Papiere aus und ging wieder hinüber in den anderen Kreißsaal, um den jüngeren Zwilling ebenfalls zu versorgen. Gerade, als sie auch ihn in sein Bettchen legen wollte, hörte sie nebenan die Tür gehen und dann eine Männerstimme, die Frau Krautwald ansprach.

Die Hebamme kam gerade rechtzeitig hinüber, um zu hören, wie sich der Arzt entschuldigte und erklärte, dass es auf seiner Fahrt zum Krankenhaus einen Unfall mit zwei Schwerverletzten gegeben habe. »Ich musste erste Hilfe leisten und bei ihnen bleiben, bis sich der Krankenwagen bei dem einsetzenden Berufsverkehr durchgekämpft hatte.«

Einsetzender Berufsverkehr? Aloisias Blick glitt unwillkürlich zur Uhr hin, und sie sah, dass es bereits Morgen geworden war.

»Guten Morgen, Herr Doktor«, begrüßte sie ihn. »Ihre Patientin hat Zwillinge geboren, von denen leider einer tot zur Welt kam. Er hatte die Nabelschnur um den Hals geschlungen.«

Der Arzt untersuchte beide Kinder, erst das lebende und dann das tote. Er bestätigte die Diagnose und stellte den Totenschein aus. Dann trat er ans Bett seiner Patientin und sprach ihr mit warmen Worten sein Beileid aus.

»Aber das andere Kind, ist das völlig in Ordnung?«, wollte Frau Krautwald wissen. »Besteht für es keine Gefahr?«

»Nach menschlichem Ermessen nicht, gnädige Frau. Das Kerlchen macht einen durchaus gesunden Eindruck. Der Tod Ihres zweiten Kindes war ein tragischer Unglücksfall, den auch ich nicht hätte verhindern können.«

Frau Krautwald gab sich damit ohne weiteres Nachfragen zufrieden, und so konnte die Hebamme sie nun endlich dem Arzt überlassen und ging in den anderen Kreißsaal zu Zenta hinüber. Dort machte sie sich ans Ausfüllen der Papiere und ans Aufräumen. Noch während sie damit beschäftigt war, wurde die Tür, die vom Flur her in diesen Raum führte, aufgestoßen, und Dr. Fischer stürmte herein. Völlig außer Atem stieß er hervor: »Na, Zenta, wie schaut's denn aus? Was gibt's für mich zu tun?«

Wohl durch das ruckartige Öffnen der Tür und die Stimme des Arztes wurde die Bäuerin aus ihrem leichten Schlummer gerissen und öffnete die Augen.

»Gar nichts gibt es mehr für Sie zu tun, Herr Dr. Fischer«, antwortete Aloisia. »Obwohl ich zwischendurch heilfroh gewesen wäre, wenn ich Sie an meiner Seite gehabt hätte. Aber wir haben es am Ende doch alleine geschafft, die Zenta und ich. Da, schauen Sie nur. Da liegt er schon, Zentas Bub.«

»Ich hab einen Buben?«, fragte die Wöchnerin aufgeregt. »Aloisia, ist das gewiss wahr? Und warum hast du mir das nicht gleich gesagt?«

»Du bist doch gleich eingeschlafen«, redete die Hebamme sich heraus. »Da wollte ich dir die kurze Erholungspause gönnen.«

Die Wöchnerin lächelte matt: »Ja, weißt du, für diese Nachricht hättest du mich schon aufwecken dürfen.«

»Das glaub ich dir gern. Aber du weißt doch, dass ich nebenan noch eine andere Frau zu versorgen hatte, und da war ich froh, dass ich gleich hinübergehen konnte. Zwischen Tür und Angel wollte ich dir eine so großartige Neuigkeit ja auch nicht mitteilen.«

Der Moosberger-Bäuerin liefen Freudentränen über die Wangen. Sie versuchte, sich aufzurichten, um ihr Kind endlich sehen zu können. »Wo ist er? Darf ich ihn jetzt mal haben, meinen kleinen Blasi?«

»Ei freilich«, verkündete der Doktor und beugte sich über das Bettchen. Mit einer Behutsamkeit, die man dem poltrigen, kräftigen Mannsbild nicht zugetraut hätte, hob er das Neugeborene aus den Kissen. So stolz, als ob er es selbst zur Welt gebracht oder zumindest die Entbindung geleitet hätte, legte er es der überglücklichen Mutter in die Arme.

»Blasi, mein Bub«, flüsterte sie zärtlich und streichelte ihm über die rosigen Wänglein. »Jetzt kann ich mich wieder auf dem Gumperhof sehen lassen! Ja, was wird der Blasius für eine Freud' haben! Und dass sein Bub grad am Blasiustag geboren ist, das wird ihn noch mehr freuen.«

Nun, da beide Geburten überstanden waren, kamen in Aloisia Gaßlmaier Sorgen auf, an die sie in der Aufregung bislang gar nicht gedacht hatte: Die beiden Mütter durften keinesfalls im selben Zimmer Betten bekommen, sonst war gar nicht auszudenken, was geschehen konnte, wenn sie selbst oder ein Besucher bemerkten, wie ähnlich sich die beiden Neugeborenen sahen. Auch in der Säuglingsstation wären die beiden Kinder dann nebeneinander zu liegen gekommen, und die Ähnlichkeit hätte den Säuglingsschwestern auffallen können …

Aber sie hatte Glück: Frau Krautwalds Sachen waren, als sie mit ihrem Mann gekommen war, im ersten Zimmer auf dem langen Gang untergebracht worden, während Zenta Moosberger, die erst einige Stunden später hergebracht worden war, ins vorletzte Zimmer kommen sollte.

Ehe die Hebamme sich nach dieser ebenso anstrengenden wie aufregenden Nacht zur Ruhe begeben konnte, hatte sie noch einen wichtigen Auftrag zu erledigen, denn sie hatte Zenta versprechen müssen, ihrem Mann die freudige Nachricht umgehend persönlich zu überbringen. Sicherlich hatte er vor Sorge kein Auge zugetan. Es verstand sich von selbst, dass er so schnell wie möglich benachrichtigt werden musste.

So stellte Aloisia ihr Auto daheim am Haus ab und kämpfte sich mühsam durch den Schnee bis hinauf zum Gumperhof, und insgeheim war sie ganz froh, dass sie nur langsam vorwärtskam. Denn je mehr sie sich dem Hof näherte, desto schwerer fielen ihr die Schritte. Die freudige Botschaft, die sie überbringen sollte, beruhte nun einmal auf klarem Betrug. Nun, im Licht des neuen Tages, fühlte sie ihre Schuld erst wirklich.

Im Hof war die ganze Familie nebst Gesinde nach getaner Stallarbeit um den Frühstückstisch versammelt, und alles wirkte so normal, dass niemandem, der die Familie nicht kannte, das Fehlen der Bäuerin aufgefallen wäre. Die Magd Vroni und die älteren Töchter hatten den Haushalt gut im Griff. Der Bauer freilich schien über Nacht zehn Jahre gealtert zu sein. Bei Aloisias Anblick sprang er vom Tisch auf, als hätte ihn etwas gestochen.

»Was ist mit meiner Frau? Was ist mit dem Kind?«

»Herzlichen Glückwunsch, Blasius. Alles in Ordnung. Deiner Frau geht es gut und dem Bub auch.«

Dem Gumperbauern blieb für einen Moment der Mund offen stehen. »Dem Bub auch, sagst du? Dem Bub auch? Soll das heißen, ich hab ...?«

Er schien es noch nicht zu wagen, eine solche Glücksbotschaft wirklich zu glauben.

Die Hebamme nickte und zwang sich zu einem besonders herzlichen Lächeln. »Meine besten Glückwünsche. Du hast deinen Sohn und Hoferben, Blasius.«

Der sonst so bedächtige Mann geriet völlig außer Fassung, weinte und lachte gleichzeitig, und ehe Aloisia sich versah, hatte er mit beiden Händen ihre Taille umfasst und schwenkte sie in der Küche herum, dass ihr schwindelig wurde. Beinahe wäre er dabei mit der Vroni zusammengestoßen, die gerade die große, blecherne Kaffeekanne vom Herd zum Küchentisch tragen wollte. Sie schrie vor Schreck auf und machte eine so heftige Ausweichbewegung, dass ein paar Spritzer des heißen Kaffees die Hebamme am Ärmel trafen. Doch was machte das schon in einem Moment, in dem sie eine solch ausgelassene Freude erleben durfte?

Alle Bedenken und Schuldgefühle schienen wie ausgelöscht, als Aloisia den Jubel erlebte, der im Gumperhof ausgebrochen war. Auch die Mädchen sprangen eins nach dem anderen auf und wirbelten durch die Stube. »Wir haben einen Bruder! Wir haben einen Bruder!« Nur die Großmutter, die am Tag vorher noch der Bäuerin so heftig zugesetzt hatte, blieb auf ihrem Stuhl sitzen, denn sie war längst aus dem Alter heraus, in dem man seiner Freude durch Tanzen Ausdruck verleiht. Stattdessen faltete sie die Hände und wandte den Blick zum Himmel: »Gelobt sei Jesus Christus, dass ich diesen Tag noch erleben durfte.«

Nach dem ersten Freudentaumel überschlug man sich fast, der Überbringerin der frohen Botschaft etwas Gutes zu tun, man bot ihr Kaffee an und lud sie ein, mit zu frühstücken. Doch sie lehnte ab mit dem Hinweis, dass sie nur noch Sehnsucht nach ihrem Bett verspüre. »Ich wäre ja gar nicht mehr hergekommen, wenn ich hätte anrufen können«, erklärte sie. »Moosberger, ich bitte mir eines aus: Falls der Bub nicht euer letztes Kind bleibt, dann schaff dir ein Telefon an, bevor es das nächste Mal so weit ist. So, und jetzt geh ich heim und leg mich hin.«

»Ein Telefon brauchen wir jetzt auch nicht mehr«, versicherte der Moosberger. »Sieben Kinder sind ja wohl genug, und ansonsten sind wir ja immer ohne dieses neumodische Zeug ausgekommen auf dem Hof. Aber das kommt gar nicht in Frage, dass du den Weg noch mal zu Fuß machst. Ich spanne den Schlitten an und bring dich hinunter.«

Ausgerechnet mit dem Bauern herumzukutschieren, dem sie heute Nacht ein fremdes Kind als seinen Sohn untergeschoben hatte, war so ziemlich das Letzte, was Aloisia gebrauchen konnte. Deshalb widersprach sie: »Aber geh, Blasi, deshalb brauchst du dich doch nicht selbst bemühen. Der Girgl kann mich ebenso gut nach

Hause kutschieren. Du solltest lieber auf der Stelle alles fertig machen, was pressiert, damit du heute noch nach München hineinfahren kannst, um deine Frau und deinen neugeborenen Sohn zu besuchen!«

Das leuchtete dem Bauern ein, und so blieb ihr diese Fahrt erspart.

So müde die Hebamme gewesen war, als sie endlich daheim in ihrem Bett war, so konnte sie lange keinen Schlaf finden. Wieder und wieder ging ihr die Situation im Krankenhaus durch den Kopf. Irgendwann schlief sie dann doch noch ein, aber schon nach kurzer Zeit schreckte sie aus einem wirren Traum hoch. An Einzelheiten konnte sie sich nicht erinnern, nur daran, dass jemand hinter ihr her gewesen war und sie sich durch Flucht zu retten versucht hatte. Schlagartig stand wieder vor ihrem Auge, was sie getan hatte.

›Was, wenn die Zwillinge eines Tages aufeinandertreffen?‹, ging es ihr durch den Kopf.

Aber wie sollte das geschehen? Der eine als Bauernsohn würde die Volksschule besuchen und dem Moosberger als Erbe auf dem Hof folgen, der andere mit Sicherheit ein Gymnasium durchlaufen, um, wie sein Vater, Studienrat zu werden. Der eine würde sich niemals in die Stadt verirren und der andere niemals in die Einöde des Gumperhofes. Die Sache konnte überhaupt nicht aufkommen, wenn sie nur selbst nichts darüber verlauten ließ. Das jedenfalls sagte sie sich immer wieder selbst vor.

Kapitel 2

Assessor Krautwald war ein eher unscheinbarer Mann, mittelgroß, schlank, mit schütterem dunkelblonden Haar und seiner Frau offensichtlich sehr zugetan, denn nach der dramatischen Nacht im Kreißsaal rief er schon morgens vor Unterrichtsbeginn vom Schulsekretariat aus im Krankenhaus an und wäre sicher auf der Stelle dorthin gefahren, wenn ihm am Telefon nicht versichert worden wäre, Luise brauche nach der anstrengenden Nacht unbedingt noch ein wenig Ruhe.

Luise zeigte sich dagegen sogar ein kleines bisschen gekränkt, als er erst am Nachmittag bei ihr ankam, einen großen Strauß Rosen in der Hand.

»Warum bist du nicht gleich gekommen? Du hättest doch dafür frei bekommen.«

»Das stimmt«, erklärte der frischgebackene Vater eifrig. »Aber meine beiden freien Tage will ich erst nehmen, wenn du entlassen wirst; dann brauchst du meine Hilfe sicher nötiger. Außerdem sagte man mir am Telefon, dass du gerade eingeschlafen seist. Also wollte ich dir nach der durchwachten Nacht den Schlaf nicht rauben.«

Luise blickte sofort wieder freundlich. »Da hast du recht. Wie weitblickend von dir und wie rücksichtsvoll! Ich an deiner Stelle hätte sicher keine Minute mehr warten können und an so etwas gar nicht gedacht. Hast du unseren Sohn denn schon gesehen?«

»Noch nicht. Zuerst wollte ich mich davon überzeugen, dass es dir gutgeht. War es denn schlimm?«

»So schlimm hatte ich mir das nicht vorgestellt«, sprudelte es aus ihr heraus. »Die Schmerzen waren furchtbar, und die Hebamme hat sich auch, nachdem es schon Stunden gedauert hatte, einfach geweigert, mir eine Spritze zu geben. Ich kann gar nicht glauben, dass alle Frauen so eine Tortur mitmachen müssen, wenn sie Kinder bekommen. Nicht wahr, mit dem nächsten Kind lassen wir uns ein bisschen Zeit?«

»Aber gewiss, mein Liebes«, antwortete ihr Mann mitfühlend und ergriff ihre Hand. »Von mir aus können wir es auch bei dem einen Kind bewenden lassen. Du bist nun einmal nicht so robust wie eine Bauersfrau, die jedes Jahr aufs Neue ein Kind in die Welt setzt, ohne auch nur längere Zeit mit ihrer Arbeit aufzuhören ...«

»Franz-Josef, ich muss dir noch etwas Wichtiges sagen«, fiel sie ihm unvermittelt ins Wort. »Ich weiß nicht, ob man dir das vielleicht schon am Telefon gesagt hat: Ich habe nicht ein Kind, sondern zwei bekommen.«

»Zwillinge?«, fragte der junge Vater fassungslos und ließ sich wieder auf seinen Stuhl fallen.

Luise nickte. »Aber eines der Kinder ist tot zur Welt gekommen. Es hat sich mit seiner Nabelschnur erdrosselt.«

Das schlechte Gewissen überwältigte sie beinahe. Ob Gott ihr dieses Kind wieder genommen hatte, weil sie sich gar so ablehnend ihm gegenüber verhalten hatte?

Plötzlich liefen ihr die Tränen über das Gesicht.

»Ich habe gar nichts davon geahnt!«, schluchzte sie. »Und jetzt ist eines meiner Kinder tot ...«

Franz-Josef Krautwald wusste nicht, was er sagen sollte. »Wir wollen froh und dankbar sein über den einen gesunden Sohn«, brachte er endlich über die Lippen. »Gottes Wille ist geschehen, und es steht uns nicht zu, mit ihm zu rechten.«

Sie legte stumm den Kopf an seine Schulter, und eine Weile saßen sie schweigend da, bis ihr noch etwas einfiel.

»Ich muss dir noch etwas beichten«, gestand sie. »Dein Sohn kann nun doch nicht deinen Namen bekommen, wie wir das ausgemacht haben. In der Aufregung habe ich der Hebamme, als sie bei dem toten Kind die Nottaufe vorgenommen hat, gesagt, sie soll ihn auf den Namen Franz-Josef taufen.«

Wieder schossen ihr die Tränen in die Augen. Ihr Mann tätschelte tröstend ihre Hand.

»Aber das ist doch nun wirklich nicht schlimm!«, versicherte er. »Einen Namen werden wir schon finden. Lass mich einen Moment nachdenken.«

Plötzlich strahlte er. »Ich habe einen Vorschlag: Wir wollen unseren Sohn Thomas nennen, nach dem Apostel, welcher ›der Zwilling‹ genannt wurde. Das soll ihn und uns immer daran erinnern, dass er einen Zwilingsbruder gehabt hat.«

Luise machte ein skeptisches Gesicht. »Meinst du wirklich, dass ›Thomas‹ der richtige Name für unseren Sohn ist? Diesem Namen haftet doch der Begriff ›der Ungläubige‹ an.«

»Der Apostel Thomas war nicht wirklich ungläubig, er hat nur die Botschaft seiner Mitbrüder angezweifelt«, versicherte ihr Mann. »In Wirklichkeit war er ein Gott

Suchender, und er hat ihn gefunden. Indem er seine Finger in seine Wunden legen durfte, war er Gott näher als alle anderen.«

Diese Auslegung gefiel seiner Frau, und nun war sie auch mit dem Namen einverstanden.

Einige Tage später wurde Luise Krautwald aus dem Krankenhaus entlassen, und nun war sie sehr froh, dass ihr Mann seine zwei freien Tage für diesen und den folgenden Tag frei gehalten hatte, denn sie fühlte sich doch noch recht schlapp und den häuslichen Pflichten keineswegs gewachsen. Dazu kam noch, dass sie nun zum ersten Mal für ihr Kind alleine verantwortlich war, und dabei konnte Franz-Josef ihr nicht viel helfen. Eine Windel hatte sie zum Beispiel im Krankenhaus nie wechseln müssen – das hatten alles die Schwestern erledigt.

So kam es, dass sie ein wenig hilflos vor ihrem Sohn stand, als er zu weinen anfing, gerade als sie und ihr Mann sich endlich hingesetzt hatten, um zusammen Tee zu trinken – so, wie sie es am Nachmittag bislang immer gemacht hatten. Sie warf einen Blick auf die Uhr und begann nachzurechnen, ob der kleine Thomas denn schon wieder Hunger haben könnte. Das konnte es aber nicht sein. Vorsichtig öffnete sie deshalb das Windelpaket, wo sie zu ihrem Entsetzen gleich ein großes Geschäft vorfand.

Unbeholfen machte sie sich an die Reinigung mit anschließendem Anlegen einer neuen Windel. Der besorgte Vater konnte nur danebenstehen und gute Ratschläge geben.

»Vorsicht! Pass auf, dass er nicht runterfällt!«

»Tust du ihm auch nicht weh?«

»Schmier ja nur genug Creme auf, damit er nicht wund wird.«

»Meinst du, dass das genug Puder ist?«

»Pack ihn nicht so fest an, du brichst ihm die Knochen!«

Luise war weit entfernt davon, sich solche Einmischungen zu verbitten oder durch sie noch weiter verunsichert zu werden. Im Gegenteil, die rege Anteilnahme ihres Mannes tat ihr gut.

Als sie die schwere Aufgabe endlich bewältigt hatte, war der Tee längst kalt geworden. Und es dauerte nicht lange, bis es dann wirklich Zeit wurde, das Kind zu stillen, was Luise leichter fiel, aber ebenfalls seine Zeit in Anspruch nahm. Irgendwie hatten sie es schließlich dann doch geschafft, dass der kleine Kerl rundum satt und schlummernd wieder in seinen Kissen lag, und sie konnten einen kleinen Imbiss zu sich nehmen, den ihr Mann für sie beide in der Zwischenzeit zurechtgemacht hatte.

Franz-Josef verbrachte die zwei freien Tage sowie den Sonntag, der darauf folgte, damit, seiner Frau alle Arbeiten abzunehmen, die in ihrer Wohnung zu tun waren, denn sie war mit der Pflege des Kleinen und dem Windelnwaschen in diesen ersten Tagen voll ausgelastet. Da Thomas sich auch in der Nacht im Vier-Stunden-Takt meldete, kam der Herr Assessor am Montagmorgen wie gerädert in die Schule.

Wenn er geglaubt hatte, nach einigen Tagen werde sich alles einpendeln und er könne wieder in Ruhe arbeiten, so sah er sich getäuscht: Er brauchte sich nur an seinen Schreibtisch zu setzen, schon konnte er damit rechnen, dass Klein-Thomas innerhalb weniger Minuten losschreien würde. Und zwar auch dann, wenn er einen Zeitpunkt wählte, nachdem das Kind gerade gestillt worden war oder eine frische Windel bekommen hatte.

Dass das Kind so unruhig war, lag auch daran, dass beide Eltern bei jedem Kiekser sofort ängstlich hinzusprangen und ihren Sohn aus der Wiege nahmen. Meist beruhigte Thomas sich dann sehr schnell, aber kaum hatten sie ihn wieder hingelegt, ging das Geschrei von Neuem los. Ratlos standen die junge Mutter und der junge Vater dann vor ihm und rätselten, was ihm wohl fehlte. War es ihm zu warm oder zu kalt? Drückte ihn vielleicht eine Falte seines Betttuches? Oder machte es ihm ganz einfach Spaß, herumgetragen zu werden?

»Wenn nur meine Mutter nicht so nachtragend wäre, hätte ich sie bitten können, nach der Geburt für ein paar Tage herzukommen«, sagte Franz-Josef bei einer solchen Gelegenheit. »Das hätte uns sicher einige Sorgen ersparen können.«

»Oder meine Mutter!«, setzte Luise hinzu. »Franz-Josef, ist es nicht traurig, dass nicht einmal die Geburt eines Enkelkinds die beiden mit unserer Ehe versöhnt hat?«

Einstweilen jedenfalls blieb ihnen nichts anderes übrig, als ohne großmütterliche Hilfe zurechtzukommen, und nach einigen Tagen beschloss der chronisch übernächtigte Vater, die Sache wissenschaftlich anzugehen. Er ging in den nächsten Buchladen und erstand ein Buch mit dem Titel ›Säuglingspflege für junge Mütter‹. Darin las er nach, wann immer sie nicht weiterwussten, und seine Erkenntnisse gab er dann an seine Frau weiter. So kamen sie nicht nur zu der Überzeugung, dass sie mit ihrer Überängstlichkeit auf dem besten Weg gewesen waren, einen kleinen Tyrannen heranzubilden, sondern ließen sich nun von neuen Problemen auch nicht mehr so leicht aus der Fassung bringen. In dem Buch fanden sie in den meisten Fällen Rat, und wenn auch nicht immer alles so reibungslos funktionierte, wie es der Buchautor versprochen hatte, so war doch wenigstens die Gewissheit tröstlich, alles eigentlich richtig gemacht zu haben.

Dennoch war der Herr Assessor nach zwei Wochen mit seinen Nerven am Ende, denn der Berg an Unerledigtem wurde jeden Tag größer.

»Was hältst du davon, wenn ich mir ein möbliertes Zimmer nehme, in dem ich ungestört arbeiten kann?«, fragte er eines Abends beim Abendessen.

Luise ließ vor Schreck die Gabel fallen. »Du willst uns verlassen?«

Franz-Josef lächelte nachsichtig. »Aber nicht doch, Liebes! Ich meine nur, ich bräuchte einen Raum, in dem ich an einigen Stunden des Tages ungestört arbeiten kann. Auch könnte ich durch einen Mittagsschlaf das nachholen, was ich in der Nacht an Schlaf versäumt habe.«

»Aber dann bist du ja kaum noch daheim!«, wandte sie ein.

»Nur am Nachmittag, und da hast du ja schon jetzt kaum etwas von mir, weil ich mich ja mit meinen Schulsachen beschäftigen muss«, erklärte er. »Weißt du, ich habe heute in der Schule von einem Zimmer erfahren, das genau für meine Bedürfnisse passen würde – es liegt fast genau in der Mitte zwischen unserer Wohnung und der Schule und ist absolut ruhig. Die Witwe eines kürzlich verstorbenen Kollegen will das Zimmer vermieten, weil sie von der Witwenrente alleine die Wohnung nicht mehr bezahlen kann. Wenn du willst, können wir das Zimmer ja gemeinsam besichtigen.«

Damit war Luise beruhigt. »Der Gedanke ist eigentlich ganz vernünftig«, überlegte sie. »Ich mache mir ohnehin schon dauernd Sorgen, wie du dein Pensum für die Schule schaffen und dich nebenher auf deine eigenen Prüfungen vorbereiten willst. Außerdem«, fiel ihr dann noch ein, »habe ich dann ja auch am Nachmittag das Wohnzimmer für mich und muss mich nicht immer in der Küche aufhalten, während du arbeitest.«

Der Schreck, der sie im ersten Moment erfasst hatte, war ebenso verflogen wie das kurze Gefühl der Kränkung darüber, dass ihr Mann nicht jede Minute seiner Zeit mehr mit ihr und seinem Sohn verbringen wollte. Sie besichtigten das Zimmer, das sie sehr ansprechend fanden, und bald waren all seine Akten und Unterlagen für die Schule dorthin geschafft. Eine bequeme Liege stellte ihm seine Vermieterin auch noch zur Verfügung.

Das Arrangement erwies sich als so vorteilhaft, dass das Ehepaar Krautwald es bald nicht mehr hätte missen wollen. Für Franz-Josef bot das Zimmer nicht nur den Vorteil, dass er Ruhe zum Arbeiten oder Schlafen hatte. Er konnte auch alles einfach liegen und stehen lassen, wie er Lust hatte, was in seinem Wohnzimmer nicht möglich gewesen war. Außerdem – seine Gedanke gingen schon weiter – würde sein Sohn ihm hier nicht an alles drangehen, wenn er mal ins Laufalter kam. Luise wiederum freute sich, dass ihr Mann abends, wenn er nach Hause kam, keine Arbeit mehr zu erledigen und damit wirklich Zeit für sie und das Kind hatte. Und sie genoss es, am Nachmittag, wenn der kleine Thomas noch nicht von seinem Mittagsschlaf erwacht war, im Wohnzimmer das Handarbeitszeug auszupacken und nebenbei im Radio eine Sendung mit leichter Musik zu hören; eine Unterhaltung, die ihr Mann nicht besonders schätzte.

Die Taufe des Kindes war sechs Wochen nach seiner Geburt angesetzt. Bis dahin, so hoffte Franz-Josef, werde sich Luise von der Entbindung so weit erholt haben, dass sie einer kleinen Familienfeier gewachsen war – eine, die mit einigen Unwägbarkeiten verbunden war.

Es waren die beiden Großmütter des Täuflings, die den Hauptgrund zur Sorge darstellten. Martha Keller, Luises Mutter, hatte sich als ebenso nachtragend erwiesen wie Dora Krautwald, seine eigene Mutter. Beide waren, wenn auch aus ganz unterschiedlichen Gründen, gegen die Eheschließung gewesen, und dass ihr Einfluss nicht ausgereicht hatte, um ihre Heirat zu verhindern, war es wohl, was sie immer noch mit ihnen hadern ließ.

Assessor Krautwald hatte eigentlich schon Verständnis dafür, dass seine Mutter von ihm enttäuscht war – sie hatte ihren sehnlichsten Lebenswunsch begraben müssen, als er heiratete –, doch dass sie es an seiner Frau ausließ, schmerzte ihn ebenso wie ihre Unversöhnlichkeit. Schließlich und endlich musste man sich irgendwann mit der Realität abfinden!

Er war der jüngste Sohn seiner Eltern gewesen, ein Nachkömmling, dessen drei Brüder alle längst das Gymnasium besuchten, als er zur Welt kam, sodass er fast wie ein Einzelkind aufwuchs. In Breslau war das gewesen, vor dem Krieg, wo sein Vater, Gustav Krautwald, ein höherer Beamter gewesen war. Der erste Schatten fiel auf seine Kindheit, als der Krieg ausbrach und sein Vater fast auf der Stelle eingezogen wurde. Schon nach wenigen Monaten, im Mai 1940, fand er dann den »Heldentod«, wie man das damals nannte.

Für den kleinen Franz-Josef war sein Vater schon vorher nur eine schwer greifbare Gestalt gewesen, denn seine dienstlichen Pflichten hielten ihn oft bis in die Abendstunden von seinem Heim fern. So schien die Veränderung durch seinen Tod zunächst nicht so groß. Doch im Lauf der Zeit wurden auch seine Brüder einer nach dem anderen eingezogen, der Älteste, Robert, fiel zwei Jahre nach seinem Vater, und die Briefe der beiden anderen wurden spärlich. So wuchs er langsam in die Rolle des Vertrauten seiner Mutter hinein. Dora Krautwald war eine tiefgläubige Katholikin, und schon von klein auf ersetzten die Bibel und Bücher mit Heiligenlegenden die Bilderbücher, aus denen andere Eltern ihren Kindern vorlasen. Auch der Vater war sehr gläubig gewesen, das wusste Franz-Josef nicht nur, weil die Mutter häufig davon erzählte, sondern auch, weil seine wenigen Erinnerungen an diesen Mann sich zum größten Teil auf gemeinsame Besuche des Gottesdienstes bezogen.

Rückblickend glaubte er aber, der Tod des Vaters sei der Zeitpunkt gewesen, ab dem sie damit begonnen hatte, ihren Jüngsten als einen künftigen Priester zu sehen. Die gemeinsamen Gebete, Kirchenbesuche und die abendliche Lektüre bekamen einen anderen Charakter; sie enthielten eine Aufforderung an ihn, die er als Kind nicht bewusst wahrgenommen hatte. Erst im Rückblick erkannte er, welchen Einfluss die Lebensgeschichten bedeutender Geistlicher, durch die seine Mutter die abendliche biblische Lektüre nun zuweilen ersetzte, auf seine Vorstellungswelt gehabt hatten. Wann immer er eine Frage dazu stellte, ging sie mit großem Ernst darauf ein, und sie ließ keinen Zweifel daran, dass diese Männer Vorbilder waren, denen es nachzueifern galt. In seiner Vorstellung war es jedenfalls eine ausgemachte Tatsache gewesen, dass ein wirklich gottgefälliges Leben nur das eines Priesters sein konnte. Doch zunächst näherte sich der Krieg seinem Ende – einem Ende mit Schrecken, wie sich immer deutlicher abzeichnete –, und damit gleichzeitig das Ende des auch in Kriegszeiten immer noch vergleichsweise komfortablen, bürgerlichen Lebens der Kriegswitwe mit ihrem Sohn, das durch die überstürzte Flucht vor den heranrückenden russischen Truppen gen Westen im Januar 1945 jäh und für immer seinen Abschluss fand. Diese Zeit des Schreckens behielt er nur in Bruchstücken in Erinnerung – zu Tausenden flüchteten die Menschen bei bitterer Kälte zu Fuß. Hunger und Kälte setzten auch ihm und seiner Mutter furchtbar zu, und später war er überzeugt davon, dass sie nur deshalb überlebt hatten, weil sie auch in dieser Situation fest auf Gott vertraut hatten.

Sie landeten in einem Auffanglager in Bayern, und von dort aus gelangten sie schließlich nach Alberzell, ein kleines Dorf in der Nähe von München. Ihre dortige Wohnung mussten sie zunächst mit einer anderen Familie teilen, aber nach einem Jahr zogen ihre Mitbewohner fort, sodass sie von nun an wieder eine Wohnung für sich alleine hatten. Die Verhältnisse waren ärmlich im Vergleich zu ihrem früheren Leben in Breslau, doch dass dorthin kein Weg mehr zurückführte und sie dankbar für das sein mussten, was sie hatten, war ihnen klar.

Immerhin, die beiden anderen Söhne von Dora Krautwald, Bodo und Dietrich, lebten, und nach ihrer Entlassung aus der Kriegsgefangenschaft gelang es ihnen mit Unterstützung des Roten Kreuzes, den Aufenthaltsort ihrer Mutter und ihres jüngeren Bruders ausfindig zu machen. Für beide galt es nun ja auch, sich eine berufliche Zukunft aufzubauen, denn sie waren alle beide direkt nach dem Abitur, fast noch von der Schulbank weg, in den Krieg gezogen. So gingen beide Brüder nach einiger Zeit ins nahe gelegene München, wo sie ein Studium aufnahmen.

Ansonsten war Franz-Josef mit der Mutter allein, bis er auf die Klosterschule wechselte mit dem Ziel, Priester und Missionar zu werden. Das war sein eigener sehnlichster Herzenswunsch, und erst kurz bevor er in Erfüllung gehen sollte, erkannte der Scharfblick eines erfahrenen alten Geistlichen, dass er damit beinahe einen Irrweg gegangen wäre.

Er hatte gleich ein eigenartiges Gefühl gehabt, als er an jenem schicksalhaften Tag zum Vorsteher des altehrwürdigen Klosters bestellt worden war, wo er sich als junger Novize auf die Priesterweihe vorbereitete.

Frater Ambrosius wurde er dort genannt. Den Namen Franz-Josef Krautwald glaubte er für immer abgelegt zu haben.

Er sah sich selbst den Gang zum Verwaltungstrakt entlangschreiten, vor der Tür des Superiors zögern und endlich anklopfen.

»B… B… Benedicamus domino«, hörte er sich selbst beim Eintreten grüßen.

»Deo gratias«, antwortete der Superior hinter seinem wuchtigen Eichenschreibtisch. Pater Anselm war ein würdiger alter Mann, dem sein langer weißer Bart das Aussehen eines biblischen Patriarchen verlieh. Er deutete auf den hölzernen Besuchersessel vor seinem Schreibisch.

»Bitte, nehmen Sie Platz.«

Er ordnete irgendwelche Papiere, oder vielleicht tat er auch nur so, weil ihm das bevorstehende Gespräch unangenehm war. Endlich atmete er tief durch und setzte zum Sprechen an: »Frater Ambrosius, es sind nun über drei Jahre, dass Sie bei uns sind. Aus Ihren Zeugnissen habe ich ersehen, dass Sie das Abitur in Haigerloch mit Bravour gemacht haben. Ihr Philosophikum in Trier haben Sie mit großem Erfolg hinter sich gebracht, wie mir mein dortiger Amtsbruder mitteilte. Und von Ihrem Novizenmeister, der Sie während Ihres geistlichen Jahres in Hörstel begleitete, habe ich nur Bestes über Sie gehört.«

»D… d… das freut mich zu hören«, bekannte Franz-Josef – oder vielmehr Ambrosius – aufatmend in die Sprechpause des Superiors hinein. Er hatte keineswegs damit gerechnet, so viel Lob zu hören.

»Ja, erfreulich ist das«, betonte Pater Anselm in bedächtiger Weise. »Es sind nicht viele junge Männer, die solche Voraussetzungen mitbringen. Während Ihres Subdiakonats, das Sie in unserem Hause verbrachten, konnte ich mich selbst von Ihren Qualitäten überzeugen.«

Sein Gegenüber entspannte sich ein wenig, und so traf ihn der nächste Satz des Oberen besonders hart: »Dennoch kann ich es nicht verantworten, Sie zur Priesterweihe zuzulassen.«

Ambrosius fühlte sich selbst kreidebleich werden.

»W… w… warum nicht? H… h… habe ich durch irgendetwas Ihr Missfallen erregt?«

Der Superior schüttelte den Kopf. »Im Gegenteil. Im Großen und Ganzen bin ich ausgesprochen zufrieden mit Ihnen. Sie sind intelligent, Sie sind fleißig, Sie sind gehorsam und äußerst pflichtbewusst. Dennoch scheinen Sie mir den Aufgaben eines Missionars nicht gewachsen.«

Ambrosius war, als blicke er in einen gähnenden Abgrund.

»W… w… was bringt Sie zu dieser Meinung?«

Der Prior seufzte. »Das will ich Ihnen erklären, Frater Ambrosius. Aber vorab eines: Seit dem Tage Ihres Eintritts habe ich Sie beobachtet, so wie das ja auch meine Aufgabe ist und wie ich es bei allen mir Anvertrauten tue. Mir ist in den letzten Monaten eine merkwürdige Veränderung an Ihnen aufgefallen. Anfangs beunruhigte sie mich nicht sonderlich. Ja, ich gab mich der Illusion hin, sie verliere sich wieder von selbst. Deshalb schwieg ich lange, vielleicht sogar zu lange, ehe ich mich entschloss, Sie zu mir zu bitten. Und dieses Gespräch, das können Sie mir glauben, fällt mir wirklich nicht leicht.«

»H... h... hat das etwas mit meinem Stottern zu tun?«

»Genau.« Pater Anselm schien erleichtert darüber zu sein, dass der Novize diesen Punkt selbst angesprochen hatte. »Zu dem Zeitpunkt, als Sie bei uns eintraten, haben Sie völlig normal gesprochen, und als ich zum ersten Mal ein leichtes Stottern an Ihnen bemerkt habe, wusste ich das nicht richtig einzuordnen und hielt es für eine vorübergehende Sache, hinter der, dachte ich, eine momentane Aufregung stecken könnte. Aber je länger Sie bei uns sind, ja, ich bin geneigt zu sagen, je näher die Priesterweihe rückt, desto mehr verschlimmert es sich. Haben Sie eine Erklärung dafür?«

»A... a... absolut nicht.«

Ein unbehagliches Schweigen breitete sich zwischen den beiden Männern aus. Mit Besorgnis beobachtete der Superior, wie Ambrosius immer mehr in sich zusammensackte.

»Da Sie schweigen, Ambrosius, will ich Ihnen die Erklärung sagen, die ich gefunden habe«, nahm der Superior das Gespräch wieder auf. »Zunächst aber bitte ich um die Beantwortung einiger Fragen. Lassen Sie sich Zeit für Ihre Antworten. Erforschen Sie zunächst Ihre innersten Gefühle. Gleichzeitig möchte ich Ihnen versichern, dass ich Sie sehr schätze und dass ich es gut mit Ihnen meine. Sie sollen wissen, dass mir Ihr Wohl sehr am Herzen liegt, und alles, was ich Ihnen zu sagen habe, soll Ihnen nur helfen und Sie nicht etwa kränken.«

»D... d... davon bin ich fest überzeugt.«

Der greise Pater fasste sich mit der linken Hand ans Kinn und strich langsam an seinem weißen Vollbart herunter. Es schien, als wolle er die letzte Erkenntnis da herausziehen.

»Gleich nach dem Abitur sind Sie in unseren Orden eingetreten. Was waren damals Ihre Beweggründe dafür?«

Noch ehe sich Pater Anselm in seinem Sessel zurücklehnen konnte, in der Absicht, auch durch seine Haltung seinem Gast zu signalisieren, dass er sich für seine Antwort Zeit lassen könne, legte dieser los, und zwar in erstaunlich flüssiger Sprache: »Ich fühlte mich dazu berufen, den Heiden in Afrika das Wort Gottes zu verkünden.«

Wie ein dressierter Papagei, schoss es dem Superior durch den Kopf, und er vermochte nur mühsam ein Schmunzeln zu unterdrücken. Um Zeit zu gewinnen für seine nächsten Worte, führte er seine Absicht, eine bequemere Sitzhaltung einzunehmen, zu Ende. Er verschränkte gemächlich die Arme vor der Brust und sah seinen Novizen aufmerksam an.

»Denken Sie mal noch einige Jahre weiter zurück. Sie sind bereits mit elf Jahren in die Missionsschule nach Haigerloch gekommen. Warum? In diesem Alter werden die Entscheidungen noch von den Eltern getroffen.«

Ambrosius schloss die Augen. Es schien, als könne er auf diese Weise besser in seine Kindheit zurücktauchen. Als er die Augen wieder öffnete, sah er seinen Oberen mit einem klaren Blick an. »Sie haben recht. So weit ich zurückdenken kann, sprach meine Mutter immer wieder davon, wie schön es doch sei, wenn ich Priester würde.«

Mit einem wissenden Lächeln nickte der Superior: »So etwas Ähnliches habe ich mir gedacht. Als gehorsamer Sohn haben Sie den von ihr vorgeschlagenen Weg beschritten. Und nun haben Sie das Gefühl, in einer Sackgasse zu stecken, aus der es auch kein Zurück mehr gibt.«

»Das stimmt nicht«, widersprach Ambrosius mit einer gewissen Festigkeit in der Stimme. »Ich selbst habe das Verlangen, den Heiden zu predigen – ich habe es heute noch, und ich hatte es schon als Kind. Meine Mutter brauchte mich nicht dazu zu überreden, die Missionsschule zu besuchen; ich befand mich in diesem Punkt mit ihr damals in voller Übereinstimmung. Im Alter von zehn Jahren hatte ich ein Schlüsselerlebnis, nach dem ich mir keine andere Zukunft mehr vorstellen konnte.«

Überrascht legte Pater Anselm beide Hände auf den Schreibtisch, beugte sich etwas vor und beobachtete Ambrosius mit gespanntem Gesichtsausdruck: »Ach! Und wie sah das aus?«

Der junge Ordensbruder atmete tief ein und sprudelte los: »K… k… kurz nach Kriegsende war es, dass in unserem Dorf ein Weißer Vater auf Heimaturlaub war. Pater Michael nannte er sich. Er predigte erst im Hochamt, dann brachte der Pfarrer ihn in die Religionsstunde mit.«

Der Superior sah in den Augen des Novizen einen Widerschein jenes Leuchtens, mit dem der Knabe damals den Erzählungen des ungewöhnlichen Besuchers gelauscht haben musste.

»Er erzählte uns von dem Leben auf seiner Missionsstation, und es konnte keinen Zweifel daran geben, dass er sich kein schöneres Leben vorstellen konnte«, berichtete Ambrosius weiter. »Nicht zuletzt imponierte mir auch seine äußere Erscheinung. Er trug einen langen dunklen Bart und war bekleidet mit einem wallenden weißen Gewand. Darüber hatte er einen überdimensionalen Rosenkranz aus dunklen Holzperlen zweifach um den Hals geschlungen. Wir Kinder hatten so viele Fragen an ihn, dass wir ihn gar nicht mehr gehen lassen wollten.«

Ein Lächeln breitete sich auf seinem Gesicht aus.

»Wir alle, die wir da saßen, waren von diesem ›Weißen Vater‹ einfach hingerissen, aber bei mir war es mehr als das: Noch in derselben Stunde entschloss ich mich, auch ein solcher Missionar zu werden. Als ich meiner Mutter beim Mittagessen davon erzählte, nickte sie beifällig und ging noch am gleichen Tag zu Pater Michael und erkundigte sich, auf welche Weise sie mir diesen Wunsch erfüllen könnte.«

Pater Anselm lehnte sich wieder zurück und legte seine Unterarme auf die Sessellehnen.

»Das kann ich mir gut vorstellen. Ein Kind ist leicht beeinflussbar. Der Wunsch, Priester zu werden, ist Ihnen von Ihrer Mutter jahrelang suggeriert worden, und eine eindrucksvolle Gestalt wie dieser Pater schien Ihnen alles zu bestätigen, was sie Ihnen vermittelt hat. Deshalb glauben Sie auch, es sei Ihr eigener Wunsch gewesen. Ihr Körper aber ist offensichtlich mit diesem Wunsch nicht einverstanden. Mit dem Stottern bäumt er sich dagegen auf.«

Ambrosius begriff den Sinn dieser Bemerkung nicht. Fragend blickte er zu seinem Oberen auf, und der sah sich genötigt, hinzuzusetzen: »Lassen Sie es mich mit einem Zitat aus der Bibel erklären: Der Geist ist willig, aber das Fleisch ist schwach.«

Auch das war noch nicht deutlich genug gewesen, und so ergänzte er endlich noch: »Zu gut Deutsch: Es ist das Keuschheitsgebot, das Ihnen zu schaffen macht.«

Brennende Röte schoss dem jungen Mann ins Gesicht, und er war außerstande, auch nur ein Wort hervorzubringen. Der erfahrene Ordensmann ließ geraume Zeit verstreichen, um dem Novizen die Möglichkeit zu geben, seiner Verlegenheit Herr zu werden, bis er einige erklärende Worte hinzufügte: »Sie sind nicht wirklich zum Priestertum berufen, Frater Ambrosius. Weil man Sie dennoch in diese Rolle hineingedrängt hat, vergewaltigen Sie Ihren Körper und Ihren Geist. Dagegen rebelliert er mit dieser Sprachstörung.«

Ambrosius ließ sich gegen die Rückenlehne seines Sessels fallen. Er legte seine Hände zusammen wie zum Gebet und presste sie mit der Schmalseite so gegen den Mund, als wolle er ihn daran hindern, ein unbedachtes Wort nach außen dringen zu lassen. In seiner Miene spiegelte sich der innere Kampf wider, den er auszufechten hatte.

Der alte Missionar schwieg ebenfalls. Scheinbar beschäftigte er sich angelegentlich mit den auf dem Schreibtisch liegenden Akten, während er den vor ihm Sitzenden verstohlen beobachtete. Als er den Eindruck gewann, dass dieser sich einigermaßen gefasst hatte, fragte er: »Habe ich recht?«

Ambrosius nickte stumm. Das veranlasste seinen Oberen, weiterzureden: »Solange Sie ein Knabe waren, lief alles glatt. Mit dem Eintritt in die Pubertät aber tauchten die Probleme auf.«

Der junge Frater nickte abermals. Er atmete einige Male tief ein und aus. Schließlich straffte sich sein Körper, und er kehrte in die vorige angespannte Sitzhaltung zurück. Dabei umfasste er mit der rechten Hand krampfhaft die linke. Stockend kam es aus ihm heraus: »A… a… anfangs dachte ich, diese Gefühlsaufwallungen würden bald vorübergehen. Ich gab mir die größte Mühe, sie zu ignorieren und mich ganz auf meine Studien zu konzentrieren. Um meinen Geist zu stählen, kasteite ich mich durch Fasten und Beten. Auf diese Weise hoffte ich, dieser Schwäche Herr zu werden.«

»Das war sehr löblich, Frater Ambrosius. Aber mit dem Willen lässt sich nicht alles erzwingen. Ihr Körper fordert sein Recht so gebieterisch, dass Sie der Sache nicht Herr werden können.«

»In den letzten Jahren auf der Missionsschule war ich mehr als einmal drauf und dran, sie zu verlassen, so schlimm hat mich das gequält«, gestand der Novize errötend.

»Warum, um Gottes willen, haben Sie es nicht getan?«, fragte Anselm mit einem Anflug von Verzweiflung in der Stimme.

»Meine Mutter!«, brach es aus Ambrosius heraus. »Das konnte ich ihr doch nicht antun! Diese Schande! Ihr Bub ein Versager! Auch konnte ich ihr doch nicht solche Undankbarkeit erweisen, nachdem sie große finanzielle Opfer gebracht hat, um mir den Schulbesuch dort überhaupt zu ermöglichen. Sie ist Kriegswitwe und muss jeden Pfennig herumdrehen.«

»Mein lieber Ambrosius, in dem Bestreben, der Mutter zu gefallen, haben Sie sich selbst keinen Gefallen getan.«

»Verzeihen Sie, dass ich erneut widerspreche. Das stimmt nicht ganz. Mein Entschluss, zu bleiben, wurde auch von einem gewissen Egoismus geleitet.«

Ungläubig hob der Superior die Augenbrauen: »Von Egoismus?«

»Als ›abgebrochener‹ Klosterschüler hätte ich nicht mehr die Möglichkeit gehabt, ein öffentliches Gymnasium zu besuchen«, erklärte Ambrosius. »Wo hätte meine Mutter das Geld dafür hernehmen sollen? Ich wäre also ohne einen richtigen Schulabschluss dagestanden. Aber das Lernen fiel mir leicht und machte mir auch Freude, und deshalb wollte ich auf jeden Fall das Abitur machen.«

»Danach hätten Sie noch immer die Konsequenzen ziehen können«, warf Pater Anselm kopfschüttelnd ein. »Sie hätten uns verlassen können, um auf jeder beliebigen Universität ein Studium aufzunehmen. Stattdessen aber baten Sie um Aufnahme in unseren Orden.«

Ambrosius wand sich vor Verlegenheit. »Ja – ich, – wissen – Sie, ich wollte nicht als Schmarotzer dastehen. Die Gebühr für den Aufenthalt in der Klosterschule ist im Vergleich zu ähnlichen Bildungseinrichtungen sehr gering, und ich hätte es für einen Betrug an Ihrer Ordensgemeinschaft gehalten, wenn ich auf Ihre Kosten das Abitur gemacht und mich dann verdünnisiert hätte.«

Zu seiner Überraschung begann der Superior laut zu lachen. »Aber mein lieber Ambrosius, das machen doch die meisten so. Nur ein geringer Prozentsatz von denen, die unsere Schulen besuchen, tritt nachher in den Orden ein. Das ist unser ›Berufsrisiko‹.«

»Sie ... Sie ... Sie meinen, Sie nehmen ganz bewusst Jungen in Ihre Schule auf, von denen Sie wissen, dass sie nur ein Gastspiel geben?«

Anselm schüttelte sein weißes Haupt: »Nein, natürlich nicht. Wir gehen bei jedem Knaben, den wir aufnehmen, davon aus, dass er in der ehrlichen Absicht kommt, ein Geistlicher zu werden. Es gibt zwar manche Eltern, die ihren Sprössling nur deshalb zu uns schicken, damit er auf preiswerte Weise das Abitur erlangen kann, aber in den meisten Fällen ist es so, dass die Eltern ihre Söhne in unsere Obhut geben, weil sie tatsächlich Priester aus ihnen machen wollen. Doch diese jungen Burschen merken es zum Glück meist rechtzeitig, wenn sie nicht zum Priestersein geeignet sind, und verlassen uns mit der mittleren Reife oder dem Abitur.«

»Umso mehr sollten Sie sich freuen über einen, der bleibt. Es werden doch ständig neue Arbeiter im Weinberg des Herrn benötigt.«

Der Superior schmunzelte: »Sicher. Das stimmt. Wir wissen, dass nur eine Minderheit unserer Schüler wirklich berufen ist – und diese Schüler gehen ihren Weg unbeirrbar weiter. In diese Kategorie scheinen Sie mir nicht zu gehören, auch wenn Sie so lange durchgehalten haben.«

Entrüstet sah Ambrosius seinen Vorgesetzten an: »Meiner Meinung nach sollten Sie sich um jeden Kandidaten reißen, der bleiben will – bei dem Priestermangel und dem Mangel an Missionaren.«

Der alte Ordensmann ließ ein verhaltenes, dunkles Lachen vernehmen. »Natürlich freuen wir uns über jeden, der bleiben will, aber wir wollen nicht mit Gewalt aus jedem Kandidaten einen Priester machen. Im Gegenteil: Wir sind bestrebt, nur diejenigen in unsere Reihen aufzunehmen, die wirklich die innere Berufung dazu haben. Nur der Berufene vermag eine so schwierige Aufgabe bis zu seinem Lebensende durchzustehen.«

»Aber ich fühle mich zum Priesteramt berufen«, beharrte Ambrosius. »Ganz sicher!«

»Hat Gott Ihnen denn nicht ein deutliches Zeichen gesetzt, um mir und Ihnen die Augen zu öffnen, dass es nicht so ist?«

»Ei... ei... ein Zeichen?«, fragte Ambrosius, aufs Neue irritiert.

»Ja, ein Zeichen«, bekräftigte der Prior mit einem Nicken. »Lange genug vor der Priesterweihe hat der Herr Ihnen eine massive Sprachstörung geschickt, damit Sie Gelegenheit haben, Ihre Fehlentscheidung zu korrigieren. Denn, glauben Sie mir, mit dieser Behinderung können Sie unmöglich Missionar werden.«

»S... S... Sie wollen mich wegschicken?«

»Von Wegschicken kann keine Rede sein«, versicherte der Pater begütigend. »Wenn Sie sich dazu entschließen sollten, in unserer Gemeinschaft zu bleiben, könnten Sie aber nur ein Amt bekleiden, in dem die Sprache zweitrangig ist. Wie Sie wissen, brauchen wir sowohl im Mutterland als auch in der Mission Gärtner und Handwerker, und wie könnte ich es Ihnen verweigern, wenn Sie darauf bestehen, ein solches Amt einzunehmen. Aber ist es wirklich das, was Sie anstreben? Wollen Sie ein stotternder Ordensbruder sein, der Tomaten züchtet oder Schuhe besohlt? Bei Ihrer Begabung? Mit einem fast abgeschlossenen Theologiestudium?«

Ambrosius schwieg längere Zeit, dann seufzte er tief auf.

»Nein, das habe ich mir nicht vorgestellt«, gestand er ein. »Ich möchte Missionar sein; ich möchte predigen; ich möchte das Wort Gottes verkündigen.«

»Aber das müssen Sie doch selbst einsehen, dass Sie so, wie Ihre Sprechweise momentan ist, nicht predigen können.«

»W... w... wenn ich erst mal die Priesterweihe empfangen habe, verliert sich das Stottern bestimmt wieder«, behauptete der Novize fast trotzig.

Pater Anselm schüttelte energisch den Kopf: »Warum sollte sich denn durch die Weihe etwas ändern? Ich befürchte eher das Gegenteil, und zwar, weil ich das während eines langen Ordenslebens mehr als einmal in Fällen seelisch bedingter Leiden erleben musste. Denn wer einmal Priester ist, bleibt es sein Leben lang; der Rückweg ist dann abgeschnitten.« Er seufzte auf. »Es gibt auch genügend Priester, die abtrünnig geworden sind, weil sie das Gebot der Ehelosigkeit nicht durchhalten konnten, und ich habe mehr als einmal Priester, die aus ihrem Amt ausgeschieden sind, an ihren Schuldgefühlen zerbrechen sehen.«

»So weit wird es bei mir nicht kommen«, wagte Ambrosius einen weiteren Widerspruch. »Ich bin fest davon überzeugt, dass Gott mich berufen hat. Es muss doch eine Therapie geben, die mir gegen das Stottern helfen kann. Es gibt doch Logopäden.«

»So viel ich weiß, werden Logopäden bei kleinen Kindern eingesetzt, die Schwierigkeiten mit dem Spracherwerb haben oder unter frühen Sprachstörungen leiden«, erklärte Pater Anselm. »Erwachsenen kann eine solche Behandlung kaum noch helfen.«

Ambrosius gab nicht auf. »Dann eben eine Psychotherapie!«

»Die Psychotherapie nach Freud hält Gott für nicht existent«, sagte der Prior mit leisem Lachen. »Meinen Sie wirklich, Sie werden ein guter Missionar sein, wenn Sie nur noch an das Über-Ich glauben, das Sie leitet und das nur unwissende Menschen für die Stimme Gottes halten?«

Damit war der Widerstand des jungen Novizen gebrochen. Er sackte sichtlich in sich zusammen.

»A… a… aber Pater Anselm, wo soll ich denn hin? Der Orden ist seit vielen Jahren meine Heimat. Die Brüder sind meine Familie. Ich kenne doch nichts anderes als das Klosterleben. Es muss doch irgendeine Heilungsmöglichkeit für mich geben, damit ich hierbleiben kann!«

Der letzte Satz klang wie ein Aufschrei. Sein Vorgesetzter schien kein größeres Problem zu haben, als seine Stifte in Reih und Glied auf dem Schreibtisch zu ordnen, und er blickte den jungen Mann nicht an.

»Ich kenne eine Therapie, die wird Ihnen mit Sicherheit helfen«, sagte er endlich wie nebenbei.

»Wirklich?« In der Stimme des Novizen klang ein Hoffnungsschimmer auf.

»Frater Ambrosius, die einzige Therapie, die ich Ihnen empfehlen kann, ist, das zölibatäre Leben aufzugeben.«

Er lächelte. »Ich meine damit, Sie sollten ein nettes Mädchen suchen und es heiraten. Am besten so bald wie möglich, wenn Sie mich fragen.«

Ambrosius war zu schockiert, um Worte zu finden.

»Seien Sie nicht so mutlos und so verzweifelt, weil Sie nicht Priester werden können«, fuhr der Superior fort. »Ich bin überzeugt davon, dass Gott andere Pläne mit Ihnen hat. Meiner Meinung nach will er Sie durch diesen Sprachfehler auf den richtigen Weg zu Ihrer eigentlichen Bestimmung führen. Diesen Weg kenne ich ebensowenig wie Sie, aber Gott wird Sie leiten, wenn Sie sich nicht weiter gegen seine Führung sträuben. So könnte es doch Gottes Wille sein, dass nicht Sie selbst Priester werden, sondern einer Ihrer Söhne oder Enkel.«

Feinfühlig, wie Pater Anselm war, wusste er, dass er nun nicht mehr in den Kandidaten dringen durfte. Nun mussten seine Worte in dem Novizen Wurzeln schlagen, dann würde man weitersehen.

»Sie dürfen sich jetzt zurückziehen, Frater Ambrosius«, sagte er sanft. »Heute oder morgen erwarte ich natürlich noch keine Entscheidung von Ihnen – im Gegenteil: Denken Sie in aller Ruhe und so lange darüber nach, wie Sie es für nötig halten. Bitten Sie den Herrn um Erleuchtung. Melden Sie sich erst wieder bei mir, wenn Sie Ihre Entscheidung getroffen haben.«

In seiner Zelle legte sich der Novize im Ordensgewand aufs Bett und starrte gegen die Zimmerdecke. Das war's dann wohl, dachte er immer wieder. Das ist das unrühmliche Ende meiner hochfliegenden Pläne. Nichts mehr mit Afrika, nichts mehr mit Predigen, nichts mehr mit Missionieren. Aus und vorbei!

Die folgenden Tage verbrachte er wie in Trance. Zwar nahm er an den gemeinsamen Gebeten und an den gemeinsamen Mahlzeiten teil, wurde er angesprochen, gab er aber nur zerstreute Antworten. So ließ man ihn bald in Ruhe. Seine häuslichen Arbeiten verrichtete er wie gewohnt und besuchte zwischendurch immer wieder die Kirche, wo er tief versunken im Gebet verharrte.

Nach einer guten Woche war er endlich mit sich im Reinen. Er ersuchte um eine Audienz bei seinem Superior. Der empfing ihn ohne lange Verzögerungen.

»Ich habe mein Leben in aller Gründlichkeit überdacht«, begann Ambrosius. »Und ich bin zu der Überzeugung gelangt, dass Sie mich wahrscheinlich davor bewahrt haben, ein unglücklicher Mensch zu werden. Sie haben wohl recht: Ich bin nicht wirklich zum Priester berufen. Ihre Empfehlung kam zur rechten Zeit, und ich bin Ihnen wirklich dankbar für Ihre offenen Worte.«

Zufrieden lehnte sich der Superior in seinem Sessel zurück und faltete die Hände über dem Bauch. »Na, dann ist es ja gut, dass ich endlich den Mut gefunden habe, mit Ihnen zu sprechen.«

»Sie können mir glauben, die Entscheidung ist dennoch schwer und schmerzlich für mich«, bekannte Ambrosius. »Aber ich habe auch Ihren Rat befolgt, mich ganz in Gottes Hand zu begeben. Im Traum hat er mir den richtigen Weg gewiesen. Dennoch, oder vielmehr gerade deswegen stehe ich vor einem Problem.«

»Und das wäre?«

»W... w... wovon soll ich leben, wenn ich die Geborgenheit des Klosters verlasse? Außer Theologie habe ich doch nichts gelernt. Außerdem habe ich zwei linke Hände.«

»Das ist mir auch schon aufgefallen«, schmunzelte der Pater.

»Also kommt ein handwerklicher Beruf für mich nicht in Betracht.«

»Das kann ich mir vorstellen. Aber warum sollten Sie denn einen solchen Beruf erlernen? Sie haben das Abitur und ein fast abgeschlossenes theologisches Studium. Was hielten Sie davon, wenn Sie Lehrer an einem Gymnasium werden? An einer Schule gibt es ein weites Betätigungsfeld für einen überzeugten Streiter Gottes.«

»Das Studium kann ich doch nie im Leben finanzieren!«, platzte Ambrosius heraus, ohne lange nachzudenken.

Der Superior schüttelte den Kopf. »Das können Sie leichter finanzieren, als Sie denken, denn ich kenne ähnlich gelagerte Fälle, von denen ich weiß, dass den Kandidaten einige Semester erlassen wurden, wenn sie als erstes Fach Religion wählten. Sechs Semester müssten in diesem Fall hinkommen. Ein solches Studium würde ich Ihnen also wärmstens empfehlen. Zum einen sind Sie auf diesem Gebiet zu Hause, und zum anderen herrscht an höheren Schulen immer Mangel an Religionslehrern. Es bliebe also nur zu überlegen, welches Zweitfach Sie wählen.«

Ambrosius machte ein skeptisches Gesicht, denn sechs Semester ohne Geld zu überbrücken, schien ihm unvorstellbar. Dennoch, irgendetwas in ihm hatte sich sofort für den Gedanken Pater Anselms erwärmt, und so schlug er vor: »Was halten Sie von Latein? Darin fühle ich mich einigermaßen sicher.«

»Davon muss ich Ihnen abraten, ehe das Ihr Universitätsprofessor tut. Sicher, im Hinblick auf die Theologie haben Sie die nötigen Lateinkenntnisse. Als Lehrkraft für dieses Fach müssten Sie sich aber zunächst in das klassische Latein vertiefen. Wie wär's aber mit Geschichte? Diese Materie ist von Kirchengeschichte nicht so weit entfernt.«

Ein Aufleuchten trat in Ambrosius' Augen, und er nickte. Kirchengeschichte war der Teil des Studiums, der ihn immer am meisten fasziniert hatte. Noch ehe Pater Anselm erleichtert aufatmen konnte, ließ Ambrosius aber schon wieder die Flügel hängen.

»A... a... aber wie kann ich denn vor Schüler hintreten mit meinem Stottern?«

»Bis Sie vor den Schülern stehen, sind Sie doch längst geheilt«, versicherte der Prior. »Ist Ihnen denn nicht aufgefallen, dass das Stottern schon jetzt nachgelassen hat, da Sie Ihre Entscheidung getroffen haben? Sobald der Druck des Priesterberufes und vor allem des Keuschheitsgebotes von Ihnen genommen ist, wird das Stottern so rasch verschwinden, als wäre es nie dagewesen.«

»Aber dazu müsste ich erst einmal heiraten. Wie aber soll ich so schnell eine Frau finden?«

Anselm lachte laut auf. »Sie sind gut. Jetzt habe ich Ihnen nicht nur einen Beruf vorgeschlagen, sondern Sie erwarten auch noch von mir, dass ich Ihnen eine Frau suche?«

Ambrosius errötete heftig. »I... i... ich weiß doch gar nicht, wie man eine junge Dame anspricht«, gestand er. »Vor Aufregung werde ich sicher so stark stottern, dass sie gleich das Weite sucht. Ich werde nicht mal dazu kommen, ihr zu erklären, dass sich dieser Sprachfehler verlieren wird, sobald wir uns näher kennen.«

Wieder ließ der alte Ordensmann sein wohltönendes, dunkles Lachen hören: »Sollte die junge Dame Ihrer Wahl ahnen, dass Sie sie nur aus therapeutischen Gründen heiraten wollen, würde sie wohl in jedem Fall das Weite suchen«, sagte er amüsiert. »Und das mit allem Recht der Welt. Aber Sie sollen natürlich nicht irgendein weibliches Wesen heiraten, nur um von Ihrem Stottern geheilt zu werden. Bekanntlich gibt es ja zwischen Männern und Frauen so etwas wie Liebe. Warten Sie, bis Sie dieses Gefühl bei einer Frau haben.«

Ambrosius seufzte. Es fiel ihm schwer, sich diese Sache vorzustellen.

»Ich bin in solchen Fragen ja kein Experte«, fuhr der Prior fort, »aber wie ich hörte, soll sich dieses Gefühl manchmal schon beim bloßen Erblicken des anderen einstellen. Und keine Sorge, es heißt, wenn man sich verliebt, merkt man das auch dann, wenn man keine Erfahrung damit hat. Wenn Sie aber dieses Gefühl verspüren, müssen Sie sorgfältig beobachten, ob auch in diesem Mädchen die Liebe zu Ihnen erwacht ist. Dann können Sie es unbesorgt ansprechen, ohne dass es davonrennt. Auch stotternd, wenn es sein muss.«

»Wie ... wie ... wie soll ich das aber merken, ob ein Mädchen in mich verliebt ist?«

Pater Anselm schmunzelte.

»Ich bin sicher, man merkt es: am Blick, am Lächeln, an den Gesten, an der Art, wie es Ihre Nähe sucht. Wenn alle Stricke reißen, bleibt Ihnen aber immer noch die Möglichkeit, auf ein Inserat zu antworten oder selbst eines aufzugeben.«

Er zog die oberste Schublade an seinem Schreibtisch auf, entnahm ihr die neueste Tageszeitung und reichte sie aufgeschlagen an den jungen Mann weiter.

»Hier, sehen Sie.«

Aufmerksam las Ambrosius die oberste Anzeige. »Landwirt, 45 Jahre, 1,70 m, kath., sucht einfache Frau mit christlicher Lebenseinstellung …«

»U… u… und Sie meinen, das funktioniert?«

»Woher soll ich das wissen?«, fragte Pater Anselm mit einem Lächeln. »Ich lese diese Anzeigen rein zum Vergnügen, oder sagen wir studienhalber, weil ich mir gerne vorstelle, wie auf diesem Weg zwei Menschen zueinander finden, die Gott füreinander bestimmt hat. Und wo das der Fall ist, da wird es ja wohl funktionieren müssen, meinen Sie nicht?«

Dagegen gab es natürlich nichts einzuwenden. »Diesen Weg finde ich gar nicht so verkehrt«, fuhr der Prior fort. »Speziell in einem Fall wie dem Ihren. Da das Kennenlernen anfangs brieflich stattfindet, erspart es Ihnen, Ihr Stottern vorzeitig zu offenbaren. Ist nach einigen Briefen der Funke übergesprungen, kann Ihr Sprachfehler auch nichts mehr verderben. Sie können also sicher auch ein Inserat in der Kirchenzeitung wählen, wenn es auf anderem Wege nicht klappen sollte. Dort haben Sie immerhin auch eine gewisse Gewähr dafür, dass die Frau solide und eine gläubige Christin ist.«

Er stand auf in der Meinung, nun sei alles gesagt, doch der Novize hatte noch etwas auf dem Herzen.

»D… d… damit also ist meine Karriere als Missionar beendet, bevor sie überhaupt begonnen hat«, sagte er unglücklich. »Und das, obwohl ich extra auf Wunsch meiner Mutter – nach dem Motto »nomen est omen« – den Ordensnamen Ambrosius gewählt habe. Wie der heilige Ambrosius wollte ich ein blendender Kanzelredner werden. Und nun dieser unrühmliche Abgang.«

»Sehen Sie das nicht zu einseitig. Der heilige Ambrosius ist nicht nur ein bedeutender Prediger gewesen, sondern auch ein hervorragender Lehrer. Vielleicht gelingt es Ihnen, in diesem Sinne ein würdiger Nachfolger des heiligen Ambrosius zu werden.«

»Gebe es Gott«, seufzte der verhinderte Prediger, und er war schon an der Tür, als ihm noch etwas einfiel. »W… w… wann muss ich ausziehen?«

»Das liegt ganz bei Ihnen. Ich lasse Ihnen die Zeit, die Sie benötigen, um sich eine neue Bleibe zu suchen. Vermutlich werden Sie zunächst wieder Unterschlupf bei Ihrer Mutter finden?«

Der Novize zuckte zusammen.

»Das weiß ich noch nicht. Wie ich meine Mutter am schonendsten auf die veränderte Situation vorbereite, darüber muss ich mir jetzt wohl vor allem Gedanken machen. Ich glaube nicht, dass sie es leichtnehmen wird.«

Mit dieser Vermutung hatte Ambrosius, der jetzt wieder Franz-Josef heißen sollte, wie sich erwies, ins Schwarze getroffen: Für Dora Krautwald brach eine Welt zusammen. Bei seinen seltenen Heimaturlauben war sie immer voller Stolz mit ihm durch das Dorf spaziert, damit möglichst jeder Bewohner von Alberzell Gelegenheit hatte, ihn in dem Ordenskleid zu sehen. Besonders groß war ihre Freude, wenn sie auf jemanden traf, der ihn noch nicht kannte und dem sie ihn vorstellen konnte: »Mein Sohn Franz-Josef. Jetzt heißt er Ambrosius. Er ist bei den Weißen Vätern und wird bald nach Afrika gehen.«

Er gab sich die größtmögliche Mühe, in seinem Brief zu erklären, dass und warum dieser Entschluss unumgänglich war. Etliche Tage feilte er an dem Entwurf, vieles formulierte er immer wieder neu, und manches Argument verwarf er am Ende doch wieder, bis er endlich das Gefühl hatte, besser könne er einfach nicht ausdrücken, was ihn dazu bewog, aus dem Kloster auszutreten.

Doch ihr Antwortbrief, der kaum drei Tage später eintraf, fiel knapp und frostig aus.

»Du kannst dich entscheiden, wie du willst«, schrieb sie ihm. »Schließlich bist du alt genug. Solltest du das Ordensgewand ablegen, so komm aber bitte nicht mehr hierher. Ich würde es nicht ertragen, wenn die Leute mit Fingern auf mich zeigen oder hinter mir tuscheln würden: Ihr Sohn ist aus dem Kloster ausgetreten. Außerdem kannst du dir denken, dass ich nicht in der Lage bin, dir ein Zweitstudium zu finanzieren. Aber selbst wenn ich dazu in der Lage wäre, ich würde es nicht tun. Ich habe dir den rechten Weg gewiesen und könnte es vor meinem Gewissen nicht verantworten, dir nun dabei behilflich zu sein, ihn zu verlassen.«

So schien es zunächst, als müsse er den schwierigen Weg, den er zu gehen hatte, ohne jede Hilfe beschreiten, und die Mutlosigkeit drohte ihn zu überwältigen. Dann aber fielen ihm seine Brüder ein. Sie lebten beide in München, und von dem Jüngeren der beiden, Dietrich, hatte er die Adresse, weil seine Mutter sie in einem ihrer Briefe notiert hatte. Er war Rechtsanwalt geworden, nachdem er damals, in den Jahren nach seiner Kriegsgefangenschaft, unter schwierigsten materiellen Bedingungen sein Studium absolviert hatte. Sicher konnte niemand sonst so gute Empfehlungen geben, wie er selbst nun die Sache angehen musste. So schrieb er einen weiteren Brief, schilderte dem Bruder seine Lage und bat ihn um einen Ratschlag, wie er weiter vorgehen sollte.

Von der Antwort seines Bruders, der für ihn ja immerhin fast sein ganzes Leben lang ein Fremder gewesen war, war er dann vollkommen überwältigt: Ohne Wenn und Aber lud er ihn ein, während des Studiums und bis er anschließend über ein festes Einkommen verfügte, bei ihm kostenlos zu wohnen. Er holte ihn höchstpersönlich aus dem Kloster ab und half ihm auch bei der Beschaffung eines Studienplatzes und allen anderen notwendigen Behördenangelegenheiten. Dietrich bemühte sich außerdem, zwischen seinem jüngeren Bruder und der Mutter zu vermitteln. Doch auch er konnte nicht verhindern, dass sie sich rundheraus weigerte, nach München zu kommen, und sich darüber hinaus auch jeden Besuch Franz-Josefs in Alberzell strikt verbat.

»Sie hat dort allen erzählt, du seist jetzt als Missionar in Afrika«, erklärte Dietrich kopfschüttelnd. »So ein Unsinn! Aber es wäre wirklich nicht gut, wenn du dort auftauchen würdest. Die Blamage für sie wäre gar zu groß.«

Das sah Franz-Josef ein, auch wenn es ihn tief bekümmerte, nach dem schmerzhaften Bruch in seinem Leben nicht wenigstens das früher so enge Verhältnis zu seiner Mutter wieder aufnehmen zu können. Dass Dietrich und seine Frau Hilde ihn ohne Zögern in den Kreis ihrer Familie aufnahmen und ihn im Lauf der Zeit ein immer engeres Verhältnis an seinen Bruder band, tröstete ihn ein wenig darüber hinweg.

So verstrichen die Jahre des Studiums. Ein wenig Geld verdiente er mit Nachhilfestunden, und als er im letzten Studienjahr wissenschaftlicher Assistent wurde, konnte er sich endlich auch an den Unkosten des Haushalts seines Bruders beteiligen, obwohl der das Geld gar nicht haben wollte und nur unter Protest anzunehmen bereit war.

Dann endlich, er stand bereits kurz vor seinem Examen, entschloss sich die Mutter doch zum ersten Mal, ihre beiden Söhne zu besuchen. Das Treffen im Hause Dietrichs verlief harmonisch, und bald kam sie ein zweites und dann ein drittes Mal. Bei dieser Gelegenheit teilte sie mit, sie ziehe fort aus Alberzell, nach Fürstenfeldbruck, weil sie von dort eine Bahnverbindung nach München habe.

»Jetzt wird sie auch mit Besuchen von dir wieder einverstanden sein, jede Wette!«, schmunzelte Dietrich. Und genau so war es dann auch. Doch dann trat Luise in Franz-Josefs Leben und lenkte selbiges in ganz andere Bahnen.

Dietrich Krautwald hatte Franz-Josef und Luise in ihrem Wunsch, zusammenzuleben und eine Familie zu gründen, stets unterstützt. Daher war es auch er, dem nun das Amt des Paten für den kleinen Thomas angetragen wurde, und er nahm es mit Begeisterung an. Er war sehr damit einverstanden, dass beide Großmütter ungeachtet ihres hartnäckigen grollenden Schweigens ebenfalls eingeladen wurden. »Vielleicht schafft das kleine Kerlchen ja endlich das, was wir mit all unserem Menschenverstand nicht zustande gebracht haben«, meinte er.

»Darauf hoffen wir auch!«, sagte Franz-Josef lebhaft. »Auf die Einladung zur Taufe haben wir zwar wieder keine Antwort bekommen, aber das war ja bei der Hochzeitseinladung auch schon so, und dann waren sie am Ende trotzdem beide da.«

»Ja, die Neugier wird sie schon hertreiben«, mutmaßte Dietrich. »Aber es kann natürlich sein, dass sie euch anschließend weiterhin die kalte Schulter zeigen.«

»Wenn unser kleiner Thomas ihre Herzen nicht erweichen kann, dann bin ich mit meinem Latein leider am Ende«, gestand Luise, und ein Schatten huschte über ihr Gesicht.

Sie schrieb beiden Frauen regelmäßig zu Weihnachten, zu Ostern, zu Geburts- und Namenstagen Grußkarten, ohne je eine Antwort bekommen zu haben, und sie nahm sich die kalte Ablehnung ihrer Schwiegermutter fast noch mehr zu Herzen als die ihrer eigenen Mutter.

Wenn ihre Mutter noch Zeit brauchte, um sich mit ihrer Eheschließung abzufinden, dann war das vielleicht gut so, denn sie selbst brauchte ebenfalls Zeit, um ihr verzeihen zu können. Wenn es nach Martha Keller gegangen wäre, dann hätte ihre Tochter nie geheiratet, sondern sich bis an ihr Lebensende um ihre Mutter kümmern müssen.

Auch wenn es anders gekommen war, Luise konnte es ihr nicht so leicht vergessen.

Der schicksalhafte Tag, an dem sie ihren Mann kennengelernt hatte, würde ihr ebenfalls unvergesslich bleiben. Es war nach den Sommerferien gewesen, der erste Tag des neuen Schuljahres und damit auch ihr erster Arbeitstag nach den Ferien, denn sie arbeitete als Sekretärin im Ludwigs-Gymnasium. Außerdem war an jenem Tag herrliches Spätsommerwetter, was die frohe Laune erklären mochte, die ihre trübselige Stimmung der letzten Wochen mit einem Schlag zu verscheuchen schien. Ein Liedchen trällernd, begab sie sich zum Bad. Dort wäre sie fast mit ihrer Mutter zusammengestoßen, die den Raum gerade verlassen wollte.

»Was ist los mit dir?«, fragte Martha Keller, verwundert über die plötzliche Fröhlichkeit ihrer Tochter.

»Guten Morgen, Mutter. Was soll schon los sein? Die Sonne scheint, und es verspricht ein schöner Tag zu werden.«

»Na ja, wenn du dich über den Schulbeginn so freust, dann soll mir das recht sein. Verstehen kann ich es allerdings nicht.«

Kopfschüttelnd begab sie sich in die Küche, um das Frühstück herzurichten. Luise ließ sich ihre gute Laune nicht nehmen; sie war froh, nach zwei endlos langen Ferienwochen, die sie zusammen mit der Mutter hatte verbringen müssen, wieder aus der Wohnung herauszukommen. Versehen mit den üblichen wohlgemeinten Ratschlägen, verließ sie nach dem Frühstück das Haus.

Nach zwanzig Minuten flotten Gehens traf sie im Sekretariat des Ludwig-Gymnasiums ein, wo es schon wenig später zuging wie in einem Taubenschlag – wie immer eben zu Beginn eines neuen Schuljahres. Nicht nur die Schüler hatten die verschiedensten Wünsche, auch die Lehrer kamen mit allen möglichen Anliegen. Und dazwischen schrillte immer wieder das Telefon. Luise und ihre Kollegin Helga Decker waren bis weit über den Unterrichtsschluss hinaus ohne Pause beschäftigt, bis sich der Sturm legte.

Endlich hatte auch der letzte Besucher die Tür hinter sich zugezogen, und sie atmeten auf.

»Jetzt nur noch schnell die Schreibtische aufräumen, damit wir morgen nicht in einem heillosen Chaos beginnen müssen«, sagte Luise gerade zu Helga, als die Tür noch einmal zaghaft geöffnet wurde. Herein schob sich ein Mann, mittelgroß, schlank, mit schütterem, dunkelblondem Haar, bewegte sich zögernd auf den Tresen zu und blickte hilfesuchend von einer Angestellten zur anderen. Die eine legte demonstrativ ihr letztes Blatt in die Schublade und schloss sie geräuschvoll ab, eine unausgesprochene Demonstration ihres Rechts auf Feierabend, das sie sich nicht nehmen lassen wollte. Die andere dagegen ließ ihr Notizbuch fallen, trat freundlich auf ihn zu und fragte in verbindlichem Ton: »Kann ich Ihnen irgendwie helfen?«

»I… i… in der Tat, das k… k… können Sie«, sagte er mit einem dankbaren Lächeln. »Mein Name ist

K… K… Krautwald, Assessor Krautwald. Ich bin neu an dieser Schule.«

Vom Schreibtisch der anderen Sekretärin kam ein sonderbares Schnauben, das in einen lauten Hustenanfall mündete. Luise hingegen brachte es nicht übers Herz, auch nur heimlich über diesen nervösen jungen Mann zu lachen.

»Ach, Herr Krautwald, wie schön, Sie kennenzulernen. Mein Name ist Keller, Luise Keller. Ihre Karteikarte habe ich bereits vorbereitet, soweit das bei den spärlichen Angaben, die ich von der Schulleitung bekommen habe, möglich war. Wenn Sie bitte den Rest noch ausfüllen wollen.«

Sie reichte ihm erst herzlich die Hand und dann die besagte Karte.

»D… d… deswegen bin ich gekommen. Entschuldigen Sie bitte, dass ich Sie jetzt noch aufhalte. Aber ich hatte in meiner Klasse noch zu tun.«

»Das macht doch nichts, Herr Krautwald. Am ersten Tag in einer neuen Schule stürmt immer viel auf einen ein. Auch auf uns im Sekretariat. Selbst wenn Sie früher gekommen wären, hätte es weder Ihnen noch uns viel gebracht. Da hätten Sie nur in der Schlange warten müssen.«

»D… d… danke, sehr gütig von Ihnen. Ich werde mich beeilen.«

Mit seinem Füller setzte er die fehlenden Daten ein und reichte die Karte zurück: »B… b… bitte sehr. Ich wünsche Ihnen einen angenehmen Tag, Frau Keller.«

»Fräulein Keller«, korrigierte sie ihn. »Den wünsche ich Ihnen auch, Herr Krautwald – und einen guten Start an unserer Schule. Wann immer Sie Hilfe brauchen, wenden Sie sich vertrauensvoll an uns.«

»V... v... vielen Dank, das werde ich machen. Auf Wiedersehen, die Damen.«

Kaum hatte er die Tür hinter sich geschlossen, prustete Luises Kollegin los: »Was ist denn das für ein komischer Heiliger!«

»Lach nicht, Helga«, wies Luise sie zurecht. »Er scheint ein gebildeter und feinsinniger Mensch zu sein. Wahrscheinlich hat ihn nur unser Anblick so verwirrt, dass er ins Stottern geraten ist.«

»Ui, ui! Du meinst wohl eher: dein Anblick?«, spöttelte Helga. »Demnach scheint er noch ledig zu sein?«

»Ist er!«, betonte Luise mit Nachdruck. Auf diese Rubrik war ihr Blick unwillkürlich als Erstes gefallen, als sie seinen Personalbogen entgegengenommen hatte. Und als Zweites auf sein Geburtsdatum.

»An deiner Stelle würde ich mir diesen Krautwald angeln«, spottete Helga Decker.

›Du wirst lachen, Helga, das werde ich zumindest versuchen, wenn er auch fünf Jahre jünger ist als ich!‹ – Das dachte Luise allerdings nur, sie sprach es nicht laut aus.

Mit ihren vierunddreißig Jahren konnte sie es sich nicht mehr leisten, in einem Punkt wie dem Alter eines möglichen Heiratskandidaten heikel zu sein. Und Franz-Josef Krautwald gefiel ihr, auch wenn er ein wenig unbeholfen wirkte. Oder vielleicht sogar gerade deshalb?

Die Frau eines – jedenfalls angehenden – Studienrats zu werden, das war im Grunde schon weit mehr, als sie in ihrem Alter noch erwarten konnte. Eigentlich hatte sie sich ja schon damit abgefunden, dass sie für immer in diesem Büro einem Broterwerb nachgehen musste, weil sie überhaupt keinen Mann mehr finden würde. Was natürlich alleine die Schuld ihrer Mutter war …

Später, als sie begonnen hatte, sich heimlich mit Franz-Josef zu treffen, staunten sie beide immer wieder darüber, wie viele Ähnlichkeiten ihre Lebensgeschichten doch hatten.

Auch Luise stammte nämlich aus Breslau, allerdings aus kleinbürgerlicheren Verhältnissen als die Familie Krautwald. Ihr Vater, Fritz Keller, war Postbeamter gewesen und wegen eines Augenleidens zunächst vom Kriegsdienst freigestellt worden, während er freilich seinen einzigen Sohn Albert, Luises älteren Bruder, nach einiger Zeit der Wehrmacht überlassen musste. Doch der Krieg zog sich immer länger hin, die Tauglichkeitskriterien wurden immer ungünstiger ausgelegt, und als Fritz Keller ausgerechnet in der letzten Kriegsphase doch noch an die Front musste, ruhte die Last der Verantwortung in den schweren letzten Kriegsmonaten voll und ganz auf dem halbwüchsigen Mädchen. Denn ihre Mutter, die von ihrem Mann immer von allem Unangenehmen abgeschirmt worden war, stand all dem Schrecklichen, das auf sie beide einstürmte, völlig hilflos gegenüber. Als beide endlich in einem Auffanglager im Westen ankamen und damit in Sicherheit waren, wurde es mit Martha Keller nicht etwa besser, sondern sie verfiel vollends in Lethargie.

Nach etwa einem Jahr erhielten sie die Mitteilung, dass Luises Vater in Russland gefallen war. Ihr Bruder galt zu dieser Zeit noch als vermisst, doch er tauchte niemals wieder auf, und sein Schicksal blieb für immer ungeklärt. Während die Mutter sich in Wehklagen verlor und sich weder um Lebensmittelkarten und Bezugscheine für Textilien, noch um Brennholz oder Kohlen kümmerte, ganz zu schweigen von einer eigenen Wohnung, musste das Mädchen dafür sorgen, dass sie nicht verhungerten, und nebenbei noch die Mutter trösten und aufrichten.

Im Lauf der Zeit besserten sich die allgemeinen Verhältnisse. Luises Mutter bekam eine kleine Rente bewilligt, und wenn ihre Lebensverhältnisse auch bescheiden waren, so hatten sie und ihre Tochter doch immerhin wieder ein Dach über dem Kopf und brauchten nicht hungern und frieren. Martha Keller wusste das freilich wenig zu würdigen. Immer wieder fing sie davon an, wie gut sie es doch daheim in Breslau gehabt hatten, und es war ihr nicht begreiflich zu machen, dass sie diese Zeit nicht mehr zurückholen konnte.

»Aber unser Haus«, jammerte sie. »Wir haben so lange daran abbezahlt! Jahrelang habe ich jeden Pfennig deswegen umdrehen müssen! Das kann man uns doch nicht einfach wegnehmen!«

Luise durchlief die letzten Schuljahre, und nebenbei war sie weiterhin diejenige, die sich um alles kümmern musste, ohne dass ihre Mutter ihr daneben noch irgendwelche harmlosen Freiheiten zugestanden hätte, wie sie andere Mädchen ihres Alters hatten. Schloss sie sich an ein Mädchen ihrer Klasse näher an, dann durfte sie ihre Freundin nicht zu sich nach Hause einladen, ebensowenig wie sie Einladungen anderer annehmen durfte. Auch Tanzkränzchen und sogar Faschingsveranstaltungen wurden ihr zwar nicht ausdrücklich verweigert, aber unmöglich gemacht.

»Was, wenn ich plötzlich krank werde, und du bist nicht da?«, lautete regelmäßig die Frage Martha Kellers in so gekränktem Ton, als werfe sie Luise vor, sich insgeheim ihren Tod zu wünschen.

Mit einem guten Zeugnis wurde Luise aus der Schule entlassen, und sie bat ihre Mutter um die Erlaubnis, einen Kurs für Maschineschreiben oder Stenographie besuchen zu dürfen. Sofort und erstaunlich bereitwillig stimmte sie zu. Das mochte daran liegen, dass ihre Kriegswitwenrente so niedrig war, dass zusätzliche Einnahmen ihr wohl wichtiger erschienen als die ständige Anwesenheit ihrer Tochter.

Die Kurse, von denen Luise in einer Zeitungsanzeige gelesen hatte, wurden allerdings in München angeboten. Der kleine, abgelegene Ort in Oberbayern, in den es sie beide nach dem Krieg verschlagen hatte, verfügte aber weder über eine Bahn- noch eine Busanbindung auch nur zum nächstgrößeren Ort. Doch das Mädchen hatte nicht umsonst sich selbst und seine Mutter heil durch die Kriegs- und Nachkriegswirren zu schleusen vermocht, und so setzte es alle Hebel in Bewegung, bis sie und ihre Mutter eine Wohnung in Oberschleißheim beziehen konnten. Von dort hatte sie die Möglichkeit, mit der Bahn nach München hineinzufahren.

Luise lernte leicht und mit Freude. Sie absolvierte mehrere Kurse erfolgreich und wurde endlich in einem Maschinenbaubetrieb als Sekretärin eingestellt. Bald hatte sie ein Einkommen, das die kleine Rente ihrer Mutter deutlich überstieg.

Geld war nun genug vorhanden, aber das lag auch daran, dass sie wenig Gelegenheit bekam, es auszugeben. Weiterhin durfte sie nach dem Willen Martha Kellers weder ins Kino noch ins Theater gehen, durfte keine Ausflüge machen und nicht in die Berge zum Wandern, so wie es andere junge Leute in ihrem Alter machten. Sie war ja noch nicht volljährig, und so fügte sie sich ohne Widerspruch.

Auch nachdem der einundzwanzigste Geburtstag ihr die Rechte einer erwachsenen Frau verliehen hatte, änderte sich für Luise wenig: Ihr Leben bestand aus ihrer Arbeit, Abendkursen, mit denen sie ihre Kenntnisse immer wieder erweiterte, und nur seltenen Vergnügungen mit Gleichaltrigen, die sie nur in besonderen Fällen durchsetzte, denn ihre Mutter reagierte darauf regelmäßig mit tagelangem gekränkten Schweigen.

Trotzdem lernte sie in dieser Zeit einige nette junge Männer kennen: während ihrer täglichen Bahnfahrten, durch die Kurse und natürlich auch am Arbeitsplatz. Dann und wann kam es vor, dass sie mit einem von ihnen ausging, und der musste sich, wenn er sie zu Hause abholte, dem kritischen Blick und den bohrenden, unverhohlen misstrauischen Fragen ihrer Mutter stellen. Nicht selten war für Luise damit der Abend schon verdorben, bevor er auch nur begonnen hatte, denn sie wusste, was sie erwartete, sobald sie wieder nach Hause gebracht worden war: Ihre Mutter würde in der Küche sitzen, wo sie den ganzen Abend auf die Heimkehr ihrer Tochter gewartet hatte, und ihr haarklein aufzählen, was sie an diesem Burschen alles auszusetzen hatte.

»Ich weiß gar nicht, was du willst, Mutter«, sagte Luise bei einer solchen Gelegenheit kopfschüttelnd. »Ich wäre gerne ins Gymnasium gegangen, so wie Albert, aber du hast damals gesagt, das lohne sich nicht, weil ich ja doch heiraten werde. Und nun machst du mir jeden Mann madig, der es riskiert, in meine Nähe zu kommen. Wie soll ich da je zum Heiraten kommen?«

»Aber Kind«, beschwichtigte die Mutter. »Was willst du mit diesen Grünschnäbeln, die alle noch nichts haben und nichts sind? Du vertust nur deine Zeit mit ihnen. Warte, bis ein richtiger Mann kommt, einer, der dir etwas bieten kann.«

Luise sah ein, dass es wenig Sinn hatte, sich mit ihrer Mutter über diesen Punkt zu streiten. Sie war einfach durch nichts zufriedenzustellen. Doch das verdarb Luise die Freude am Ausgehen, und so nahm die Zahl solcher Gelegenheiten ab – und wenn sie einmal ausgehen wollte, dann behauptete sie vorsichtshalber, sie wolle eine Freundin besuchen. Ganz unbeeindruckt hatte die Bemerkung ihrer Mutter sie nicht gelassen. Sie selbst hatte nicht die Bildung bekommen, die sie sich gewünscht hatte – aber mit einem ungebildeten Mann, da war sie ganz sicher, würde sie nur unglücklich werden. Sie begann von nun an auch auf die beruflichen Aussichten ihrer Verehrer zu achten und solche links liegen zu lassen, bei denen sie diese für nicht ausreichend erachtete.

Um aber selbst auch eine passende Gefährtin für einen gebildeten Mann zu werden, las sie alles, was sie über Stil, Geschmack und gutes Benehmen finden konnte und belegte zu diesem Thema Abendkurse.

Hübsch war sie schon immer gewesen; nun bemühte sie sich auch um eine damenhafte Ausstrahlung.

Oswald Brückner, einen Ingenieur, der in dem Betrieb, in dem sie arbeitete, neu eingestellt worden war, beeindruckte sie auf diese Weise vom ersten Tag an. Obwohl er im Grunde in ihrem Bereich gar nichts verloren hatte, tauchte er immer wieder bei ihr auf. Um Ausreden war er dabei nicht verlegen: Das eine Mal bat er sie, nachzusehen, ob eine Zeichnung, die er dringend benötigte, versehentlich in ihre Unterlagen geraten sei; das andere Mal war ihm der Schlüssel zum Lager angeblich verloren gegangen, und er fragte, ob sie ihm ihren leihweise zur Verfügung stellen könne.

Luise wusste manchmal nicht, ob sie sich freuen oder ärgern sollte, denn auch wenn ihr seine Bemühungen schmeichelten, hielt er sie damit von der Arbeit ab, und sie hatte immer viel zu tun. Als er dann eines Tages mit der Bitte hereinplatzte, ob sie ihm einen Rat geben könne, welches Parfüm er seiner Schwester zum Geburtstag schenken solle, reichte es ihr.

»Wenn Sie Ihre Mittagspause dafür opfern wollen, gehe ich gerne mit Ihnen in die Kantine, und dann besprechen wir das in Ruhe«, schlug sie vor. »Im Moment ist es aber wirklich unpassend! Wenn es um Ihre privaten Angelegenheiten geht, sowieso! Oder wollen Sie, dass ich gekündigt werde, weil mir immer zu viel von meiner Arbeit liegenbleibt?«

Das wollte Oswald Brückner natürlich nicht. Von diesem Tag an sah man die beiden fast jeden Tag in der Mittagspause zusammensitzen. Es dauerte nicht lange, und sie galten im Betrieb als ein Paar. Gegen diesen Mann, da war sich Luise sicher, konnte ihre Mutter kaum etwas einzuwenden haben. So erzählte sie ihr ohne Scheu von ihm, und als er sie dann zum ersten Mal einlud, zusammen auszugehen, versuchte sie nicht, es mit den üblichen Ausflüchten vor ihrer Mutter zu verbergen.

Scheinbar wohlwollend wurde der Ingenieur im Haus von Martha Keller empfangen. Sie ließ sich von ihm von seiner Herkunft, seinem Werdegang und seinen beruflichen Plänen berichten und wirkte freundlich und interessiert, als er berichtete, er wolle sich beruflich verbessern und sei gerade dabei, sich auf verschiedene gute Posten zu bewerben.

Als Luise nach jenem Abend wieder nach Hause kam, wo ihre Mutter wie immer in der Küche auf sie wartete, fand sie sie aber keineswegs so zufrieden vor, wie sie erwartet hatte.

»Sicher«, räumte sie ein, »er macht einen soliden Eindruck, er scheint ehrgeizig zu sein und hat hochfliegende berufliche Pläne. Aber ist ein Mann, der nach kaum einem Jahr seine Arbeit schon wieder aufgeben will, weil er woanders mehr verdienen kann, nicht vielleicht auch bei den Frauen ein wenig flatterhaft? Warten wir ab, was aus der Sache wird. Ein gutes Gefühl habe ich aber nicht, wenn ich ehrlich sein soll.«

Luise gab sich damit zufrieden, dass sie nichts wirklich Negatives an Oswald entdeckt hatte. Dass er nach Meinung ihrer Mutter flatterhaft sein sollte, kümmerte sie nicht. Sie war sich seiner vollkommen sicher; das musste genügen.

Von nun an gingen sie und Oswald regelmäßig miteinander aus, und Martha Keller erhob zu Luises

Erleichterung keine Einwände mehr dagegen. Einige Monate danach war endlich eine seiner Bewerbungen von Erfolg gekrönt: Er könne in einem namhaften Werk in Ingolstadt eine Stelle antreten, berichtete er freudestrahlend.

»Dann können wir uns ja gar nicht mehr sehen!«, entfuhr es Luise in erschrockenem Ton.

»Das kommt darauf an«, antwortete er vieldeutig. »Kannst du dir denn nicht vorstellen, in Ingolstadt zu leben?«

»Wie stellst du dir das denn vor?«, fragte sie fast entrüstet. »Soll ich meine Arbeit hier kündigen und mir dort eine neue suchen? Ganz zu schweigen von einer Wohnung. Meine Mutter würde mir etwas erzählen, wenn ich sie hier alleine lassen würde. Und nach Ingolstadt will sie ganz bestimmt nicht!«

»Du sollst natürlich als meine Frau mit nach Ingolstadt kommen«, erklärte Oswald mit einem Schmunzeln. »Mein Verdienst dort ist so gut, dass ich endlich daran denken kann, eine Familie zu gründen. Luise, gib mir nur ein paar Wochen Zeit, damit ich mich dort im Betrieb eingewöhnen und mich nach einer schönen Wohnung umschauen kann. Danach werde ich in aller Form bei deiner Mutter um deine Hand anhalten. Willst du das?«

Und ob sie wollte!

In der ersten Zeit nach seiner Abreise stürzte Luise jeden Tag nach Dienstschluss in die Küche mit der Frage, ob endlich Post von Oswald gekommen sei.

»Noch nicht, Kind«, gab ihr die Mutter mit bedauerndem Kopfschütteln Bescheid. »Du darfst nicht so ungeduldig sein«, mahnte sie außerdem. »Das kann dauern, bis er alles geregelt hat.«

So vergingen Tag um Tag, Woche um Woche, und ihre freudige Erwartung schlug in Ratlosigkeit um. Kantine und Aufenthaltsräume begann sie nun zu meiden, denn dort wurde sie immer wieder von Kollegen angesprochen, wann es für sie denn nach Ingolstadt gehe. Am liebsten hätte sie von ihrem Diensttelefon aus in dem Ingolstadter Werk angerufen, doch private Telefongespräche waren streng verboten. So erwog sie stattdessen, einen Tag freizunehmen und sich einfach in einen Zug nach Ingolstadt zu setzen und ihn dort aufzusuchen. Doch wie würde das aussehen, wenn sie einem Mann hinterherlief, der es nicht für nötig hielt, sich wenigstens kurz bei ihr zu melden?

So wartete sie Woche um Woche, und schließlich begann sie sich mit dem Gedanken abzufinden, dass er sich wohl nicht mehr melden würde. Ihre Mutter hatte wohl doch Recht behalten mit ihrer Einschätzung seines Charakters. Volle drei Monate dauerte es, bis sie sich dieser Erkenntnis stellte, und als es so weit war, brach sie zusammen.

Frau Keller, die sonst immer alle Behördengänge und Entscheidungen ihrer Tochter überlassen hatte, entwickelte in dieser Situation eine verblüffende Geschäftigkeit. Sie tröstete ihre Tochter, rief bei ihrer Arbeit an, um sie krank zu melden, kochte ihr Tee und stellte ihr Leckereien ans Bett. Mehr noch: Als Luise wieder zur Arbeit musste, entschied ihre Mutter, dass es besser sei, wenn sie ihre Stelle wechseln würde, um nicht jeden Tag unnötig an die Kränkung erinnert zu werden. So legte sie ihrer Tochter fast jeden Tag Stellenanzeigen vor, die ihr passend vorkamen.

Auf diese Weise gelangte Luise zum Ludwig-Gymnasium, obwohl sie zunächst eigentlich nicht die Absicht gehabt hatte, diesem Rat ihrer Mutter zu folgen. Doch Sekretärin an einem Gymnasium zu sein – das erschien ihr wirklich reizvoll und viel interessanter als die Arbeit im Büro einer Fabrik.

Der Wechsel erwies sich auch wirklich als in jeder Hinsicht vorteilhaft: Ihr Arbeitsweg war kürzer geworden, die Atmosphäre und die Arbeit an der Schule waren angenehm, und fast bildete sie sich ein, dass die höhere Schulbildung auf sie selbst ein wenig abzufärben begann.

Die Mutter, die immer noch besorgt um Luise schien, war zufrieden mit dem Ergebnis ihrer Bemühungen und gab sich auch sonst alle erdenkliche Mühe, um ihrer Tochter keine Gelegenheit zum Grübeln zu geben. Anders als früher machte sie nun häufig Vorschläge für gemeinsame Unternehmungen: Kino, Theater, Museen suchten sie gemeinsam auf, und sogar in die Berge gingen sie das eine oder andere Mal. Eigentlich hätte Luise gerne auch manchmal ein wenig von ihrer Freizeit ohne die Mutter verbracht, doch sie war zum einen von so viel Fürsorge gerührt, und zum anderen wollte sie sie nicht vor den Kopf stoßen.

Es dauerte fast zwei Jahre, bis Luise wieder einen Mann kennenlernte, der ihr Interesse zu wecken vermochte, und das ausgerechnet im Wartezimmer ihres Zahnarztes. Sie war bestellt worden, um sich einen Weisheitszahn ziehen zu lassen, der ihr Probleme bereitete.

Ihr gegenüber saß ein junger Mann mit einer dicken Backe. Die Blicke der beiden trafen sich immer wieder, bis sie sich endlich ein Herz fasste und ihn ansprach: »Auch der Weisheitszahn?«

Er nickte kläglich, und ehe sie sich's versah, lauschte sie seiner Krankengeschichte, die er ihr, dankbar für die Anteilnahme, in allen Einzelheiten erklärte. Einer nach dem anderen wurde in der Zwischenzeit ins Sprechzimmer gerufen, bis nur noch er und Luise übrig waren. Dann wurde der junge Mann ebenfalls aufgerufen und verschwand mit einem kläglichen Winken durch die Tür.

Nach einiger Zeit hatte auch Luise die Sache hinter sich: Wo vorher der Weisheitszahn gewesen war, klaffte nun ein tiefes Loch, und sie wollte nur noch möglichst schnell nach Hause. Doch vor dem Haus des Zahnarztes wurde sie schon von ihrem Leidensgenossen erwartet.

»War es schlimm?«, erkundigte er sich teilnahmsvoll.

Sie nickte. »Und bei Ihnen?«

»Ach, reden wir lieber nicht darüber!«, rief er aus. »Ich bin nur froh, dass die wochenlange Quälerei ein Ende hat. In ein paar Tagen ist es ja vorbei und vergessen. Wann müssen Sie denn zur Nachuntersuchung?«

Es stellte sich heraus, dass sie ihre Termine wieder direkt nacheinander bekommen hatten.

»Darf ich Sie dann zum Kaffee einladen?«, fragte er. »Als kleines Dankeschön für die nette Unterhaltung im Wartezimmer. Ich würde das am liebsten jetzt schon tun, aber wir sind ja beide noch viel zu lädiert dazu.«

Irgendetwas hielt Luise davon ab, ihrer Mutter von dieser Begegnung zu berichten, vielleicht die Sorge, von ihr zur Sprechstunde und anschließend womöglich auch noch ins Café begleitet zu werden.

So begann Luises Romanze mit Wolfgang, einem Innenarchitekten, der für ein großes Münchner Unternehmen arbeitete und, wie sich herausstellte, in Unterschleißheim wohnte – was bedeutete, sie benutzten für ihren Weg zur Arbeit dieselbe Bahnstrecke. So ließ es sich einrichten, dass sie sich künftig regelmäßig morgens im Zug trafen.

Wieder kam der Moment, in dem es zwischen den beiden ernst genug wurde, um Wolfgang der Mutter vorzustellen, und Martha Keller schien von diesem neuen Bewerber sehr angetan. Luise wiederum lernte Wolfgangs Familie kennen und wurde von ihr herzlich aufgenommen. Bald war es beschlossene Sache, dass die beiden heiraten würden.

»Eure Verlobung werden wir wohl bei seinen Eltern feiern müssen«, stellte Frau Keller mit einem Seufzer fest. »Hier könnten sich die Gäste ja kaum umdrehen. Ich werde mich wohl doch mal nach einer größeren Wohnung umsehen müssen.«

Luise fand das unnötig, jetzt, wo sie bald heiraten und aus der Wohnung ausziehen würde. Für die Mutter alleine war ihre Behausung ja wirklich groß genug.

»Die Wohnung ist außerdem viel zu weit außerhalb der Stadt«, wandte die Mutter ein. »Ich möchte lieber am Münchner Stadtrand wohnen. Dann ist es auch einfacher, euch später einmal zu besuchen.« Das fand ihre Tochter schon einleuchtender, und vor allem fand sie es beruhigend, dass ihre Mutter sich selbst um eine neue Wohnung kümmern wollte. Es machte ihr Hoffnung, dass sie künftig imstande sein würde, sich selbst um ihre Belange zu kümmern. Bislang übernahm Luise immer noch fast alles, was Martha Keller nicht gerne tat: von Behördengängen und Anträgen bis zu Unterredungen mit dem Vermieter oder mit der Bank.

Der Verlobungstermin war schon festgelegt, als der Brief bei ihr ankam. Wolfgang teilte ihr in knappen Worten mit, dass er die Verlobung wieder lösen müsse. Er habe seine Jugendfreundin wiedergetroffen und sei erneut in Liebe zu ihr entflammt. Deshalb könne er Luise nicht heiraten.

Wäre ihre Mutter nicht gewesen, die sie tagelang tröstete und ihr gut zusprach, dann wäre die junge Frau vielleicht vor Kummer verrückt geworden. Vor allem aber erwies sich der Umzug, den sie am Ende des Monats durchführen mussten, als eine heilsame Ablenkung – denn überraschenderweise war es Frau Keller gelungen, eine sehr kurzfristige Zusage für eine Wohnung in Großhadern zu bekommen. Es war eine schöne, recht große, ruhig gelegene und vergleichsweise preisgünstige Wohnung so nah an der Schule, dass Luise künftig zu Fuß zur Arbeit gehen konnte. Gleichzeitig bedeutete das auch, dass sie Wolfgang nun keinesfalls mehr zufällig in der Bahn begegnen konnte.

Allein das schon wäre für sie Grund genug gewesen, ohne Zögern diesen eigentlich viel zu überstürzten Umzug durchzuführen.

Die Planung und Durchführung des Umzugs und das Einrichten der Wohnung lenkten Luise einige Zeit von ihrem Liebeskummer ab, doch endlich war alles fertig, und sie verfiel erneut in Schwermut. Immer wieder fragte sie sich, warum ausgerechnet sie schon zum zweiten Mal so schändlich betrogen worden war. Luise war eine hübsche junge Dame, nach der sich die Männer auf der Straße umdrehten, und mit sechsundzwanzig im besten Heiratsalter. Doch nun entschied sie sich, sich mit keinem Mann mehr einzulassen, um sich nie wieder solchem Schmerz und solcher Demütigung auszusetzen.

Dabei blieb sie auch mehrere Jahre lang. Ihren dreißigsten Geburtstag feierte sie zusammen mit ihrer Mutter, ohne dass es ihr einen Stich versetzt hätte, dass sie damit wohl endgültig als alte Jungfer zu gelten hatte. Luise Keller hatte sich in ihrem Leben eingerichtet: Sie hatte eine angenehme Arbeit in der Schule, Freundinnen, mit denen sie manchmal etwas unternahm, ansonsten verbrachte sie ihre Freizeit mit ihrer Mutter, las, nähte oder strickte. Bis eine unerwartete Begegnung alles wieder auf den Kopf stellte.

Es war kurz vor dem Geburtstag der Mutter, und Luise war in die Stadt gefahren, um ihr ein Geschenk kaufen. Für so etwas nahm sie sich gerne ein wenig Zeit. Vor allem hatte sie Lust, endlich einmal wieder in einer Buchhandlung zu stöbern und sich selbst ein gutes Buch zu kaufen. Vielleicht fand sie dort dann ganz nebenbei auch das ideale Geschenk für die Mutter?

Die Kinderbuchabteilung, an der sie auf dem Weg zu den Biographien vorbeikam, die ihr mehr zusagten als Romane, beachtete sie normalerweise gar nicht, doch als ihr Blick diesmal, zunächst gleichgültig, durch den

Raum schweifte, blieb für einen Moment fast ihr Herz stehen. Da stand wahrhaftig Wolfgang, der wankelmütige Innenarchitekt aus Unterschleißheim, und blätterte in einem Bilderbuch!

Luise blieb stehen wie vom Blitz getroffen, und noch bevor sie so weit ihre Fassung wiedergewonnen hatte, um den Laden fluchtartig zu verlassen, sah er auf, und ihre Blicke trafen sich.

»Luise?« Sein Tonfall verriet, dass auch ihn diese Begegnung aus der Fassung brachte.

Sie nickte, ohne sich imstande zu fühlen, auch nur einen Ton hervorzubringen. Wie durch einen Nebelschleier nahm sie wahr, wie er das Bilderbuch ins Regal zurückstellte und auf sie zutrat.

»Lange ist es her …«, sagte er versonnen. »Gut siehst du aus, Luise. Du bist kein bisschen älter geworden.«

Das war geschmeichelt, aber nicht allzu sehr. Luise sah man ihre nun fast schon vierunddreißig Jahre tatsächlich kaum an, während sich bei ihm, wie sie feststellte, das Haar bereits beträchtlich gelichtet hatte.

»Da ich dich treffe – du hast doch sicher auch Kinder?«, fuhr er fort. »Ich suche ein schönes Buch zum Vorlesen, eines, das einem Dreijährigen Freude macht. Vielleicht kannst du mir etwas empfehlen?«

»Ich habe keine Kinder«, antwortete sie mit belegter Stimme.

Sein Blick glitt zu ihrer rechten Hand, an deren vorletztem Finger sich kein Ring befand.

»Entschuldige«, sagte er ein wenig verlegen. »Ich hatte selbstverständlich angenommen, dass du verheiratet bist.«

Luise konnte nicht verhindern, dass ihr die Tränen aufstiegen.

»Du hast im Ernst geglaubt, dass ich je in meinem Leben wieder einem Mann vertrauen würde, nach allem, was du mir angetan hast?«, stieß sie mit erstickter Stimme hervor und wandte sich in einer jähen Bewegung um, nur noch von dem Gedanken erfüllt, aus der Nähe dieses Mannes fortzukommen. Doch sie war noch keine zwei Schritte weit gekommen, als er sie am Arm festhielt.

»Was soll denn das heißen?«, fragte Wolfgang, und das klang verwirrt und bestürzt. »Ich soll dir etwas angetan haben? Nachdem du mir mit deinem Doppelspiel das Herz gebrochen hast?«

»Wovon redest du überhaupt?«, rief sie aus und versuchte sich von ihm loszumachen. »Ich weiß nur, dass wir verlobt waren und du mich plötzlich nicht mehr haben wolltest. Nach allem, was ich deinetwegen durchgemacht habe, muss ich mich nicht auch noch von dir beleidigen lassen!«

»Du brauchst mir nichts vorzumachen«, gab er, nun doch ein wenig verärgert, zurück. »Sogar deiner eigenen Mutter ist es unerträglich geworden, sonst hätte ich es in meiner naiven Verliebtheit wohl gar nicht gemerkt. Aber sie hat mir die Augen geöffnet, praktisch in letzter Sekunde.«

»Meine Mutter? Moment mal, was hat meine Mutter mit der Sache zu tun?«

»Sie hat mich aufgeklärt über dein falsches Spiel.«

Luise wurde schwindelig. »Du musst verrückt geworden sein!«, stieß sie hervor. »Lass mich jetzt auf der Stelle los!«

Sie versuchte seine Hand abzuschütteln, während sie sich gleichzeitig umwandte, um zum Ausgang zu rennen. Doch ihre Beine waren wie Gummi, und es war, als würden sie einfach unter ihr wegknicken.

»Fass mich nicht an!«, wehrte sie sich, halb blind vor Tränen, als Wolfgang sie auffing. »Ich habe jahrelang unter deinem Verrat gelitten, aber dass du mich jetzt beschuldigst, ich sei auch noch selbst schuld daran, das ist einfach zu viel. Verschwinde! Ich will dich nie wieder sehen!«

Ungeachtet ihres Protests umfasste er sie und führte sie behutsam vor die Tür und zu einer Bank. Auf der ließ er selbst sich neben ihr nieder, zündete eine Zigarette an und wartete schweigend, bis sie ein wenig ruhiger geworden war.

»Es scheint, dass zwischen uns beiden doch eine ausführlichere Aussprache notwendig ist«, sagte er endlich. »Hier ist aber nicht der geeignete Ort dafür. Lass uns in das Café dort drüben gehen.«

Das Gespräch dauerte fast eine Stunde, und am Ende wussten beide, wer in Wirklichkeit das falsche Spiel getrieben hatte: Luises Mutter. Sie war eines Tages, kurz vor der Verlobungsfeier, bei Wolfgang aufgetaucht, um ihn darüber aufzuklären, dass er nicht der einzige Mann in Luises Leben war.

»Und den Blödsinn hast du ihr einfach so geglaubt?«, fragte die junge Frau verbittert.

»Nicht einfach so«, verteidigte er sich. »Der Brief, den sie mitgebracht hatte, war überzeugender als alles, was sie mir hätte sagen können.«

»Was für ein Brief?«

»Der Brief von deinem – ich zitiere – dich über alles liebenden Oswald.«

»Von Oswald? Es gibt einen Brief von ihm? An mich?«

Wolfgang nickte.

Es dauerte einige Momente, bis Luise mit einem Schlag die Zusammenhänge klar wurden.

»Welches Datum trug dieser Brief?«, verlangte sie zu wissen.

»Auf das Datum habe ich nicht geachtet. Ich hatte mich nur auf den Inhalt konzentriert. Und der ließ nicht viel Spielraum für Interpretationen.«

»Auf diesen Brief habe ich monatelang gewartet«, sagte Luise erschüttert. »Aber das war lange, bevor ich dich gekannt habe, Wolfgang. Wir wollten heiraten, Oswald und ich. Doch dann meldete er sich einfach nicht mehr bei mir.«

»Und was ist mit dem Brief?«

»Der ist nie bei mir angekommen!«, rief sie aus. »Begreifst du denn nicht, was das bedeutet? Meine eigene Mutter hat mich erst mit ihm auseinandergebracht und dann mit dir.« Sie kämpfte erfolglos gegen die aufsteigenden Tränen an. Wolfgang saß ihr gegenüber und machte ein betroffenes Gesicht.

»Kannst du dich noch erinnern, was in dem Brief stand?«, fragte Luise, nachdem sie ihre Fassung einigermaßen wiedergewonnen hatte.

Oswalds Brief, soweit Wolfgang sich noch an den Inhalt erinnerte, hatte heiter und arglos geklungen und musste in seinen ersten Tagen in Ingolstadt geschrieben worden sein. Was mochte in ihm vorgegangen sein, als er keine Antwort bekommen hatte? Wie oft hatte er noch geschrieben, bis er es endlich aufgegeben hatte?

»Ich jedenfalls habe gelitten wie ein Hund«, gestand Wolfgang. »Monatelang. Ich wollte mit dir sprechen und dir diesen Oswald ausreden, aber ich habe dich in der Bahn nie wieder angetroffen. In meiner Verzweiflung bin ich dann zu eurer Wohnung hinausgefahren und habe darauf gewartet, dass du heimkommst. Nach zwei Stunden vergeblichen Wartens habe ich meinen Stolz hinuntergeschluckt und wollte klingeln, und erst da habe ich gesehen, dass euer Namensschild nicht mehr da war. Die Nachmieter konnten mir nur sagen, dass Familie Keller mit unbekanntem Ziel verzogen sei.«

Das war aber noch nicht alles. Eine Jugendliebe hatte es gar nicht gegeben.

»Das habe ich doch nur auf Anraten deiner Mutter geschrieben, damit ich einen plausiblen Trennungsgrund hatte, ohne sie zu verraten«, gestand er. »Mir war in diesem Moment so elend zumute, dass ich ihrem Rat gefolgt bin.«

So betroffen Wolfgang auch von den Enthüllungen war, inzwischen war er seit fast vier Jahren verheiratet, und er hatte einen Sohn. Es war für das durch Martha Kellers Intrige auseinandergebrachte Paar nicht möglich, noch einmal neu anzufangen.

»Manfred wird heute drei Jahre alt«, erklärte er. »Deshalb habe ich nach einem Bilderbuch gesucht.«

Sie willigte ein, gemeinsam mit Wolfgang in die Buchhandlung zurückzugehen, wo er das Bilderbuch kaufte, das er bei ihrer Begegnung in der Hand gehabt hatte. Dann machte er sich eilig auf den Heimweg, wo seine Frau und sein Sohn sicher schon ungeduldig auf ihn warteten.

›Was habe ich nach all den Jahren eigentlich erwartet?‹, dachte Luise resigniert. ›Natürlich ist Wolfgang längst mit einer anderen verheiratet, und Oswald sicher genauso. Und ich habe kein Recht, es ihnen zu missgönnen, dass sie ihr Glück noch gefunden haben! Nur ich, ich bin sitzen geblieben und werde als vertrocknete alte Jungfer enden! Weil meine Mutter mir mein Glück nicht gönnt und niemals gönnen wird!‹

Unschlüssig ließ sie ihre Blicke über die Regale schweifen. So absurd es ihr im Moment vorkam, aber das Geburtstagsgeschenk für ihre Mutter musste sie nun einmal doch noch kaufen. Die Lust, für sich selbst ebenfalls Lektüre mitzunehmen, war ihr allerdings vergangen.

Da fiel ihr ein Buchtitel ins Auge: »Es waren zwei Königskinder« von Theodor Storm. Sofort kam ihr eine Zeile des gleichnamigen Liedes in den Sinn: ›Es war eine falsche Nonne, die tat, als ob sie schlief.‹ Das alleine erschien ihr passend genug, um das Buch zu kaufen, ohne darin geblättert, geschweige denn es angelesen zu haben. Erst zu Hause entdeckte sie, dass es ein Band mit mehreren Novellen war, von denen eine den Buchtitel geliefert hatte.

Ihren ersten Impuls, nach der Heimkehr unverzüglich vor die Mutter hinzutreten und ihr ihre Falschheit auf den Kopf zuzusagen, verwarf sie wieder. Stattdessen murmelte sie nur etwas von Kopfschmerzen, als sie die Wohnung betrat, und zog sich sofort in ihr Zimmer zurück.

In ihrem Kopf ging immer noch alles durcheinander; Gedanke auf Gedanke stürmte auf sie ein: ›Sie muss erfahren, dass ich alles weiß!‹ – ›Und dann? Was dann? Soll ich sie zur Strafe für das, was sie mir angetan hat, verlassen?‹ – Doch für wen wäre die Strafe auf diese Weise wohl schlimmer ausgefallen? Für die Mutter oder für sie selbst? Sie hatte ganze Arbeit geleistet: Luise war nun 34 Jahre alt und hatte niemanden außer ihrer Mutter. ›Und jeden, der es gut mit mir meint, wird sie genauso aus meinem Leben verjagen wie alle anderen vorher. Und wie soll ich mit diesem Wissen weiter unter einem Dach mit ihr leben?‹

Vergeblich mühte sie sich, ein wenig Ordnung in diese Gedankenfetzen zu bringen, und darüber schlief sie ein. Sie erwachte, als die Tür vorsichtig aufgeschoben wurde, schlug die Augen auf und wusste einen Moment lang nichts mehr von dem, was sie heute erfahren hatte, sodass sie ihre Mutter sogar anlächelte, die gerade hereinschaute.

»Ah, du bist endlich wach«, stellte Martha Keller fest. »Geht es dir jetzt besser? Das Abendessen ist fertig.«

Inzwischen war die Erinnerung an das Ungeheuerliche wieder da, und sie musste zur Seite blicken, damit ihre Mutter den lodernden Zorn in ihren Augen nicht bemerkte.

»Ja«, antwortete sie. »Ich komme gleich.«

In den wenigen Minuten des Alleinseins fasste Luise den Entschluss, jetzt noch nichts zu ihrer Mutter zu sagen, sondern bis zu ihrem Geburtstag abzuwarten.

Das Buch sollte der Anknüpfungspunkt sein, um ihr zu sagen, dass sie ihr Ränkespiel endlich durchschaut hatte.

An diesem Abend und ebenso in den folgenden Tagen blieb Luise wortkarg und in sich gekehrt. Das fiel Martha Keller bald auf: »Geht es dir nicht gut?«, erkundigte sie sich teilnahmsvoll. »Du wirst doch nicht krank werden? Du siehst so elend aus.«

Elend fühlte Luise sich in der Tat, doch als die Mutter sie drängte, einen Arzt aufzusuchen, schüttelte sie nur den Kopf.

Dann kam der Geburtstag, und beim Frühstück überreichte sie ihr das Buch. Martha Keller packte es sogleich aus, bedankte sich, zeigte jedoch zunächst keinerlei Reaktion. Dennoch schien sie dieses Geschenk irritiert zu haben, denn am Abend fragte sie dann doch: »Was soll ich denn mit diesem Buch?«

»Lesen natürlich. Dazu sind Bücher doch da«, antwortete Luise in leicht patzigem Ton.

»Das ist aber kein Roman. Für Novellen interessiere ich mich nicht.«

»Mich hat der Titel angesprochen«, erklärte Luise wahrheitsgemäß. »Du solltest darüber nachdenken, ob er nicht auch dir etwas zu sagen hat.«

Mit grimmiger Genugtuung sah sie, wie ihrer Mutter die Röte ins Gesicht stieg und sie sich hastig abwenden musste.

»Ich wüsste nicht, was ich mit diesem Lied zu tun habe.«

»Wirklich nicht?«, fragte Luise mit aller Ruhe, die sie aufbringen konnte. »Soll ich deinem Gedächtnis ein bisschen nachhelfen? Die falsche Nonne kann auch eine falsche Mutter sein.«

»Du hast in meinen Sachen geschnüffelt!«, fauchte Martha Keller plötzlich.

Luise schüttelte den Kopf. »Nein. Erstens würde ich mich nie zu so etwas hergeben, und außerdem bin ich die meiste Zeit des Tages außer Haus. Und während der paar Stunden, die ich hier verbringe, bist du stets anwesend. Wenn jemand eine Gelegenheit haben sollte, zu schnüffeln, dann bist es doch du! Und verglichen mit dem, was du in Wirklichkeit getan hast, wäre das sogar noch harmlos!«

»Was weißt du?«, fragte die Mutter. Ihr Gesicht war maskenhaft starr.

»Alles.«

»Woher?«

Luise atmete tief durch. »Das bleibt vorerst mein Geheimnis. Wichtig ist, dass ich es weiß. Dass du niederträchtig genug warst, mir Briefe vorzuenthalten, die an mich gerichtet waren, und damit nicht genug: Du hast sie dazu benutzt, um auch mein zweites Glück zunichte zu machen. Du hast mein Leben zerstört, Mutter!«

Die alte Frau rang um ihre Fassung. »Aber ich … aber ich …« Hilflos ließ sie sich auf einen Stuhl plumpsen, und Luise bekam fast eine Anwandlung von Mitgefühl.

War denn wirklich Niedertracht der Antrieb gewesen, dass ihre Mutter sich zu solch schändlichem Verhalten hatte hinreißen lassen? Oder konnte man einer einsamen Frau wie ihr, die dem Leben so völlig hilflos gegenüberstand, nicht vielleicht doch verzeihen, dass sie glaubte, ihr einziges Kind nicht hergeben zu können, koste es, was es wolle?

»Du solltest mir dankbar sein, statt mir Vorwürfe zu machen«, keifte die Mutter in diesem Augenblick los. »Ich habe alles nur zu deinem Besten getan. Ich hätte es nicht ertragen, wenn ein Mann dich ins Unglück gestürzt hätte.«

Luise lachte bitter auf. »Und weil die Ehe ein so großes Unglück ist, hast du mir auch die höhere Schulbildung verweigert – mit der Begründung: ›Du heiratest ja doch!‹« Die Mutter hatte offenbar wenig Lust, diesen Punkt eingehender zu besprechen, sondern sie schlug nun einen anderen Ton an. »Wir beide – leben wir nicht wunderbar zusammen? Geht es dir nicht sehr gut bei mir? Sollte ich unsere schöne Gemeinschaft durch einen Mann auseinanderreißen lassen?«

»Wie ich dabei empfinde, ist dir also völlig egal?«

»Was wollte ich denn machen?«, klagte sie. »Der Krieg hat mir meinen Mann und meinen Sohn genommen. Jetzt habe ich nur noch dich. Ich will nicht mein Alter allein und trostlos verbringen.«

»Und ich soll dir also dein Alter versüßen – und später, wenn ich selbst alt bin, dann kann ich sehen, wo ich bleibe«, bemerkte Luise.

»Bei dir ist das nicht so schlimm. Du hast ja deinen Beruf, der dir ausreichend Ablenkung verschafft.«

»Aber nicht mehr, wenn ich alt bin«, erinnerte Luise. »Dann werde ich in Rente geschickt, und niemand wird mich fragen, ob ich dann einsam und trostlos bin.«

»Ach, bis dahin ist es doch noch so lange hin«, winkte die Mutter ab. »Außerdem hast du dann immer noch die Möglichkeit, dich anderen alleinstehenden Frauen anzuschließen oder einem geselligen Verein beizutreten, zum Beispiel einem Kegelklub oder einem Wanderverein.«

»Warum schließt du dich dann nicht einer solchen Gruppe an?«

»Ich habe das nicht nötig. Schließlich habe ich mir eine Tochter großgezogen, die für mich bis an mein Lebensende da sein wird.«

Diese ungeheuerliche Anmaßung ihrer Mutter machte Luise sprachlos.

Sie drehte sich auf dem Absatz herum und schlug die Tür hinter sich zu.

Die Begegnung mit Wolfgang und die Enthüllung des Intrigenspiels, mit dem ihre Mutter sie für immer an sich zu fesseln beabsichtigt hatte, lösten bei Luise tagelang die widersprüchlichsten Gefühle aus: Zorn und Trotz, aber auch Resignation und das Gefühl, das Leben sei an ihr schon längst und unwiederbringlich vorbeigezogen.

Dass sie jemals den Entschluss hatte fassen können, unverheiratet alt zu werden, erschien ihr plötzlich unvorstellbar. Warum sollte sie denn auf eine eigene Familie verzichten müssen, nur um es der Mutter recht zu machen? Am liebsten hätte sie auf der Stelle den erstbesten Mann geheiratet, der für sie erreichbar war. Nur: Woher sollte sie ihn nehmen, noch dazu in ihrem Alter?

Franz-Josef Krautwald war vielleicht die Rettung, die ihr der Himmel geschickt hatte. In den folgenden Tagen tauchte er ständig im Sekretariat auf, und es entging

Luise nicht, dass er es jedes Mal so einzurichten wusste, dass er von ihr bedient wurde. Sie wiederum widmete ihm bei jeder solchen Gelegenheit ihr bezauberndstes Lächeln und versäumte nie, auch ein paar persönliche Worte an ihn zu richten. Die anschließenden Hänseleien der Kollegin Helga Decker, die ein loses Mundwerk hatte, nahm sie ihr nicht übel. Zeigte das nicht außerdem, dass es auch anderen auffiel, dass sich der Herr Assessor um sie, Luise, bemühte?

Luise Kellers Niedergeschlagenheit der letzten Wochen löste sich in nichts auf, obwohl es noch Wochen dauern sollte, bis sie von dem Objekt ihrer Sehnsüchte ebenfalls die Bestätigung bekam, dass sie sein Verhalten richtig gedeutet hatte.

Wie immer verließen die beiden Sekretärinnen an jenem Tag nach Unterrichtsschluss gemeinsam das Schulgebäude, gingen ein Stück des Weges gemeinsam und trennten sich dann an der nächsten Straßenkreuzung. Assessor Krautwald musste irgendwo gewartet und den Moment abgepasst haben, in dem Luise Keller sich von ihrer Kollegin verabschiedet hatte. Plötzlich stand er wie aus dem Erdboden gewachsen vor ihr.

»Fräulein K… K… Keller, entschuldigen Sie bitte meine Verwegenheit. A… a… aber ich wollte Sie unbedingt allein sprechen. D… d… dürfte ich Sie mal zu einem Gläschen Wein ausführen?«

Luises Herz schlug Purzelbäume, und sie bemühte sich um ein damenhaft gelassenes Lächeln. »Sie dürfen«, hauchte sie und spürte sich nun doch noch erröten – doch da auch der Herr Assessor bis zum Ansatz seines spärlichen Haares rot wurde, brachte sie das weniger in Verlegenheit als die Vorstellung, jemand könne sie beobachten. Sie warf einen raschen Blick über die beiden sich kreuzenden Straßen hinweg und stellte mit Erleichterung fest, dass sowohl Schüler als auch Lehrer längst weg waren.

Dass sie so bereitwillig auf seinen Wunsch eingegangen war, schien ihrem Galan die Sprache verschlagen zu haben, und so ergriff sie selbst die Initiative: »Haben Sie schon an einen bestimmten Abend gedacht, Herr Assessor?«

Er errötete wieder. »Ei… ei… eigentlich nicht. Das zu entscheiden, wollte ich ganz Ihnen überlassen, gnädiges Fräulein.«

»Ach, bitte, lassen Sie das ›gnädige‹ weg. Nennen Sie mich einfach bei meinem Namen«, bat sie mit schelmischem Blick.

»Da… da… dann müssen Sie aber auch den ›Assessor‹ weglassen. Gleiches Recht für alle.«

»Einverstanden. Was halten Sie gleich von heute Abend?«, schlug sie ihm, von einer gänzlich undamenhaften Anwandlung von Ungeduld gepackt, vor.

Schon lange bevor die Turmuhr von der nahegelegenen Kirche siebenmal schlug, spazierte Assessor Krautwald vor dem Weinlokal auf und ab, das ihm trotz seiner Nervosität noch rechtzeitig eingefallen war, nachdem sie sich auf 19 Uhr abends geeinigt hatten. Er konnte immer noch kaum fassen, dass es so einfach gewesen war, Luise Keller zu einem Rendezvous zu überreden.

Pater Anselm hatte wahrhaftig recht gehabt. In Gedanken leistete er ihm Abbitte, denn im Lauf der Jahre, seitdem er das Kloster verlassen hatte, waren ihm oft Zweifel gekommen, ob der Klostervorsteher sich die Sache vielleicht doch zu einfach vorgestellt hatte. Er war an der Universität vielen hübschen jungen Frauen begegnet, doch jedes Mal, wenn er sich dazu überwunden hatte, eine anzusprechen, hatte er sich einen Korb eingefangen. Den zweiten Vorschlag seines früheren Superiors aufzugreifen und eine Heiratsanzeige aufzugeben, war ihm freilich undenkbar erschienen, solange er noch nicht imstande war, eine Familie zu ernähren. Das hatte sich nun zwar geändert, doch inzwischen war er Luise Keller begegnet, und schon das erste Mal, als er sie gesehen hatte, war alles ganz anders als bei früheren Gelegenheiten gewesen – bei ihm selbst, aber, wie er wahrzunehmen glaubte, auch bei ihr.

Beim letzten Glockenschlag sah er sie schon um die Ecke biegen, und sein Gesicht leuchtete auf.

»Schön, dass Sie gekommen sind!«, begrüßte er sie. »Und so pünktlich!«

Er ahnte nicht, dass Luise ursprünglich vorgehabt hatte, erst mit einer gebührenden Verspätung von etwa zehn Minuten einzutreffen, was bei einer Dame durchaus noch als schicklich, ja, bei manchen sogar als besseres Benehmen als Pünktlichkeit galt. Doch sie war selbst viel zu früh von daheim losgelaufen und hatte es nun, da sie den Glockenschlag hörte, einfach nicht mehr fertiggebracht, noch eine weitere Runde durch die umliegenden Straßen zu drehen.

»Wollen wir nicht hineingehen?«, fragte sie, da ihr Herz so stark klopfte, dass ihr einfach keine geistreichere Bemerkung einfallen wollte.

Als sie in der Weinstube Platz genommen und die ersten Schlückchen getrunken hatten, tat der Wein seine gewünschte Wirkung und löste ihnen allmählich die Zungen. Sie kamen in angeregtes Plaudern, und je länger sie miteinander sprachen, desto weniger stotterte Herr Krautwald, fiel Luise auf. Er gefiel ihr immer besser, je länger sie mit ihm beisammen war.

Die Themen, über die sie sprachen, waren unverfänglich, aber unterhaltsam: Er plauderte ein wenig aus seinem Unterrichtsalltag und die Klassen, die er unterrichtete, erzählte von seinem Bruder, dem Rechtsanwalt, und als er zufällig seine Kindheit in Breslau erwähnte, hatten sie einen Anknüpfungspunkt gefunden, der sie beide für lange Zeit fesselte.

Obwohl sie sich so gut unterhielten, warf Luise dennoch immer wieder einen verstohlenen Blick auf ihre Uhr, und als der Zeiger auf die Zehn rückte, wurde sie sichtlich nervös.

»Entschuldigen Sie bitte, Herr Krautwald. Ich muss nach Hause. Meine Mutter …«

Ihr Begleiter nickte; sie brauchte nichts weiter zu erklären. Er zahlte, und sie verließen die Weinstube. »Darf ich Sie noch nach Hause begleiten?«, bot er an. Er durfte, und als er beim Abschied vor ihrer Haustür fragte, ob er auf eine Wiederholung dieses schönen Abends hoffen dürfe, zierte sie sich auch nicht lange, sondern schlug vor: »Nächste Woche? Gleicher Tag, gleiche Zeit, gleicher Ort?«

Genau eine Woche später stand er, wieder viel zu früh, vor dem bewussten Weinlokal, und auch sie kam erneut pünktlich beim Glockenschlag um die Ecke.

Beide hatten ansonsten viel von ihrer Nervosität verloren. Sie begrüßten sich herzlich, und Luise riskierte es sogar, ihm vor dem Betreten des Gasthauses zuzuflüstern: »Es ist schicklich, dass der Herr den Gastraum vor der Dame betritt!«, denn beim Mal davor hatte er ihr den Vortritt angeboten, ohne sich dieser Benimmregel bewusst zu sein.

Sie hatte es ihm nicht übelgenommen, sondern es als Bestandteil seiner liebenswert-schüchternen Art sogar sympathisch gefunden; doch es musste ja alles seine Ordnung haben. Der Assessor war auch weit davon entfernt, ihre Belehrung kränkend zu finden, sondern war sogar dankbar für den Hinweis. »Mir fehlt es ein wenig am nötigen gesellschaftlichen Schliff, nehme ich an«, gestand er mit einem verlegenen Lächeln. »Das liegt daran, dass ich viele Jahre lang ein … nun ja … weltabgewandtes Leben geführt habe. Bitte seien Sie so gut, und sagen Sie es mir immer gleich, wenn ich etwas falsch mache. Eine Benimmlehrerin ist genau das, was mir bislang gefehlt hat, um mich ohne Scheu unter Menschen zu wagen!«

Bei der Weinbestellung war das diesmal nicht mehr nötig – beim ersten Mal hatte Franz-Josef die vom Kellner gereichte Weinkarte erst ein wenig ratlos studiert und dann seiner Begleiterin verschämt gestehen müssen, dass er keine Ahnung von Wein hatte. Gemeinsam hatten sie sich für Ingelheimer Rotwein entschieden. Da sie mit diesem Wein gute Erfahrung gemacht hatten, bestellten sie die gleiche Sorte nun einfach wieder.

Nach dem ersten Schluck eröffnete Luise das Gespräch. »Herr Krautwald, ich glaube, ich bin Ihnen eine

Erklärung schuldig. Ich meine, weil ich letzte Woche so überstürzt aufgebrochen bin. Es ist mir ein bisschen peinlich, aber ich sollte diese Erklärung nun wohl nachholen.«

Der Assessor blickte sie berunruhigt an. »Das hört sich ja fast an, als müssten Sie sich von einem eifersüchtigen Verlobten fortschleichen, um mich zu treffen …?«

»Keineswegs«, lachte Luise. »Nur von meiner Mutter.«

»Das beruhigt mich aber sehr.« Erleichtert griff er nach seinem Glas und nahm einen großen Schluck.

Eigentlich hatte Luise erwartet, er werde mit einem Hinweis auf ihr fortgeschrittenes Alter fragen, wie sie dazu komme, sich noch von ihrer Mutter Vorschriften machen zu lassen. Stattdessen seufzte er abgrundtief: »Ja, ja, die Mütter! Die sind ein Kapitel für sich.«

Diese Äußerung machte Luise ihrerseits neugierig: »Sie leben also auch noch bei Ihrer Mutter?«

Er nahm einen weiteren kräftigen Schluck von dem Rotwein, ehe er zu einer Antwort ansetzte, und es schien, als müsse er sich trotz dieser Stärkung einen Ruck geben.

»Nein – eher im Gegenteil. Sie hat jahrelang kein Wort mehr mit mir gesprochen, und es ist mir erst vor Kurzem gelungen, sie wieder zu versöhnen. Sie müssen wissen, der größte Wunsch meiner Mutter war es seit eh und je, dass ich Priester werden solle …«

Luise lauschte mit angehaltenem Atem, als er ihr seine Geschichte erzählte, und wenn sie es bis dahin nicht gewusst hätte, dann wäre sie spätestens jetzt davon überzeugt gewesen, dass dieser und kein anderer Mann der

Richtige für sie war. Einem Mann, der eine so schwerwiegende Entscheidung getroffen und gegen so viele widrige Umstände durchgesetzt hatte, dem konnte sie selbst sich wohl ebenfalls beruhigt anvertrauen.

»Seit Mutter nach Fürstenfeldbruck umgezogen ist, erlaubt sie mir immerhin wieder, sie zu besuchen«, schloss er. »Dennoch, bis heute hat sie sich nicht so richtig damit abgefunden, dass ich nicht Priester geworden bin, und das macht mir manchmal sehr zu schaffen. Bedenken Sie, wie eng mein Verhältnis zu ihr früher gewesen ist. Doch damit, dass das niemals wiederkommen wird, werde ich wohl verschmerzen müssen.«

»Ich finde, Sie haben alles richtig gemacht, und es war sehr mutig von Ihnen, sich nicht einschüchtern zu lassen!«, antwortete Luise nachdenklich. »Die Haltung Ihrer Mutter kommt mir sehr grausam vor. Aber Sie haben recht – Mütter sind wirklich ein Kapitel für sich.« Es drängte sie, ihm auch ihre eigene Geschichte zu erzählen. Doch beim Gedanken an ihre Mutter warf sie ganz automatisch wieder einen Blick auf die Uhr.

»Schon halb elf!«, stellte Luise mit entsetzter Stimme fest. »Herr Krautwald, ich muss schnellstmöglich nach Hause!«

Der Assessor winkte eilig dem Kellner und bezahlte. Dass er sie noch nach Hause begleitete, erschien beiden schon als eine Selbstverständlichkeit.

»Aber heute bitte nicht ganz bis zur Haustür!«, bat sie. »Meine Mutter lauert vielleicht hinter dem Vorhang. Sie hat keine Ahnung davon, dass ich mich mit Ihnen getroffen habe, und sie soll auch nichts davon wissen.«

»Was haben Sie ihr denn erzählt, wo Sie hingehen?«

»Das letzte Mal sagte ich, es sei eine Versammlung in der Schule, bei der meine Anwesenheit gebraucht werde. Und heute war ich angeblich zur Geburtstagsfeier meiner Kollegin eingeladen.«

Lachend drohte der Assessor mit dem Finger: »Sie sind mir ja eine ganz Schlimme.«

Einen zerknirschten Gesichtsausdruck mimend, zuckte Luise die Schultern: »Was soll ich machen? Soll ich mich nicht mehr mit Ihnen treffen?«

»D... d... doch, Sie müssen weiterhin kommen«, flehte er und verfiel in der Aufregung nun doch wieder in ein leichtes Stottern. »Ich werde sogar behilflich sein, indem ich mir Ausreden für Sie ausdenke.«

»Danke. Das ist lieb von Ihnen.« Sie senkte die Stimme zu einem koketten Flüstern: »So viel bedeute ich Ihnen also?«

»M... m... mehr als ich sagen kann«, brachte er heraus. Zärtlich legte er seine Hand auf die ihre, und ein wohliger Schauer rieselte durch ihren Körper.

»Sie glauben gar nicht, wie mich das freut«, sagte sie mit einem Lächeln, das ihm das Herz bis zum Hals hinauf klopfen ließ. »Ich fange schon an zu überlegen, ob ich es nicht wie Sie machen und es auf einen Bruch mit meiner Mutter ankommen lassen soll.«

»Warum sollte es denn meinetwegen zwischen Ihnen und Ihrer Mutter zu einem Bruch kommen?«

Sie hatten die Strecke zwischen dem Weinlokal und Luises Wohnung bereits fast ganz zurückgelegt, und so schüttelte Luise den Kopf.

»Das ist eine lange Geschichte. Fast so lang wie Ihre eigene. Aber wenn es Sie wirklich interessiert, dann erzähle ich sie Ihnen, wenn wir uns das nächste Mal treffen.«

Assessor Krautwald versicherte, dass es nichts gebe, was ihn brennender interesseren könnte, und da sie inzwischen an der Straße angelangt waren, in der Luise wohnte, vereinbarten sie, sich in der nächsten Woche wiederzusehen.

»Aber an einem anderen Wochentag als heute und das letzte Mal!«, bat Luise. »Sonst wird meine Mutter sicher misstrauisch. Das wird sie ohnehin bald werden, wenn wir uns weiterhin so häufig sehen.«

»Nicht, wenn Sie einen Englischkurs belegen!«

»Einen Englischkurs? Wozu sollte das gut sein?«

Verschmitzt lächelte er: »Dann haben Sie regelmäßig einmal in der Woche Ausgang. Und immer am selben Wochentag.«

Luise musste lachen. »Sie sind mir ja ein ganz schönes Schlitzohr. Das hätte ich von einem ehemaligen Priesterkandidaten nicht erwartet. – Aber Ihr Vorschlag gefällt mir. Nur, wie begründe ich den Englischkurs bei meiner Mutter?«

»Vielleicht erzählen Sie ihr, dass Sie in absehbarer Zeit eine Reise nach England machen wollen?«, schlug er vor. »Oder behaupten Sie doch einfach, es sei eine Empfehlung der Schule.«

Das daraufhin folgende Gespräch mit ihrer Mutter verlief einfacher, als Luise sich das vorgestellt hatte. Den Wunsch ihrer Tochter nach Weiterbildung hatte sie sofort begeistert akzeptiert: »Prima, tu das. Dann wissen wir uns wenigstens zu helfen, wenn wir ins Ausland reisen.«

Luise meldete sich also gleich am nächsten Tag in der Volkshochschule an, und von nun an trafen sich die Liebenden in schöner Regelmäßigkeit immer am Mittwochabend, zum Zeitpunkt des Englischkurses, an den unterschiedlichsten Orten. Wenn das Wetter danach war, machten sie Spaziergänge im Park oder an der Isar entlang. War das Wetter nicht zu einem Spaziergang geeignet, fand der »Englischunterricht« in einer Eisdiele, in einem Café oder in einem Wirtshaus statt. Damit Luise im Bedarfsfall in Gegenwart ihrer Mutter den einen oder anderen englischen Satz parat habe, brachte ihr der Herr Assessor bei jedem Treffen einige Sätze bei.

Auch Luises Geschichte hatte er inzwischen in allen Einzelheiten erfahren. »Sie sehen also, ich kann es unter keinen Umständen riskieren, dass sie etwas von Ihnen erfährt«, schloss Luise ihren Lebensbericht. »Sie würde alles tun, um uns ebenso auseinanderzubringen.«

Franz-Josef nickte. »Kein Wunder, dass Sie unsere Treffen Ihrer Mutter lieber verheimlichen. Auch wenn ich mich natürlich nicht ins Bockshorn jagen lassen würde, nun, da ich Bescheid weiß. Aber wir müssen sie ja nicht unnötig in Versuchung führen.«

Immer wieder kamen sie während der nächsten Monate auf ihre Vergangenheit zu sprechen, etwa wenn der Assessor gelegentlich Besuche bei seiner Mutter erwähnte, die sich Luise dann immer in allen Einzelheiten schildern ließ. Ihre eigenen Sorgen mit der Mutter schwebten ja wegen der Heimlichtuerei, die ihretwegen nötig war, ohnehin immer unausgesprochen im Raum, auch wenn sie nicht über sie sprachen. Doch auch auf sie kamen sie immer wieder zu sprechen.

»Wissen Sie, was ganz besonders auf mir lastet?«, fragte Luise an einem Abend Ende Februar und drehte nachdenklich das Weinglas in der Hand. »Immer wieder muss ich daran denken, was wohl Oswald von mir gedacht haben muss, als ich auf seine Briefe nicht geantwortet habe. Dass er vermutlich bis heute schlecht von mir denkt, das ist mir kaum erträglich.«

»Versuchen Sie Ihren Frieden zu finden, indem Sie sich sagen, dass Gott, der alles sieht, ganz genau weiß, dass Sie sich nicht schuldig gemacht haben, Fräulein Luise«, antwortete er sanft.

»Aha«, schmunzelte Luise. »Da spricht immer noch der verhinderte Priester aus Ihnen!«

Sie lachten beide.

»Sehen Sie?«, meinte er. »Wir haben beide so bedrückende Geheimnisse, und doch sind wir zusammen so stark, dass wir sogar darüber lachen können. Sie sollten Ihrer Mutter verzeihen, Fräulein Luise. Was sie getan hat, war falsch, aber kein Zorn der Welt kann es ungeschehen machen.«

»Im Grunde haben Sie recht«, gab sie zu. »Warum soll ich meiner Mutter jetzt eigentlich noch grollen? Wenn ich es mir recht überlege, muss ich ihr sogar dankbar sein. Hätte sie mein Leben nicht aus der Bahn geworfen, dann wäre ich Ihnen ja nie begegnet.«

Luise wirkte fast ein wenig überrascht über diese Erkenntnis.

Franz-Josef ergriff ihre Hand. »Dass ich Ihnen so viel zu bedeuten scheine, macht mich unsagbar glücklich!«, gestand er. »Auch Sie bedeuten mir mehr, als ich in Worte fassen kann!«

»Und deshalb kann und will und werde ich es nicht zulassen, dass Mutter sich auch diesmal wieder irgendeine Gemeinheit ausdenkt und wir beide am Ende unglücklich zurückbleiben. Das verstehen Sie doch, oder?«

Ohne lange nachzudenken, zog der Assessor die junge Frau in seine Arme, dann erschrak er über seine eigene Kühnheit und gab sie wieder frei.

»V... V... Verzeihung, Fräulein Luise«, entschuldigte er sich und stolperte nun zum ersten Mal seit längerer Zeit wieder über seine Zunge. »Da ist wohl mein Temperament mit mir durchgegangen. Aber ich verstehe Sie nur allzu gut, und ich muss Ihnen gestehen, dass ich Sie mir aus meinem Leben gar nicht mehr wegdenken kann.«

Er räusperte sich, bevor er in feierlichem Ton fortfuhr: »Vielleicht ist es ja noch ein wenig zu früh für eine solche Frage, aber in meinem Alter ist es wohl nicht angebracht, allzu lange zu warten, wenn man sich versteht und wenn man fühlt, dass man die einzig Richtige gefunden hat. Ich sehe mich als Assessor auch durchaus in der Lage, eine Familie ernähren zu können. Deshalb möchte ich Sie in aller Form fragen: Luise, wollen Sie meine Frau werden?«

Luises Herz hatte wild zu pochen begonnen, als ihr klar wurde, worauf diese Rede hinauslaufen würde. Am liebsten hätte sie ihn einfach unterbrochen und sich mit einem lauten: »Ja! Ja! Endlich!« in seine Arme geworfen. Aber abgesehen von Dingen wie Manieren und Schicklichkeit hielten sie auch noch andere Überlegungen von einer so spontan begeisterten Reaktion zurück.

»Franz-Josef«, begann sie in gemessenem Ton. »Ihr Antrag ehrt mich. Dennoch kann ich nicht gleich Ja sagen. Es gibt noch etwas, das Sie vorher wissen sollten.«

»S… S… Sie meinen, in Bezug auf Ihre Mutter?«

»Nein, in dieser Hinsicht wissen Sie ja längst alles.« Sie zögerte, und endlich platzte sie förmlich damit heraus: »Sie haben mich nie nach meinem Alter gefragt.«

»Ja, und?«

»Ich bin fünf Jahre älter als Sie.«

Die Erleichterung über dieses Bekenntnis ließ Franz-Josef laut auflachen. »W… w… wenn es weiter nichts ist! Aber stimmt das denn wirklich? Sind Sie älter als ich? Darauf wäre ich nie gekommen.«

Luise stimmte in sein Lachen mit ein. »Ja, ich habe in Ihren Unterlagen nach Ihrem Geburtsdatum gesucht und dabei die Bescherung gesehen. Es macht Ihnen also wirklich nichts aus?«

Der Assessor hob feierlich die Hand und schwor es bei allem, was ihm heilig war.

Nun endlich risikierte es Luise, ihren Gefühlen freien Lauf zu lassen.

»Ja! Dann sage ich aus vollem Herzen: Ja!«

»W… w… wäre es zu unbescheiden von mir, wenn ich jetzt einen Verlobungskuss erwarte?«

»Aber Franz-Josef, da fragt man doch nicht lange.«

»Wenn meine Benimmlehrerin mir das ausdrücklich sagt …«

Er zog sie an sich, und wie durch einen Nebelschleier nahm sie sein Gesicht wahr. Sie schloss die Augen, und dann spürte sie seine Lippen auf den ihren und dachte an überhaupt nichts mehr.

Erst einige Zeit später, als für Luise die gewohnte Zeit zum Heimgehen näher rückte, gerieten die beiden wieder in eine sachlichere Stimmung.

»Willst du heute nicht doch ein wenig länger bleiben?«, bat Franz-Josef. »Wir werden es deiner Mutter jetzt ohnehin nicht weiter verheimlichen können.«

Doch Luise schüttelte den Kopf. »Heute gehe ich zum letzten Mal pünktlich nach Hause, diesmal muss es noch sein! Diesen wunderschönen Abend mag ich mir nicht durch ein Verhör verderben lassen.«

Das sah der Assessor ein.

»Wenn du dir wegen deiner Mutter Sorgen machst, dann sollten wir unsere Verlobungszeit vielleicht nicht allzu lange ausdehnen – wenn wir Kinder haben möchten, dann verbietet sich allzu langes Warten auch von selbst. Was hieltest du von einem Hochzeitstermin im Mai?«

Eine Maibraut zu werden, das gefiel Luise sogar ganz außerordentlich.

»D… d… dann lass uns gleich morgen die Verlobungsringe kaufen. Jetzt möchte ich es in der Schule auch nicht mehr geheim halten müssen. Alle dort sollen wissen, dass ich das süßeste Mädchen der Welt erobert habe.«

Das war auch in Luises Sinn. Voller Stolz würde sie in der Schule ihren ringgeschmückten Finger herzeigen können – und Helga sollte ihn als Erste sehen. Doch wenn sie auf dem Heimweg war, wollte sie den Ring wieder abziehen und in ihrer Geldbörse verstecken. Die Mutter sollte vorerst noch nichts davon erfahren.

Am nächsten Morgen meldete sich Luise bei ihrer Mutter fürs Mittagessen ab, weil sie, wie sie sagte, in der Stadt einige Besorgungen machen musste, was ja noch nicht einmal gelogen war. Das war nichts Ungewöhnliches, und die Mutter fragte auch gar nicht weiter nach.

Nach Unterrichtsschluss fuhren die beiden Verliebten also in die Stadt. Bei einem namhaften Juwelier wählten sie sorgfältig die Ringe aus und begaben sich damit in die Frauenkirche. Vor dem Marienaltar knieten sie nieder und steckten sich mit feierlichen Treueversprechen gegenseitig die kleinen Goldreife an den linken Ringfinger. Auf eine offizielle Verlobungsfeier, da waren sie sich einig, würden sie verzichten.

»Ich werde am besten persönlich mit meiner Mutter sprechen«, entschied Franz-Josef. »Und zwar möglichst bald. Ich hoffe, dass ich damit ein günstiges Klima schaffen und dich ihr dann vorstellen kann.«

Am folgenden Sonntagnachmittag fuhr er also hinaus nach Fürstenfeldbruck, einen bescheidenen Blumenstrauß in der Hand. Seine Mutter zeigte sich überrascht, aber nicht unwillig über seinen unerwarteten Besuch, und so saßen sie bald in der Sofaecke, dampfende Kaffeetassen vor sich und mitten auf dem Tisch der Blumenstrauß in einer Vase.

Das war ein viel versprechender Anfang, und so kam Franz-Josef schon nach wenigen belanglosen Sätzen zur Sache – ganz vorsichtig, wie er meinte. Er erwähnte Luises Namen beiläufig, als er von seinem Alltag in der Schule berichtete, dann setzte er hinzu, dass er mit ihr vor wenigen Tagen ausgegangen sei, schwenkte wieder zu anderen Themen um, die aber wundersamerweise alle mit ihr zu tun zu haben schienen.

Der Gesichtsausdruck seiner Mutter veränderte sich, doch das fiel ihm nicht auf. Er meinte, nun habe er genug drum herumgeredet, und kam wirklich zur Sache.

»Fräulein Keller – Luise – bedeutet mir sehr viel, Mutter«, sagte er in feierlichem Ton. »Ich habe sie deshalb gefragt, ob sie meine Frau werden will. Sie hat Ja gesagt, und wir haben uns letzte Woche verlobt.«

Es klirrte, als seiner Mutter der Kaffeelöffel aus der Hand glitt und im Fallen die Tasse aus dünnwandigem Porzellan umwarf. Kaffee spritzte auf den Boden und auf das Kleid der alten Frau. Franz-Josef sprang erschrocken auf, um die Tasse aufzuheben, die zu seiner Erleichterung immerhin heil geblieben war. Dann rannte er in die Küche, um einen Lappen zu holen.

Dass seine Mutter sich gar nicht gerührt hatte, fiel ihm erst auf, als er wieder hereinkam. Ihr Gesichtsausdruck war starr.

»W… w… was ist mit dir, Mutter? Freust du dich gar nicht darüber, dass ich endlich mein Glück gefunden habe?«

Er ging in die Hocke, um den Teppich vorsichtig abzutupfen.

»Glück gefunden, Glück gefunden«, äffte sie ihn nach. »Wenn du heiratest, dann ist es endgültig vorbei! Niemals wirst du ein Priester werden können!«

»Mutter!« Franz-Josef war ehrlich entsetzt. »Es ist Jahre her, dass ich eingesehen habe, dass ich kein Priester werden kann!«

»Du konntest schon … aber du wolltest nicht!« Anklagend richtete Dora Krautwald den Finger auf ihren Sohn. »Du bist einen Irrweg gegangen. Doch ich hatte all die Jahre immer noch Hoffnung, denn ich habe jeden Tag gebetet, dass Gott dich deinen Fehler erkennen lassen wird. Und da du so lange keine Frau gefunden hast, dachte ich, meine Gebete seien erhört worden. Es war doch absehbar, dass du demnächst wieder reumütig in dein Kloster zurückkehren würdest, das du so schmählich verlassen hast.«

»Aber Mutter!«, rief Franz-Josef bestürzt aus. Er stand wieder auf, den befleckten Lappen in der Hand. »Wie hätte ich das denn tun können? Es war doch auch nicht meine Idee, das Kloster zu verlassen. Mein Superior hat mir dazu geraten – und zwar dringend.«

»Ach, der Superior! Was versteht denn der von einer Ehe, er, der selbst nie verheiratet war! Wieso maßt er sich an, besser zu wissen, was für dich gut ist, als deine Mutter?«

»Wahrscheinlich kennt er mich besser als du«, erinnerte ihr Sohn. »Immerhin habe ich mehr Jahre meines Lebens im Kloster zugebracht als zu Hause.«

»Soll das etwa ein Vorwurf sein?«, fauchte sie ihn an. Noch ehe er etwas darauf erwidern konnte, fuhr sie in gemäßigterem Ton fort: »Einerlei. Mach du mir ruhig Vorwürfe, wenn du es eben nicht besser weißt. Ich bin jedenfalls deine Mutter und weiß, was gut für dich ist. Es ist nicht recht, wenn du heiratest. Damit versündigst du dich.«

Er wusste nicht, was er darauf erwidern sollte. Sie stand aus ihrem Stuhl auf und räumte die Kaffeetassen auf ein kleines Tablett, nahm ihm den Lappen aus der Hand und wischte auch vom Tisch die verschüttete Flüssigkeit ab. Dann warf sie einen Blick auf den Teppich.

»Wenn ich das so lasse, bekomme ich die Flecken nie wieder heraus«, sagte sie. »Geh jetzt also! Ich habe zu tun. Ich werde jeden Tag beten, dass Gott dich wieder zur Besinnung kommen lässt. Und ich werde hier auf dich warten – darauf, dass du deinen Fehler erkennst, bevor es zu spät ist, und zu mir kommst, um mir für meine Weitsicht zu danken.«

Der Verlauf des Gesprächs war für Franz-Josef ein schwerer Schock gewesen, und am nächsten Morgen wäre er am liebsten gleich ins Sekretariat gestürmt, um Luise davon zu berichten. Doch dort hätten andere mithören können, und so verzichtete er lieber darauf. Bei ihrem nächsten abendlichen Treffen wollte er ihr dann überhaupt nichts mehr davon erzählen. Darüber hatte er gründlich nachgedacht. Warum sollte er Luise jetzt schon damit belasten? Sie hatte genug Sorgen wegen der bevorstehenden Unterredung mit ihrer eigenen Mutter. Es genügte vollauf, dass er zutiefst geknickt war.

Luise selbst hielt sich ihrer Mutter gegenüber vorerst weiter bedeckt.

Sie besuchte weiterhin einmal in der Woche ihren »Englisch-Sprachkurs«, um sich mit ihrem Verlobten zu treffen. Dabei ging es längst nicht mehr nur um bloßes Liebesgeplänkel; es gab ja so vieles im Hinblick auf die Hochzeit zu besprechen.

Vor allem galt es natürlich, eine passende Wohnung zu finden. Dass dies nicht einfach werden würde, war ihnen von vorneherein klar gewesen, aber es erwies sich als noch weit schwieriger als erwartet. Die Vermieter brauchten nur zu hören: junges Paar, das bald heiraten will, und schon hieß es, die Wohnung sei bereits vergeben.

»Die Leute denken wohl an das Babygeschrei, das in solchen Fällen meist bald zu erwarten ist«, mutmaßte Luise.

»Unsere Kinder sollen niemals einen Grund haben, zu schreien!«, versprach er ihr zärtlich. »Wir werden uns darum bemühen, die besten Eltern zu werden, die ein Kind haben kann.« Er glaubte ganz aufrichtig daran, dass dies allein schon ausreichen würde, um ein ruhiges, braves Kind zu haben.

Ende März konnten sie aufatmen, denn nun lag ihnen endlich eine Zusage vor: für eine Wohnung in einem Neubau, der bis zum 1. Mai fertig sein sollte. Sie hatten freilich viele Abstriche machen müssen, was ihre Wunschvorstellungen betraf: Zwei Zimmer, Küche und Bad, im vierten Stock und ohne Aufzug – und es wurde ein Baukostenzuschuss verlangt, wohl der einzige Grund, warum sie die Wohnung bekommen hatten, denn das hatte viele andere Interessenten abgeschreckt. Es war nicht das, was sie sich erträumt hatten, aber, wie Luise zuversichtlich sagte: »Für den Anfang wird es schon gehen!«

Die Wohnung hatte daneben auch unübersehbare Vorteile: Sie lag in Großhadern, nur fünfzehn Gehminuten von ihrer Schule entfernt. So konnten sie vorerst auf ein Auto verzichten, für das sie ohnehin kein Geld mehr gehabt hätten.

Freilich, viel Geld war von Luises Ersparnissen nicht mehr übrig, nachdem der Baukostenzuschuss bezahlt worden war; es reichte gerade noch für die allernotwendigsten Möbel. Der junge Assessor hatte in der kurzen Zeit noch nicht viel beiseitelegen können.

»Das noch Fehlende schaffen wir uns eben nach und nach an!«, sagte Luise zuversichtlich. »Vorerst kann ich ja noch mitarbeiten, und solange wir meinen Verdienst noch haben, können wir ihn dafür nutzen.«

Eigentlich hatte Franz-Josef ja gemeint, seine Frau solle gleich nach der Eheschließung ihren Beruf aufgeben, doch dieses Argument wog schwer. Nach einigem Zögern nickte er sogar, als sie vorschlug, wenn sie erst einmal schwanger geworden sei, auch noch bis zum Mutterschutz weiterzuarbeiten, um auch das Mutterschaftsgeld für diese Zeit noch mitzunehmen.

Sie wählten den siebten Mai für die kirchliche Trauung, eine Woche, nachdem die Wohnung bezugsfertig sein sollte. Eine kleine, bescheidene Feier sollte es werden, da waren sie sich einig – alleine schon, weil sie so wenig Geld hatten. Von den beiden Müttern war ja kein Zuschuss zu erwarten. Ihrer eigenen Mutter gegenüber hatte die Braut ohnehin noch immer kein Sterbenswörtchen über die bevorstehende Hochzeit verlauten lassen.

Luise wartete bis nach den Osterferien und warf erst dann – mit heimlicher Genugtuung – eine der frisch aus der Druckerei gekommenen Einladungen zur Trauung und anschließenden Feier in den heimischen Briefkasten, bevor sie am Morgen das Haus verließ. Als sie mittags nach Hause kam, wurde sie von ihrer völlig fassungslosen Mutter schon an der Wohnungstür empfangen.

»Was fällt dir ein? Was soll diese Heimlichtuerei bedeuten? Wie kannst du dir erlauben, mich vor vollendete Tatsachen zu stellen? Habe ich dich dafür großgezogen, dass du es so mit mir treibst?«

Erhobenen Hauptes schritt Luise an der Mutter vorbei ins Wohnzimmer, ohne darauf zu achten, ob sie ihr folgte oder nicht. Dann wandte sie sich zu ihr um. »Wundert dich das wirklich, nach allem, was du mir angetan hast? Ich war nicht gewillt, mir noch einen dritten Mann von dir vergraulen zu lassen. Denn auch wenn du mich nur dafür großgezogen haben solltest, um mir bis an dein Lebensende Vorschriften zu machen und kein eigenes Leben zu gönnen – keine Familie, keine Kinder, keine Liebe –, dann heißt das ja noch lange nicht, dass ich mich dem zu fügen habe. Ich bin eine erwachsene Frau, Mutter! Und ich werde heiraten, ob es dir passt oder nicht.«

Ihre Mutter schnappte nach Luft, denn eine solche Reaktion hatte sie von der in den letzten Monaten scheinbar so fügsamen Luise nicht erwartet. Da sie merkte, dass sie auf dieser Schiene nichts mehr ausrichten konnte, ließ sie sich wortlos auf die Couch sinken. Dann griff sie sich an die Brust und rief theatralisch: »Weh mir, mein Herz …«, verdrehte die Augen und ließ sich zur Seite fallen.

»Du liest zu viele schlechte Romane, Mutter«, bemerkte Luise mit einer Seelenruhe, über die sie sich selbst wunderte. »Hör auf mit dieser Schmierenkomödie! Deinem Herzen hat nie etwas gefehlt – und außerdem sitzt das Herz ohnehin auf der linken, nicht auf der rechten Seite.«

»Das ist ja allerhand«, tönte es von der Couch, und über das Gesicht der Tochter glitt ein spöttisches Lächeln, als die Mutter ruckartig hochfuhr und ein wütendes Gesicht machte. »Ich könnte in aller Ruhe sterben und mein Fräulein Tochter würde keinen Finger rühren.«

Sie schien aber begriffen zu haben, dass sie ihre Pantomime nicht weiter fortzuführen brauchte, und sie änderte ihre Taktik. »Bilde dir bloß nicht ein, dass ich zu dieser Hochzeit komme.«

Luise zuckte die Achseln. »Mir auch recht. Zwingen kann ich dich nicht. Falls du es dir doch noch anders überlegst, bist du jedenfalls willkommen.«

Für den Rest des Tages gingen Mutter und Tochter sich aus dem Weg, doch schon am Tag darauf war die Neugier von Martha Keller stärker als ihr Zorn geworden, und beim Mittagessen tat sie, als ob nichts gewesen wäre, und stellte viele Fragen über den Assessor: Wo er herkam, was er verdiente … Bereitwillig gab Luise Auskunft, und auch wenn ihre Mutter sich ihr gegenüber weiter mürrisch zeigte, war sie doch froh, dass sie sich nun endlich keine Ausreden mehr einfallen lassen musste, um Franz-Josef treffen zu können. Schließlich war vor dem Hochzeitstermin noch eine Menge zu planen, und manche Dinge konnte man nun einmal nur tagsüber erledigen.

Doch es war wie verhext. Nun, da sie endlich die Heimlichkeiten nicht mehr nötig hatten und der Hochzeitstermin immer näher rückte, wurde Franz-Josef krank. Erst fühlte er sich nur matt und abgeschlagen, dann kam Fieber dazu, und obwohl er sich zusammenzureißen versuchte, fühlte er sich so elend, dass es Luise auffiel, als sie am Nachmittag zusammen in der Stadt waren, um sich Teppiche anzuschauen.

»Du hast ja Fieber!«, schalt sie, nachdem sie prüfend die Hand an seine Stirn gelegt hatte. »Auf der Stelle ins Bett mit dir! Wer weiß außerdem, was dahintersteckt. Du musst in jedem Fall den Arzt kommen lassen.«

Ohne Gegenwehr ließ er sich von ihr nach Hause begleiten, wo sie noch einige Worte mit Hilde, der Frau von Dietrich wechselte, die versprach, die Pflege ihres Schwagers selbst in die Hand zu nehmen und den Arzt kommen zu lassen. Franz-Josefs Bruder und seine Frau hatten Luise schon kurz nach der Verlobung zu einem Kennenlern-Besuch in ihre Wohnung eingeladen, und vor allem die beiden Frauen waren sich auf Anhieb sympathisch gewesen. So vertraute Luise den Patienten beruhigt seiner Schwägerin an.

Am nächsten Tag konnte sie den Schulschluss kaum erwarten, und Helga schickte sie mit einem Lächeln eine Viertelstunde vor Feierabend fort mit der Bemerkung, den Rest könne sie auch alleine machen. »So nervös, wie du heute bist, bringst du ja doch nur alles durcheinander. Geh also nur!«, setzte sie hinzu, doch es war kein boshafter Unterton dabei. Dankbar nahm Luise das Angebot an und machte sich auf den Weg zum Krankenlager ihres Bräutigams. Sie fand ihn in einem abgedunkelten Zimmer vor. Nur mit Mühe konnte sie sein mattes Lächeln sehen.

»D… d… du hast dir einen schönen Bräutigam ausgesucht, meine Liebe«, versuchte er, das Ganze humorvoll zu nehmen, doch Luise entging nicht, dass er zum ersten Mal seit langem wieder zu stottern begonnen hatte. »Schau mich nur an. Ich bin gefleckt wie ein Leopard.«

»Um Gottes willen, das sieht ja furchtbar aus!«, entfuhr es Luise. »Was hast du? Was sagt der Arzt?«

»L… l… lach nicht, Luise. Ich habe die Masern.«

»Die Masern? Aber das ist doch eine Kinderkrankheit!«

»N… n… nun, die Masern grassieren gerade an unserer Schule, wie du wohl aus diversen Krankmeldungen vernommen haben wirst.«

»Ja, schon. Aber in deinem Alter?«

»Als Kind muss ich sie wohl verpasst haben, da ich immer so abgeschottet gelebt habe.«

»Nun ja«, seufzte Luise erleichtert auf. »Gott sei Dank – wenigstens ist es nichts Ernstes. Die Masern wirst du bald überwunden haben.«

»Das meinte der Arzt auch.«

Franz-Josefs Mutter sah das freilich ganz anders. Sie hatte von seiner Erkrankung erfahren, weil Hilde bei ihr angefragt hatte, ob er als Kind die Masern gehabt hatte oder nicht. Da Dora Krautwald kein eigenes Telefon hatte, musste sie dazu bei einer Nachbarin anrufen. Die alte Dame eilte daraufhin auf der Stelle an das Krankenbett ihres Sohnes. Doch Tröstliches wusste sie ihm nicht zu sagen.

»Siehst du, mein Junge, das ist die Strafe Gottes, weil du abtrünnig geworden bist. Er hat dir die Krankheit geschickt, damit du den Gedanken an diese unselige Heirat aufgibst. Kehre also in deinen Orden zurück. Noch ist es nicht zu spät.«

In der folgenden Nacht musste die besorgte Schwägerin den Arzt noch einmal rufen, denn der Patient fiel in arge Fieberträume, warf sich die ganze Nacht hin und her, redete wirres Zeug und schrie manchmal sogar.

Der Arzt konnte sich gar nicht erklären, wie es bei einem harmlosen Fall wie diesem zu einer solch dramatischen Krise hatte kommen können – es sei denn, sie war nervlich bedingt. Er verabreichte dem Patienten eine Spritze, dann fasste er die fieberheiße Hand des Kranken und redete begütigend auf ihn ein. Es dauerte einige Zeit, bis Franz-Josefs Blick klarer wurde. Der Arzt vergewisserte sich zuerst, dass sein Patient in der Lage war, zusammenhängend zu reden, dann forderte er ihn auf, er möge alles erzählen, was ihm gerade in den Sinn komme.

Für den Assessor war dies eine willkommene Gelegenheit, einer neutralen Vertrauensperson das Herz auszuschütten. Er schilderte den Besuch seiner Mutter und dessen Hintergründe.

»Ich weiß nun auf einmal nicht mehr, was ich tun soll«, beendete der Kranke seinen Bericht. »Hat nun mein Superior recht oder meine Mutter? Und habe ich selbst richtig oder falsch gehandelt?«

Der Arzt stellte dem Patienten nur eine Frage: »Lieben Sie Ihre Braut?«

»O ja, über alle Maßen.«

»Dann tun Sie genau das, was ich Ihnen jetzt rate: Heiraten Sie so bald wie möglich, und halten Sie sich bis dahin von Ihrer Mutter fern. Sie wird es verwinden müssen, dass Sie Ihren eigenen Weg gehen. Dieses Hin- und Hergerissensein schadet Ihnen zweifellos. Sie haben ein Recht auf Ihr eigenes Leben und auf eigene Entscheidungen.«

Der Kranke schloss die Augen, und ihm entschlüpfte ein erleichterter Seufzer.

»Ich hatte mich schon gewundert, dass eine solche Kinderkrankheit jemanden in Ihrem Alter erwischen konnte«, fuhr der Mediziner fort. »Ganz offensichtlich sind Ihre Abwehrkräfte geschwächt; das kommt von der seelischen Belastung. Aber darüber brauchen Sie sich keine Sorgen zu machen: Sobald Sie dem Willen Ihrer Mutter nicht mehr nachkommen können, weil kein Weg mehr zurückführt, wird es Ihnen besser gehen.«

»Ich bin so froh, dass Sie das sagen!«, bekannte Franz-Josef. »Aber muss ich die Hochzeit wegen dieser Krankheit nun vielleicht doch noch verschieben?«

»Wahrscheinlich nicht – jedenfalls dann nicht, wenn Sie sich nicht weiter mit unnötigen Gewissenskonflikten quälen. Wenn Sie ganz sichergehen wollen, dass Sie an Ihrem Hochzeitstag wieder vollständig auf dem Damm sind, dann verschieben Sie den Termin meinetwegen um eine Woche.«

Mit gespielt strenger Miene fügte er hinzu: »Aber keinesfalls länger! Augen zu und durch, das ist in solchen Fällen die richtige Therapie, und genau die verordne ich Ihnen hiermit! Sie werden sehen, wenn all das erst einmal überstanden ist, dann sind Sie kerngesund an Leib und Seele.«

Zum Glück waren die Einladungen noch nicht abgeschickt worden. So brauchte Luise nur aus der Sieben eine Vierzehn zu machen, ehe sie die Karten in die Umschläge steckte und einwarf. Nur ihrer Mutter, die ihre Karte schon bekommen hatte, teilte sie mündlich den geänderten Termin und den Grund dafür mit.

»Das brauchst du mir gar nicht zu sagen, du weißt eh, dass ich dieser Hochzeit fernbleibe«, giftete Martha Keller.

Luise zuckte nur die Achseln und ging in ihr Zimmer.

Die Trauung war für 14.00 Uhr in der Pfarrkirche angesetzt, und das junge Paar erlebte bei seiner Ankunft eine Überraschung: Das Gotteshaus war fast voll. Auch wenn ihre Verwandtschaft und der Freundeskreis, die auch zu der Feier eingeladen waren, nur klein war, das Lehrerkollegium hatte es sich nicht nehmen lassen, in großer Anzahl zu erscheinen, und mochten auch einige dabei sein, die nur die Neugier hergetrieben hatte, so war es doch ein Zeichen, wie beliebt der freundliche und bescheidene Assessor und die langjährige Sekretärin in der Schule waren.

Aber nicht nur Lehrer vom Ludwig-Gymnasium waren gekommen, auch viele Schüler bevölkerten die Kirche, insbesondere aus den Klassen, in denen Franz-Josef unterrichtete – aber auch einige andere, denn diese Liebesgeschichte zwischen dem Lehrer und der Schulsekretärin hatte in der Schule für viel Gesprächsstoff gesorgt, und es gab wohl auch unter den halbstarken Gymnasiasten genügend romantisch veranlagte Seelen, die das Happy End nicht verpassen wollten, wenn sie es schon einmal im richtigen Leben anstatt auf der Kinoleinwand sehen konnten.

Noch als die beiden vor dem Altar knieten und sich ihr Jawort gaben, waren sie der Meinung, weder Martha Keller noch Dora Krautwald seien unter den Festgästen. Wie überrascht waren sie daher, als sie sich nach der heiligen Handlung umdrehten, um Arm in Arm das Gotteshaus zu verlassen: Da standen sie, die beiden Mütter, einträchtig nebeneinander in der ersten Bank, wie sich das gehörte. Jede hatte ihr bestes Gewand angelegt, jede hielt ein weißes Taschentuch in der Hand und tupfte sich die Augen ab.

Hocherfreut stellte Luise der Mutter ihren Bräutigam vor, als sie vor der Kirche endlich zusammentrafen. Und dieser machte Luise wiederum mit seiner Mutter bekannt. Wie sich herausstellte, hatten sich die beiden Damen bereits vor dem Betreten der Kirche miteinander verständigt, sodass es überflüssig war, sie noch einander vorzustellen.

Im letzten Moment vor Beginn der Brautmesse, erfuhren sie später von Hilde, hatten die Mütter von Braut und Bräutigam die Kirche betreten. Als sie gemeinsam hocherhobenen Hauptes durch den Mittelgang geschritten waren, um sich in die erste Bank zu begeben, hatten die Mitglieder der Familie Krautwald das mit Spannung verfolgt. Nur das Brautpaar, das mit dem Rücken zum Kirchenschiff kniete, hatte von allem nichts mitbekommen.

Mit welchen Vorsätzen Luises Mutter gekommen war, würde wohl auf ewig ihr Geheimnis bleiben. Auf jeden Fall machte sie gute Miene zu diesem Spiel, das sie nicht hatte verhindern können. Es war wohl die Neugier, die sie am Ende doch noch hergetrieben hatte. Dass sie einen fast fertigen Studienrat zum Schwiegersohn bekam, dessen Brüder ebenfalls studierte Leute waren, schien jedenfalls Eindruck auf sie zu machen. Mit der Schwiegermutter ihrer Tochter versuchte sie sogar, sich auf guten Fuß zu stellen. Immerhin war Dora Krautwald die Witwe eines höheren Beamten, wogegen sie nur die Witwe eines einfachen Postbediensteten war.

Mutter Krautwald zeigte sich ebenfalls allen Festteilnehmern gegenüber von ihrer besten Seite. Sie brachte sogar – da beide Väter nicht mehr lebten – einen Toast auf das junge Paar aus, nannte Franz-Josef »meinen lieben Jungen« und Luise »eine entzückende Braut«.

Als Dietrich nach dem Abendessen ankündigte: »Die ›Hochzeitskutsche‹ steht bereit«, ließen die Brautleute sich das nicht zweimal sagen. Sie erhoben sich, umarmten jeden zum Abschied und folgten Franz-Josefs Bruder zum Auto.

Vor dem Haus, in dem sie sich ihr Nest gebaut hatten, ließ er das junge Paar aussteigen und wünschte mit süffisantem Grinsen eine angenehme Nachtruhe. Wie es sich gehörte, trug der Herr Assessor seine Braut über die Schwelle der neuen Wohnung, und dann versank die Welt um sie herum.

Wie lange schien Luise die Hochzeit inzwischen her zu sein. Auch die erste Zeit ihres ehelichen Lebens war ja längst dabei, im Nebel der Vergangenheit zu versinken, obwohl sie noch kein volles Jahr zurücklag. Seit sie den kleinen Thomas zu versorgen hatte, war alles so anders geworden … Sie hätte nicht einmal so genau sagen können, ob sie der ersten verliebten Zeit, als das Kind noch nicht geboren war, vielleicht doch ein wenig hinterhertrauerte; dazu kam sie ja gar nicht, denn das Kind und den Haushalt zu versorgen, nahm ihre ganze Zeit in Anspruch.

Ob sie den Rat und die Hilfe ihrer Mutter wirklich vermisste, da war sie sich auch nicht so sicher. Martha Keller wäre ihr vermutlich keine große Hilfe gewesen. Eher hätte sie noch versucht, Luise nebenbei für Hilfeleistungen in Anspruch zu nehmen. Immerhin musste sie sich nun zum ersten Mal in ihrem Leben wirklich um alle ihre Angelegenheiten selbst kümmern, und das fiel ihr sicher auch nicht ganz leicht.

Doch trotz allem – der Familienfriede musste endlich wiederhergestellt werden. Das dauernde Schweigen ihrer Mutter bedrückte Luise, und Franz-Josef erging es mit seiner Mutter genauso.

Bei der Taufe geschah dann tatsächlich dasselbe wie bei der Hochzeit: Beide Großmütter brachten es am Ende doch nicht fertig, diesem bedeutenden Ereignis fernzubleiben. Gerade, als Franz-Josef und Luise im Begriff waren, sich mit dem Täufling zur Kirche zu begeben, standen die beiden Damen japsend vor der Tür, und im ersten Moment dachte Luise sogar, sie hätten diesen Auftritt miteinander abgesprochen. Doch die beiden waren, aus entgegengesetzten Richtungen kommend, tatsächlich erst an der Haustüre aufeinandergetroffen. Den Rest des Weges hatten sie plaudernd wie zwei alte Freundinnen gemeinsam zurückgelegt, und so war ihnen die Puste ausgegangen, als sie im vierten Stock angelangt waren.

Ergriffen wohnten alle der kleinen Zeremonie in der Pfarrkirche bei. Dietrich – nun also: Onkel Dietrich – hielt das Kind, dem der Name Thomas Dietrich gegeben wurde, würdig die Taufe über auf seinem Arm. Als das Wasser die Stirn des bis dahin friedlichen Täuflings netzte, schrie er aus Leibeskräften los. So konnten sich alle von seiner leistungsfähigen Lunge überzeugen. Nachdem Luise noch den Muttersegen bekommen hatte, begab sich der kleine Trupp – der junge Vater voran, neben ihm Luise, den Kinderwagen schiebend – wieder nach Hause.

Kaum war man dort angelangt, wetteiferten die beiden alten Damen darin, welche von ihnen als die bessere Großmutter gelten durfte. Jede hatte für den Täufling eine blaue Strampelhose und eine Rassel mitgebracht. Abwechselnd nahmen sie den Säugling auf den Arm und redeten die üblichen Albernheiten auf ihn ein, und der Mutter überließen sie ihn nur widerstrebend, als er sich zu seiner nächsten Mahlzeit meldete. Beim anschließenden Frischmachen entbrannte geradezu ein kleiner Streit, welche der beiden alten Damen nun zeigen durfte, dass sie das Wickeln noch nicht verlernt hatte. Franz-Josef fällte ein salomonisches Urteil: Seine Mutter durfte das Kind auspacken, und die Schwiegermutter durfte es wieder einpacken.

Luise lächelte zu dem Ganzen, im Stillen denkend: Solch fachkundige Hilfe hätte ich bei meiner Heimkehr vom Krankenhaus eigentlich schon gebrauchen können.

Sie selbst als Gastgeberin kam kaum einmal dazu, sich hinzusetzen und in Ruhe ihren Kaffee zu genießen. Für die häusliche Feier hatte sie einen Kuchen gebacken, dem so eifrig zugesprochen wurde, dass kein Krümel übrig blieb. Als sie das Kaffeegeschirr abgeräumt und in die Küche getragen hatte, huschte ihre Schwiegermutter in den Raum. Luise blickte überrascht und erfreut auf: Wollte sie ihr etwa beim Abwasch helfen? Da geschah es, dass diese zum ersten Mal in ihrem Leben das Wort an ihre Schwiegertochter richtete.

»Du bist also diejenige, die meinen Sohn vom richtigen Weg abgebracht hat«, stellte sie fest, während ihr Blick von oben bis unten an Luise herunterglitt.

Die junge Frau schnappte nach Luft, völlig überrumpelt von diesem unerwarteten und ungerechten Vorwurf. »Wie kannst du so etwas behaupten?«, fragte sie empört. »Als ich Franz-Josef begegnet bin, war er bereits seit Jahren nicht mehr im Kloster.«

»Das tut nichts zur Sache«, beharrte die alte Dame. »Nach Verlassen des Ordens hat er noch immer zölibatär gelebt. Ich bin überzeugt davon, wenn du ihm nicht in den Weg gelaufen wärst, wäre er über kurz oder lang reumütig ins Kloster zurückgekehrt, dorthin, wo er in Wirklichkeit hingehört. Als Spätberufener hätte er da wieder anknüpfen können, wo er seine Laufbahn unterbrochen hatte.«

Luise drehte sich auf dem Absatz um und verließ die Küche samt ihrer Schwiegermutter und dem ungespülten Geschirr. Mit letzter Kraft stand sie die bald darauf einsetzende Verabschiedungsszene durch, doch kaum war die Tür hinter dem letzten Gast ins Schloss gefallen, warf sie sich schluchzend an die Brust ihres Mannes, der von dem Wortwechsel in der Küche gar nichts mitbekommen hatte und aus allen Wolken fiel, als er davon hörte.

Trotz allem schrieb man weiterhin zu allen Festlichkeiten Briefe an die beiderseitigen Mütter, berichtete darin von den Fortschritten des Enkels, obwohl auf keinen dieser Briefe eine Antwort folgte und auch Einladungen, sie zu besuchen, ohne Reaktion blieben.

Die Geburtstage des Enkels waren die einzigen Gelegenheiten, zu denen sich beide Großmütter regelmäßig einfanden, um sich gegenseitig mit prachtvollen Geschenken zu überbieten: Die eine brachte dann etwa einen riesigen Teddybären mit, die andere ein imposantes, batteriebetriebenes Feuerwehrauto. Auf den kleinen Burschen machten diese seltenen Besuche einen so großen Eindruck, dass er gar nicht wusste, welche Oma er lieber haben sollte.

»Wenn sie schon von ihren eigenen Kindern nichts mehr wissen wollten, so ist es doch schön, dass sie wenigstens Verbindung zu ihrem Enkel suchen«, stellte Franz-Josef fest.

Die Zeit schien wie im Flug vergangen zu sein, als Thomas drei Jahre alt wurde und Dora Krautwald zum ersten Mal den Vorschlag machte, der Junge könne doch ein paar Tage bei ihr in Fürstenfeldbruck verbringen. Weil sie den Kleinen zuerst fragte und er daraufhin begeistert nickte, konnte man ihr das kaum noch abschlagen. Da wollte auch Martha Keller nicht mehr zurückstehen und reklamierte ebenfalls ihre großmütterlichen Rechte.

In der Folgezeit holte immer wieder eine der Omas das Kind für ein paar Tage zu sich oder sie ließ es sich bringen. Das war dem jungen Ehepaar nicht unangenehm. Es genoss diese Tage wie einen Urlaub und konnte sich endlich wieder mehr seiner Zweisamkeit hingeben. In dieser Zeit war es auch, dass die jungen Eltern darüber nachdachten, an dem geplanten Schwesterchen für Thomas zu arbeiten. Immerhin war Franz-Josef längst Studienrat geworden, und mit seinem jetzigen Einkommen hätten sie sich ein weiteres Kind leisten können, auch wenn dann ein Umzug in eine größere Wohnung endgültig unumgänglich geworden wäre, und die Zeit hatte die Erinnerung an die Schrecken der Zwillingsgeburt bei Luise längst verblassen lassen. Doch es stellte sich keine Schwangerschaft mehr ein. Anscheinend hatte sich Luises Körper durch die Geburt der Zwillinge so verausgabt, dass er fortan streikte. An ihrem vierzigsten Geburtstag war es, dass sie einsahen, es werde wohl kein zweites Kind mehr geben.

›Auch gut!‹, dachte Luise, insgeheim trotz allem auch ein wenig erleichtert. ›So kann alles im vorgegebenen Gleis weiterlaufen. Wir brauchen uns nicht nach einer größeren Wohnung umzusehen, und es bleibt uns eine Menge Unruhe erspart.‹

Die Erstkommunion ihres einzigen Kindes wollten die Krautwalds selbstverständlich gebührend feiern, und das bedeutete, dass man die ganze Sippe einlud. Weil das den Rahmen der kleinen Wohnung gesprengt hätte, ließ man sich rechtzeitig einen kleinen Saal in einem Restaurant reservieren. Schließlich war Studienrat

Krautwald mittlerweile in einer Gehaltsklasse, die ihm das erlaubte. Sogar die beiden Großmütter hatten für dieses Fest frühzeitig zugesagt. Um einen neuen Eklat mit der Schwiegermutter zu vermeiden, achtete Luise aber peinlich darauf, niemals mit ihr allein zu sein. So verlief der Tag in schönster Harmonie.

Am späten Abend saßen Luise und Franz-Josef noch in ihrem Wohnzimmer zusammen und ließen den Tag Revue passieren. Dabei kam man zwangsläufig auf die Wohnsituation zu sprechen. Dieses Thema hatten sie jahrelang vermieden. War es Bequemlichkeit gewesen oder Gewohnheit, dass sie keine weiteren Schritte unternommen hatten? Auf die Wohnungsnot konnten sie es jedenfalls nicht mehr schieben. In und um München war eifrig gebaut worden, sodass man längst eine größere Wohnung hätte finden können.

Thomas schlief immer noch gemeinsam mit seinen Eltern in einem Raum, und auch wenn sein »Reich« durch entsprechende Möblierung ein wenig abgetrennt war: Das war in seinem Alter eigentlich kein Zustand mehr. Ob sie nun vielleicht doch endlich nach einer anderen Wohnung suchen sollten?

Franz-Josef erbot sich, bei einem Makler vorzusprechen, dessen Büro an seinem Schulweg lag, und sich von ihm über neue Angebote auf dem Laufenden halten zu lassen, während Luise die Wohnungsangebote in der Zeitung studieren sollte. Dass dieses Vorgehen auch nach Monaten noch keinen Erfolg gebracht hatte, lag wohl daran, dass beide ihre Suche nur halbherzig betrieben. Denn wie vieles hätten sie aufzugeben, was ihnen lieb und teuer geworden war! Wie hätte Franz-Josef beispielsweise sein Refugium für den Nachmittag behalten können, wenn sie erst eine größere Wohnung hatten? Luise wiederum konnte sich nicht mit der Vorstellung anfreunden, in eine andere Gegend zu ziehen. Hier, wo sie nun schon seit zehn Jahren wohnten, war ihr alles vertraut, der Metzger, der Bäcker, der Tante-Emma-Laden. Außerdem hatte sie Nachbarinnen, mit denen sie sich gut verstand. Ab und an hielt man einen Plausch im Treppenhaus oder man traf sich reihum zum Kaffeeklatsch. Da ihr Mann so viel außer Haus war und der Junge lieber draußen im Freien oder bei seinen Freunden spielte als bei ihr in der engen Wohnung, hatte sie sich längst ihre eigenen kleinen Alltagsfreuden geschaffen, von denen sich zu trennen ihr nicht leichtgefallen wäre.

Die gutnachbarschaftlichen Beziehungen waren es, die dann aber auch die Lösung brachten.

»Franz-Josef, stell dir vor, in drei Monaten wird eine Mansarde hier im Haus frei«, empfing sie ihren Mann eines Abends, ohne sich lange mit einer Begrüßung aufzuhalten.

Er blickte verständnislos. »Ja und?«, fragte er, während er Hut und Mantel ablegte. »Ist das für uns denn ein Grund zur Begeisterung?«

»Aber Franz-Josef, sei doch nicht so schwerfällig!«, rief sie aus. »Die Mansarde können wir doch als Kinderzimmer für Thomas anmieten.«

Da endlich fiel beim Herrn Studienrat der Groschen, und die Vorteile dieser Idee erkannte auch er sofort. Also griff er sie sofort und begeistert auf.

Es war eine Zeit, in der sich noch andere Dinge im Alltag der Familie Krautwald veränderten: Nun, da klar war, dass sie in der Wohnung bleiben würden, beantragten sie endlich einen Telefonanschluss. Auch die lange diskutierte Anschaffung eines Autos stand nun auf dem Programm, denn da kein teurer Umzug bezahlt werden musste, konnten sie sich das leicht leisten. Also legte der Herr Studienrat die Fahrprüfung ab, und ein gebrauchter Opel Rekord wurde angeschafft.

Nicht lange, nachdem man das Zimmer für Thomas eingerichtet hatte, stand bei ihm auch das Ende der Grundschulzeit an. Seine Klassenlehrerin bezeichnete ihn zwar als intelligent, sprach aber eine Empfehlung fürs Gymnasium nur zögernd aus, denn sie fand, dass er für sein Alter noch sehr verspielt sei. »Wenn Thomas in der höheren Schule mitkommen will, muss er mehr Eifer an den Tag legen und konzentrierter mitarbeiten!«, so lautete ihr Fazit.

Studienrat Krautwald war sicher, das bewerkstelligen zu können. Immerhin beabsichtigte er ja, den Jungen in der Schule anzumelden, in der er selbst unterrichtete und wo er ein Auge auf seine Fortschritte haben konnte.

Anfangs lief das alles recht gut. Dann mehrten sich bei Franz-Josef die Klagen seiner Kollegen über seinen Sohn: Er störe den Unterricht, er sei nachlässig bei den Hausaufgaben, er zeige nicht den nötigen Lerneifer und er sei oft in Prügeleien auf dem Schulhof verwickelt. Der Herr Studienrat verdoppelte daheim seinen Eifer und nahm seinen Sohn ein paar Wochen lang sogar einmal in der Woche mit in sein geheiligtes Refugium, um dort mit ihm zu lernen. Auch seine Frau gab sich alle Mühe, dem Jungen bei seinen Hausaufgaben zu helfen, obwohl sie dabei nicht selten merkte, wie viele Lücken ihre eigene Schulbildung in den Kriegs- und Nachkriegsjahren doch gelassen hatte. Immerhin, es gab genug, was sie dennoch tun konnte. Beim Abfragen der Englischvokabeln kamen ihr sogar nostalgische Erinnerungen an die Zeit, als sie sich heimlich mit ihrem Mann treffen und dafür einen Englischkurs vortäuschen musste …

Doch trotz aller Bemühungen besserte es sich mit Thomas nicht, und so zog sein Vater schon nach zwei Jahren von sich aus die Konsequenzen: Er schickte den Sohn auf ein anderes Gymnasium. In der neuen Schule wurde Thomas nicht wesentlich besser, obwohl beide Elternteile weiterhin regelmäßig mit ihm lernten. Aber das störte den Vater nicht mehr ganz so sehr, weil er selbst dort kein Ansehen zu verlieren hatte.

Die Schülergeneration, mit der er es jetzt zu tun hatte, erschien ihm ganz anders als die Klassen, die er in seiner Anfangszeit unterrichtet hatte. Frech und aufsässig waren die Kinder seiner Meinung nach geworden, alle miteinander. Sie trugen keine ordentliche Kleidung mehr, sondern alle liefen in diesen blauen Arbeitshosen herum, trugen die Haare lang und kauten im Unterricht Kaugummi, egal, wie häufig man es ihnen verboten hatte. Es war, so fand er, kein Wunder, wenn auch die beste Erziehung nicht gegen solche Einflüsse von außen ankommen konnte.

In dieser Zeit war es, dass der Junge seiner Mutter gegenüber äußerte, er wolle in Zukunft seine Ferien nicht mehr bei Oma Krautwald verbringen.

»Die Oma ist so komisch geworden«, beschwerte er sich. »Ständig muss ich mit ihr in die Kirche rennen.

Jeden Abend muss ich mit ihr den Rosenkranz beten. Nie darf ich fernsehen. Entweder muss ich in der Bibel lesen oder in einem anderen frommen Buch, und wenn ich nicht selbst lesen will, dann liest sie mir daraus vor.«

Luise war betroffen darüber, wie sehr diese Schilderung dem ähnelte, was Franz-Josef über seine Kindheit erzählt hatte.

»Davon habe ich gar nichts gewusst«, gestand sie. »Ich habe immer gedacht, es gefällt dir bei der Oma.«

»Kein bisschen.«

»Aber früher bist du doch gern zu ihr gegangen. Du hast jeden Tag gefragt, wann du wieder einmal hindarfst.«

»Jetzt nicht mehr. Sie ist so komisch geworden.«

Luise dachte nach. »Und wie lange ist sie schon komisch zu dir?«

Thomas runzelte die Stirn und schien über diese Frage nachzudenken.

»Ich weiß nicht!«, sagte er endlich. »Vielleicht war sie ja schon immer so, wenigstens ein bisschen, aber früher war ich ja noch klein und habe mir nichts dabei gedacht. Jetzt geht es mir aber auf den Wecker, dass sie immer davon redet, ich müsse es anstreben, ein Heiliger zu werden. Das könne ich am besten, wenn ich Pfarrer würde. Darüber würden sich Gott und mein Großvater im Himmel sehr freuen.«

Luise musste sich zusammenreißen, um dem Kind nicht zu deutlich zu zeigen, wie entsetzt sie über diese Enthüllung war. Laut sagte sie nur: »Nein, Thomas, wenn dir das nicht gefällt, dann brauchst du auch nicht mehr hinzugehen.«

Der Junge war überrascht, dass seine Mutter so verständnisvoll reagiert hatte, und so risikierte er es, gleich nachzuschieben: »Zu der anderen Oma will ich auch nicht mehr. Die will, dass ich immer bei ihr sitze und mich mit ihr unterhalte. Wenn es hoch kommt, spielt sie mal »Mensch ärgere dich nicht« mit mir oder »Memory«. Dabei würde ich so gern auch mal raus zum Fußballplatz. Der Chris aus meiner Klasse wohnt dort nämlich ganz in der Nähe, aber zu dem darf ich auch nicht gehen.«

Luise oblag die heikle Aufgabe, beiden Großmüttern diplomatisch mitzuteilen, dass der Enkel in den Ferien nicht zu ihnen kommen werde. Sie entschied sich, beiden zu schreiben, dass er einen Teil der Ferien brauche, um seine Wissenslücken zu füllen, und den anderen Teil mit Gleichaltrigen in einem Feriencamp verbringen wolle, und sie fügte hinzu, dass sie den letzteren Wunsch besonders berechtigt finde, da er ja leider keine Geschwister habe. Als Mutter müsse sie es deshalb unterstützen, wenn er möglichst viel mit anderen Kindern zusammen sein wolle.

Von beiden Seiten erreichten sie Briefe mit geharnischten Vorwürfen. Da sie an Kummer dieser Art gewöhnt war, zuckte sie aber nur die Achseln, legte die Schreiben in die Schublade und wandte sich wichtigeren Aufgaben zu.

Kapitel 3

Das Glück auf dem Gumperhof war mit der Geburt des ersehnten Erben und Hofnachfolgers vollkommen. Blasius Moosberger konnte nicht umhin, jedem, den er im Dorf traf, von seinen neuen Vaterfreuden zu berichten. Im Gasthaus gab er Runde um Runde aus, um die Ankunft des Stammhalters gebührend zu feiern. Auch Zenta erlebte ein ganz neues Selbstwertgefühl. Von ihrer Schwiegermutter brauchte sie sich keine Hetzreden und keine Schmähungen mehr anzuhören. Und sonntags konnte sie stolz erhobenen Hauptes in die Kirche gehen.

Die Taufe des kleinen Blasius wurde für vier Wochen nach seiner Geburt angesetzt. Das sollte ein Fest werden! Nicht nur für die zahlreiche Verwandtschaft, nein, das ganze Dorf sollte daran teilnehmen. Man ließ eigens den größten Saal des Gasthauses für diesen Tag reservieren.

Pater Severin, Onkel vom alten Blasius, jüngster und noch einzig lebender Bruder seines Vaters, der in einem Benediktinerkloster lebte, wurde eigens herzitiert. Wenn man schon einen Geistlichen in der Familie hatte, so sollte der die Taufe vornehmen. Man würde es doch keinem Fremden überlassen, den Erben des traditionsreichen Gumperhofes zu taufen. Selbstverständlich lud man auch Aloisia Gaßlmaier zu dem Fest ein. Ihr, so glaubte man, war es in erster Linie zu danken, dass der Gumperhof doch noch zu einem männlichen Erben gekommen war.

»Mir schuldet ihr keinen Dank«, wehrte sie bescheiden ab, als der Moosberger die Einladung in ihrem Haus persönlich aussprach, nicht ohne ihr eine große Flasche vom selbst gebrannten Obstler zu überreichen. »Beim Herrgott müsst ihr euch bedanken. Der allein hat es zu eurem Wohle gelenkt.«

»Ohne dem Herrgott den gebührenden Dank schuldig zu bleiben: Wenn du ihn nicht dabei unterstützt hättest, wer weiß, wie das sonst noch ausgegangen wäre!«, widersprach der Bauer. »Ehre, wem Ehre gebührt, Aloisia!«

Die Hebamme rang sich ein schiefes Lächeln ab. »Wenn überhaupt, dann war ich sein Werkzeug, mehr nicht. Aber vielen Dank für die Flasche. Die wird mich im nächsten Winter wärmen, wenn ich wieder mal nachts raus muss. Für die Einladung danke ich ganz besonders. Es ist mir eine Ehre, sie anzunehmen … falls mir nicht ein kleiner Erdenbürger dazwischenkommt«, schränkte sie ein. »Du weißt selbst, Blasi, wie unberechenbar die sind.«

Es war ihr sehr schwergefallen, diese Worte leichthin zu formulieren, denn natürlich kam es für sie gar nicht in Frage, an der Taufe teilzunehmen. Überall die strahlenden Gesichter, die Fragen, die Glückwünsche, die auf sie zukommen würden – im Bewusstsein dessen, was sie getan hatte, konnte sie das einfach nicht ertragen. Um dem zu entgehen, übernahm sie an dem Tag der Taufe für ihre Kollegin im Krankenhaus den Bereitschaftsdienst.

Das erwies sich jedoch als eine Taktik, mit der sie vom Regen in die Traufe kam, denn an diesem Sonntag wurde sie tatsächlich zu einer Entbindung gerufen – ihr erster Einsatz dort nach der schicksalsschweren Zwillingsgeburt. Wohl hatte sie in der Zwischenzeit in einigen Bauernhäusern Müttern in ihrer schweren Stunde beigestanden. Das hatte ihr aber nichts ausgemacht; es waren unkomplizierte Routinefälle gewesen. Aber hier, da sie an die Stätte ihrer betrügerischen Tat zurückkehrte, brach die ganze Situation wieder über sie herein. Ein Zittern befiel sie, der kalte Schweiß brach ihr aus, ihre Knie schlotterten. Einen Moment befürchtete sie sogar, sie werde nicht imstande sein, die Entbindung zu leiten. »Reiß dich zusammen!«, ermahnte sie sich selbst, denn wer hätte denn ihre Aufgaben sonst übernehmen sollen?

Das Bewusstsein der Notwendigkeit half ihr dabei, sich auf die Erfahrung zu stützen, die ein langes Arbeitsleben ihr beschert hatte. Das beklemmende Gefühl, jeden Moment könne eine zweite Schwangere auftauchen und sie vor neue Probleme stellen, machte sie aber dennoch während der ganzen Zeit fahrig und schreckhaft. Erst als es bei der Kreißenden in die Endphase ging, als die Presswehen einsetzten, kam die alte Sicherheit wieder. Glücklich hielt sie das neue zappelnde und quäkende Menschlein in ihren Händen und legte es der strahlenden Mutter in den Arm. Gleich danach überfiel sie jedoch wieder die vorherige Unsicherheit. Beim Entsorgen der Nachgeburt, beim Versorgen des Kindes, beim Ausfüllen der Papiere war sie wieder zerstreut und schreckhaft.

Sie dankte dem Himmel, als sie endlich wieder auf der Landstraße war. Aber auch das Autofahren belastete sie mehr als je zuvor in ihrem Leben, und schwere Selbstvorwürfe quälten sie, als sie sich Rechenschaft ablegte über ihre Tat und deren Folgen.

Sicher, auf dem Gumperhof waren alle überglücklich, und die Vorstellung, wie es jetzt dort wäre, wenn die Bäuerin nach ihrer Totgeburt wieder heimgekommen wäre, wollte sie sich lieber nicht ausmalen. Wenn es danach ging, dann hatte sie genau das Richtige getan. Dennoch aber spürte sie nur allzu genau, dass ihre Tat verwerflich gewesen war. Hatte sie denn auch nur eine ruhige Stunde seither gehabt? Ein Gewissen ließ sich eben nicht mit billigen Ausreden betrügen. Und doch konnte sie nicht mehr ungeschehen machen, was sie getan hatte, ohne alles noch viel schlimmer zu machen, als es ohne ihr Eingreifen gewesen wäre.

Aber in diesem Fall musste sie sobald wie möglich fort von hier. Sie konnte einfach niemandem mehr in die Augen schauen. Und ihrer Arbeit konnte sie auch nicht weiter nachgehen, das hatte sie heute ganz genau gespürt.

Ganz war Aloisia noch nicht am Ruhestandsalter angelangt, aber gar so weit war sie auch nicht mehr davon entfernt. Sicher ließ es sich irgendwie bewerkstelligen, vorzeitig in Rente zu gehen, wenn sie gesundheitliche Probleme geltend machte. Sie beschloss, so rasch wie möglich mit Doktor Fischer zu sprechen.

Nach den Tauffeierlichkeiten zog allmählich wieder die Normalität auf dem Gumperhof ein. Schließlich ging es auf das Frühjahr zu, der Schnee war weitgehend geschmolzen, und ein Haufen Arbeit stand an. Und so nahm das Leben seinen gewohnten Gang im Rhythmus der Jahreszeiten, in dem der kleine Blasius aufwuchs und prächtig gedieh. Als seine Schulzeit gekommen war, lernte er so gut und fleißig, dass es für Lehrer und Eltern eine wahre Freude war, und als er in der vierten Klasse war, bestellte der Lehrer die Eltern Moosberger zu sich, um ihnen dringend zu empfehlen, den begabten Jungen aufs Gymnasium zu schicken.

Davon wollte der Vater zunächst nichts wissen. »Wozu?«, fragte er. »Er soll doch den Hof erben und Landwirt werden.«

Der erfahrene Pädagoge, der den Umgang mit Bauern gewöhnt war, fand die richtigen Worte: »Klar, Moosberger, natürlich soll er das. Aber es wäre eine Sünde und eine Schande, wenn du deinem Sohn die Bildung verweigern würdest, die er von seiner Intelligenz her braucht. Dass er intelligent ist, reicht alleine nicht; er kann damit nur etwas anfangen, wenn er lernt, seinen Verstand richtig zu gebrauchen. Dein Bub ist außerordentlich gescheit; ich glaube, in meiner ganzen Zeit hier im Dorf habe ich kein so aufgewecktes Kerlchen erlebt. Du kannst wirklich stolz auf ihn sein!«

Blasius Moosberger schien in seinem Stuhl um einige Zentimeter zu wachsen und bemühte sich vergeblich, das Lob in gebührender Bescheidenheit entgegenzunehmen.

»Gerade in der heutigen Zeit brauchen doch auch die künftigen Bauern mehr als das, was ihre Eltern ihnen beibringen können«, fuhr der Lehrer fort und rückte seine Brille zurecht. »Das weißt du doch selber, Moosberger. Es genügt nicht mehr, wenn einer gut pflügen und den Stall ausmisten kann. Heute muss ein Landwirt auch rechnen können und wissen, wie man ein Schriftstück aufsetzt. Der Bauer, der heute nicht gleichzeitig ein guter Geschäftsmann ist, sich nicht mit Biologie und Chemie und Buchführung auskennt, der hat es doch immer schwerer. Und das eine kannst du mir glauben: Es wird noch schwieriger werden in Zukunft!«

»Na, ja, wenn er solche Sachen lernt, ist das ja auch in Ordnung«, räumte der Gumperbauer ein. »Aber wozu soll er sich den Kopf vollpauken mit Fremdsprachen und Geografie und wie das Zeugs alles heißt?«

»Eine gute Allgemeinbildung schadet niemandem!«, wurde er belehrt. »Es gibt jetzt ja nicht nur schon Diplomlandwirte, sondern sogar Landwirte mit Doktortitel. Die machen aus einem normalen Bauernbetrieb ein Mustergut, züchten neue Fruchtsorten, widerstandsfähigere Tierrassen, und sie bilden Lehrlinge aus. Und wenn du mich fragst: Solchen Leuten gehört in der Landwirtschaft die Zukunft, und diejenigen, die auf dem Stand von 1950 stehen bleiben, die werden ihre Höfe verkaufen müssen, weil es sich für sie nicht mehr rentiert.«

Damit hatte er bei Blasius den richtigen Ton getroffen, denn natürlich war für ihn das Allervordringlichste, dass sein Hof zu denen gehörte, die auch in Zukunft weiterbestehen und gedeihen würden. Die Veränderungen waren ja auch an ihm nicht spurlos vorbeigegangen. Er selbst hatte schon einiges modernisiert, wenn es ihm gleichzeitig auch wehtat, dass dabei so viel von der Tradition auf der Strecke geblieben war.

Wo waren sie denn alle hin, die zahlreichen Bediensteten, die früher auf jedem Bauernhof üblich gewesen waren? Auch auf seinem Hof waren außer der Vroni alle fort. In die Fabriken waren sie gegangen, weil man dort mehr verdienen konnte. Er selbst war besser dran als so mancher andere mit seinen für die heutigen Zeiten unüblich vielen Kindern, die bei der Arbeit mithelfen konnten. So konnte er es sich leisten, mit Bedacht zu modernisieren und sich nicht, wie mancher andere, für die Anschaffung von modernen arbeitssparenden Geräten bis an den Hemdkragen zu verschulden.

Aber längst waren ja auch die Tage gezählt, in denen er so weiterwirtschaften konnte. Seine Älteste, die Leni, war inzwischen verheiratet, und bei der zweiten zeichnete sich auch schon eine Verlobung in nächster Zeit ab. Eines nach dem anderen würden seine Kinder aus dem Haus gehen, wie es Gott eben für den Menschen vorgesehen hatte; neu war nur, dass es beide Mädchen in die Stadt gezogen hatte.

Freilich, heutzutage wurden die guten Partien unter den Bauern spärlich; es wurden ja ständig Höfe aufgegeben. Wenn seine sechs Töchter alle einmal aus dem Haus waren, dann stand er genauso da wie alle anderen Bauern im Dorf – es sei denn natürlich, er hatte einen studierten Sohn, der besser als andere wusste, wie man mit den neuen Zeiten zurechtkommen konnte.

Ja, auf den Sohn, den er am Ende doch noch zustande gebracht hatte, konnte er wirklich stolz sein! Vielleicht hatte es ja deswegen so lange mit ihm dauern müssen, damit am Ende ein solches Ergebnis dabei herauskam?

»Wie wird man denn ein Doktor in der Landwirtschaft?«, erkundigte sich die Bäuerin, die lieber praktisch dachte, anstatt in Träumereien über eine rosige Zukunft zu schwelgen. »In der Stadt kann man so was doch kaum lernen ...?«

Der Lehrer erzählte den Moosbergers nun, dass vor einigen Jahren in Freising auf dem Weihenstephaner Berg eine Fachhochschule für Landwirtschaft entstanden sei. Dahin habe es der Blasi also gar nicht gar so weit, um nach Beendigung seiner Schulzeit einem Studium nachzugehen. Freilich, um den Besuch eines Gymnasiums in der Stadt kam er dazwischen nicht herum. Das war schließlich die Voraussetzung für jedes Studium.

Knurrend gab der Alte schließlich seine Einwilligung für den Schulwechsel; trotz mancher Bedenken überwog für ihn das Gefühl, damit das Beste für den Fortbestand seines Hofes zu tun. Seine Frau, die während des ganzen Gespräches schweigend dabeigesessen hatte, nickte zustimmend, aus voller Überzeugung.

So wurde denn der junge Blasius Moosberger in einem Münchener Gymnasium angemeldet. Da der Schulweg für ihn zu zeitraubend und zu beschwerlich gewesen wäre, zumal im Winter, durfte er während der Schulzeit bei seiner ältesten Schwester wohnen, die vor einigen Jahren nach München geheiratet hatte.

»Wir sollten nun endlich ein Telefon beantragen«, schlug die Bäuerin vor. »Die Leni hat ja auch schon eines. Dann könnten wir manchmal dort anrufen und hören, wie es dem Blasi geht.«

Doch der Bauer wollte nichts davon wissen. »Soll er halt einmal in der Woche einen Brief schreiben, dann wissen wir es auch, wie es ihm geht!«, lautete sein Gegenvorschlag.

Blasi kam auf dem Gymnasium gut zurecht; das Lernen fiel ihm leicht, und seine Lehrer waren mit ihm sehr zufrieden. In den Ferien kam er aber nicht nur jedes Mal mit glänzenden Zeugnissen nach Hause, sondern half die Ferienzeit über auch in der Landwirtschaft tüchtig mit.

Das freute seinen Vater, der sich doch Sorgen gemacht hatte, ob sich sein Bub in der Stadt mit all den Langhaarigen und Demonstranten nicht bis zur Unkenntlichkeit verändern würde.

»Du kannst noch zupacken, als würdest du das ganze Jahr nichts anderes machen«, sagte er an einem Abend beifällig, als sie erst spät und abgekämpft von der Heuernte heimgekommen waren. »Das Lernen hat dir also nicht das Gehirn vernebeln können, sondern du bist immer noch einer vom rechten Schlag!«

Dieses Lob aus des Vaters Mund erfüllte den Jungen einerseits mit Stolz, machte ihn andererseits aber auch verlegen. Denn der junge Blasius Moosberger, auch wenn er genau wusste, dass er einmal den Hof übernehmen sollte, hatte insgeheim ganz andere Berufswünsche. Über die konnte er aber mit niemandem reden, weder daheim, noch mit seinen Freunden in der Schule. Nur einmal, als es schon stark aufs Abitur zuging, vertraute er sich seiner Mutter an, und da schlug sie entsetzt die Hände zusammen.

»Um Gottes willen, Blasi, damit darfst du dem Vater nicht kommen. Er ist doch so glücklich, dass du sein Stammhalter und Erbe bist. Seit deiner Geburt hat er doch nur dafür gelebt, den Hof in Ordnung zu halten, damit er ihn dir eines Tages in tadellosem Zustand übergeben kann.«

»Ich weiß, Mutter. Das habe ich immer gespürt. Er hat es mir bei jeder Gelegenheit gezeigt und oft genug gesagt.«

»Na, siehst du. Da können wir ihn doch nicht so enttäuschen. Du bist nun mal unser einziger Sohn, und dass wir dich nach all der Zeit bekommen haben, ist für mich immer ein kleines Wunder gewesen. Drum denke ich auch, dass es Gottes Wille ist, dass du den Hof übernimmst. Es ist ja sonst niemand da.«

»Eva ist sehr interessiert an der Landwirtschaft und so geschickt in Feld und Stall, dass sie bestimmt eine ausgezeichnete Bäuerin abgeben würde«, wandte der Bursche ein.

»Ja, ja. Aber sie ist ein Mädchen. Und Tradition ist es doch bei uns, dass ein männlicher Nachkomme den Hof übernimmt.«

»Früher war es auch Tradition, dass man mit der Sense gemäht hat, und heute fährt der Vater mit seinem Mähdrescher übers Feld. Warum sollte sich eine Tradition denn nicht ändern lassen?«, widersprach er.

»Du hast ja recht«, seufzte die Bäuerin. »Wenn ich ehrlich bin: Mir selbst wäre es ja auch egal. Aber der Vater!«

Damit war im Grunde alles gesagt, und der innere Zwiespalt des Hoferben vom Gumperhof blieb weiter bestehen.

Kapitel 4

Mit Ach und Krach durchlief Thomas Krautwald seine Gymnasialzeit, und jedes Mal zu Schuljahresende hielten seine Eltern den Atem an, ob er die Versetzung in die nächste Klasse wohl schaffen würde. Der Stolz, den Franz-Josef in den ersten Jahren nach der Geburt seines Sohnes im Herzen getragen hatte, war längst einer gewissen Enttäuschung gewichen. Insgeheim hatte er ja trotz allem ein wenig gehofft, Thomas werde von sich aus eine Neigung zum Priesterberuf entwickeln, so wenig zeitgemäß das auch war. Und wenn nicht das, dann sollte es doch in jedem Fall ein akademischer Beruf werden. Doch mit einem schlechten Abitur würde das natürlich schwierig werden.

Je älter der Knabe wurde, desto mehr kristallisierte sich außerdem heraus, dass er ganz anderen Interessen huldigte, als seine Eltern es sich einmal vorgestellt hatten. Noch bevor er sechzehn war, bestand er darauf, den Mopedführerschein zu machen, weil angeblich jeder in der Klasse den machen dürfe. Na ja, meinten die Eltern, in dem Fall sollte er nicht hinter seinen Kameraden zurückstehen müssen.

Zu seinem sechzehnten Geburtstag erwartete er dann aber natürlich ein solches Fahrzeug als Geschenk. Dieser Wunsch wurde ihm zunächst von seinen besorgten Eltern glattweg abgeschlagen. Doch da sagte er ihnen ins Gesicht: »Wenn ihr mir keines kauft, dann kaufe ich es mir eben selbst.«

»So, so«, antwortete der Vater ironisch. »Und woher willst du das Geld dafür nehmen?«

»Ich habe schon eine ganze Menge Geld gespart, das ich von den Omas bekommen habe. Das wird zwar nicht ganz reichen, aber den Rest treibe ich schon noch irgendwoher auf, denn wenn ich mir einmal etwas in den Kopf gesetzt habe, dann mache ich das auch!«

Er wandte sich ab, und über die Schulter ergänzte er noch: »Und wenn ich das Geld irgendwo stehlen muss!«

Sie steuerten die fehlende Summe bei, denn sie waren sich bei so viel Eigensinn nicht sicher, ob er sonst am Ende wirklich einen Diebstahl begehen würde. Erst viele Jahre später verriet er ihnen, dass er in Wirklichkeit vorgehabt hatte, einen »Job« zu suchen, wie er das nannte.

Als er achtzehn war, genügte ihm das Moped nicht mehr, und er wollte den Autoführerschein machen. Anschließend borgte er sich immer wieder das Auto des Vaters für seine Spritztouren aus. Wenn der es ihm nicht gutwillig zur Verfügung stellte, klemmte sich der Sohn hinter die Mutter. Die legte dann beim Vater immer ein gutes Wort für den Sohn ein.

Dazu sein Äußeres! Sicher, die meisten jungen Leute liefen heutzutage so herum, doch Franz-Josef Krautwald konnte sich mit der Zottelmähne nicht anfreunden, die Thomas sich hatte wachsen lassen.

Es half nicht einmal, ihm vorzuhalten, dass man ihn auf diese Weise mit einem Mädchen verwechseln könne, denn inzwischen hatte bei ihm auch der Bartwuchs eingesetzt.

Der Studienrat konnte sich nicht helfen, er wusste mit seinem Sohn einfach nicht mehr viel anzufangen, ja, er empfand ihn zunehmend als eine einzige große Enttäuschung. Da alle wohlgemeinten väterlichen Ermahnungen an ihm spurlos abzugleiten schienen, resignierte er. Er vergrub sich immer mehr in sein Studierzimmer, während die Erziehung und Bildung seines Sohnes vollständig seiner Frau überlassen blieben.

Luise dagegen war weit entfernt davon, so rasch aufzugeben, obwohl auch sie über das Gebaren ihres Sprösslings oft nur noch den Kopf schütteln konnte. Ein bisschen Einfluss hatte sie immerhin auch jetzt noch auf ihn.

Obwohl sie Thomas in keinem der Schulfächer mehr beistehen konnte, schaffte sie es durch gutes Zureden und Ermahnen, dass er sich ohne Sitzenbleiben bis kurz vors Abitur durchquälte.

»Du musst aber auch einmal mit ihm reden!«, sagte sie mit leichtem Vorwurf in der Stimme zu ihrem Mann. »Das Abitur wird er hoffentlich schaffen, wenn es auch keine Glanzleistung werden wird. Aber was dann? Franz-Josef, du kannst doch nicht alles, was den Jungen betrifft, einfach mir überlassen. Ich habe als Mädchen von einem Abitur schließlich nur träumen dürfen, und ich habe keine Ahnung, was für ein Studium für ihn in Frage kommen könnte.«

Das sah der Vater ein, und er bestellte Thomas in sein Arbeitszimmer. Dort wollte er mit ihm ein Gespräch von Mann zu Mann führen.

»Thomas«, begann er seine Rede, »du stehst jetzt kurz vor dem Abitur. Es ist eine Schande, dass du bei deiner Intelligenz keine besseren Ergebnisse aufzuweisen hast.«

»Mach dir deswegen keine Sorgen, Vater«, antwortete Thomas in seiner saloppen Art. »Ich werde schon bestehen.«

»Bestehen! Als ob es damit getan wäre! Es wird höchste Zeit, dass du dich auf die Hinterbeine setzt, um noch zu retten, was zu retten ist.«

Der Junge winkte ab. »Wozu soll ich mich anstrengen? Mir reicht es, wenn ich mit einem guten Vierer davonkomme. Mehr brauche ich nicht, um das von dir so heiß ersehnte Papier in der Tasche zu haben. Und darüber kannst du noch zufrieden sein. Wenn Mama nicht wäre, hätte ich schon vor zwei Jahren die Schule abgebrochen.«

Franz-Josef rang nach Atem. »Kannst du zufrieden sein! Was soll das? Darauf kommt es doch nicht an, dass ich zufrieden bin. Es geht doch um dich, Thomas. Was willst du mit einem Vierer-Abitur studieren? Jedes halbwegs anständige Fach hat einen Numerus clausus.«

»Pah, der Numerus clausus juckt mich nicht.«

»Ja, Junge, weißt du überhaupt, was du da sagst? Die wenigen Fächer, die keinen Numerus clausus haben, sind völlig überlaufen. Die kannst du zwar studieren, aber wenn du dein Studium abgeschlossen hast, findest du nie im Leben eine Stelle.«

Thomas zuckte nur mitleidig die Schultern. »Zu dem, was ich nach der Schule vorhabe, brauche ich eigentlich noch nicht mal Abitur. Wie gesagt, das tue ich mir nur deshalb noch an, weil Mama gemeint hat, wenn ich es nicht mache, würde dich der Schlag treffen.«

Jetzt war es mit der Fassung des Studienrats vollends vorbei. In einer Lautstärke, die er noch nicht mal vor einer Klasse voller renitenter Fünfzehnjähriger zu verwenden pflegte und die sein Sohn gar nicht an ihm kannte, herrschte er ihn an: »Das ist doch die Höhe! Jahrelang investiere ich in seine Schulbildung, und jetzt will er einen Beruf ergreifen, zu dem er kein Abitur braucht! Bilde dir nur ja nicht ein, dass ich auch nur einen Pfennig von meinem sauer verdienten Geld für deine Pläne hergebe, wenn du mir so kommst!«

»Das brauchst du auch gar nicht. Ich werde arbeiten und mir mein Brot selbst verdienen«, äußerte der Sprössling mit einem Selbstbewusstsein, das den Vater noch mehr auf die Palme brachte.

»Du und arbeiten? Dass ich nicht lache! Du hast die Arbeit bestimmt nicht erfunden.«

»*Erfunden* nicht. Da hast du recht. Aber gefunden habe ich eine Arbeit, und zwar eine, die mir großen Spaß macht.«

»Ach! Und was soll das sein, wenn ich fragen darf?«

»Du darfst«, antwortete der Junge spöttisch. »Es freut mich übrigens, dass du dich zur Abwechslung auch mal für meine Belange interessierst. Sofort nach dem Abitur kann ich als Lehrling in einer Autowerkstatt anfangen.«

»In einer … Autowerkstatt?« Aus dem Munde des Studienrats klang das, als handle es sich dabei um eine Art Lasterhöhle. »Habe ich dich deshalb aufs Gymnasium geschickt? Haben wir deshalb Jahr für Jahr um deine Versetzung gezittert? Haben wir deshalb all die Mühe und Sorge in dich investiert?«

Thomas zuckte gleichgültig die Achseln. »Das war doch allein eure Idee. Ich bin ja nie gefragt worden, ob mir die Pläne überhaupt recht sind, die ihr für mich habt.«

»Dass wir dabei nur dein Wohl im Auge hatten, ist dir wohl entgangen? All die Jahre habe ich mich abgerackert, damit du eines Tages einen geachteten Beruf ergreifen kannst.«

»Das hast du doch gar nicht für mich getan, sondern ganz allein zu deinem eigenen Ruhm und zu deiner Ehre«, widersprach der Bursche. »Du wolltest mit mir angeben können: Schaut her, mein Sohn, der … Was ist es überhaupt, in das du mich drängen willst?«

Franz-Josef lief rot an, denn dieser Hieb hatte gesessen. War er am Ende genauso geworden wie seine Mutter? Wollte er einfach seinem Sohn kein eigenes Leben gönnen? Doch ein Beruf wie Automechaniker – das ging nun wirklich zu weit. Nein, es ging keineswegs um seine persönlichen Eitelkeiten. Es ging um die berufliche Zukunft seines einzigen Sohnes!

»Ich verstehe deine Aufregung nicht«, grinste Thomas völlig ungerührt. »Automechaniker ist doch ein ehrenwerter Beruf und dazu ein sehr notwendiger, und er ist außerdem gar nicht schlecht bezahlt. Wo gehst du denn hin, wenn deiner Karre etwas fehlt? Du selbst kriegst das doch nicht hin, mit deinen zwei linken Händen. Und jedes Mal, wenn du die Werkstattrechnungen bezahlst, jammerst du, als würdest du an den Bettelstab gebracht.«

»Werde nicht noch frech. Ich habe eben unser Brot und was wir sonst zum Leben brauchen mit geistiger Arbeit verdient. Und bei der Intelligenz, die dir in die Wiege gelegt worden ist, solltest du das ebenfalls tun. Eine solche Gabe in einer Autowerkstatt zu vergeuden, das ist wie Perlen vor sie Säue werfen.«

»Die Intelligenz dazu mag ich mitbekommen haben«, räumte der Sohn ein. »Aber nicht die Lust dazu. Meine Interessen liegen eben woanders. Und glaub bloß nicht, dass man in einer Autowerkstatt dumme Leute gebrauchen kann!« Ein Grinsen schlich sich über sein Gesicht. »Stell dir nur einmal vor, jeder, der intelligent ist, wird Lehrer oder Arzt oder Rechtsanwalt. Dann bleiben ja nur die Dummen übrig, um die wirklich wichtigen Dinge zu tun.«

Empört öffnete der Vater den Mund zu einem heftigen Protest gegen die Behauptung, sein Beruf sei unwichtig. Doch Thomas fuhr schon fort: »Und die Intelligenten haben dann Häuser, die über ihnen zusammenbrechen, weil die Maurer sich dumm angestellt haben, und der Fernseher funktioniert nicht, weil nur Dumme da sind, um ihn zu reparieren. Und der Wasserhahn tropft, und das Dach bleibt zerlöchert, die Verkäuferinnen geben dir alle zu wenig Wechselgeld heraus, weil sie zum Rechnen zu dumm sind – und dein Auto hat nur noch Schrottwert, weil es nicht funktioniert. Dann musst du überallhin mit dem Bus fahren. Leider funktioniert der aber auch nicht mehr. Und außerdem müsstest du um dein Leben fürchten, denn der Busfahrer ist natürlich auch zu dumm zum Fahren.«

Er lachte laut auf.

»Wie du siehst, leiste ich als intelligenter Automechaniker der Gesellschaft also einen sehr wertvollen Dienst«, schloss er ironisch. »Sei doch froh, dass ich keine Interessen habe, die mich in einen brotlosen Studiengang führen würden. Ich könnte ja auch Künstler werden wollen. Oder Musiker. Oder Pfarrer.«

Sein Vater fuhr zusammen.

»Spotte nicht über so etwas!«, befahl er streng. »Du willst doch nicht im Ernst behaupten, dass der Dienst an Gott unnütz sei.«

Thomas zuckte die Achseln. »Es wäre jedenfalls sehr bequem für mich. Unter der Woche frei haben und am Sonntag arbeiten – das ist ein Leben, an das man sich wohl gewöhnen kann.«

»Da machst du dir eine falsche Vorstellung von den Aufgaben eines Priesters, mein Sohn!« Der verhinderte Geistliche Franz-Josef war bis ins Mark davon getroffen, dass Thomas dieses wichtige Amt als eine Art Faulenzerleben abtat. »Er hat unzählige Aufgaben neben dem Abhalten des Gottesdienstes. Taufen, Eheschließungen, Begräbnisse, Krankenbesuche. Und dann gibt es natürlich auch noch die Missionare, die in fremden Ländern unter schwierigsten Bedingungen das Wort Gottes verbreiten und den Menschen damit Gutes tun.«

»Und dabei den Menschen in diesen Ländern etwas aufdrängen, das sie gar nicht haben wollen!«, entgegnete der Junge mit anklagender Miene. »Das ist eine Erscheinungsform des Kulturimperialismus, die man mit Stumpf und Stiel ausrotten sollte!«

Nun platzte Franz-Josef Krautwald endgültig der Kragen. »Solche kommunistischen Hetzreden dulde ich in meinem Haus nicht!«, brüllte er los und schlug auf den Tisch, dass es krachte.

»Das hier ist erstens überhaupt nicht dein Haus«, gab sein Sohn in derselben Lautstärke zurück. »Und zweitens – ich bin erwachsen, und meine Meinung bilde ich mir selbst! Du hast mir nicht vorzuschreiben, was ich gut oder schlecht zu finden habe!«

Franz-Josef atmete schwer vor Zorn, doch der Gedanke daran, was wohl seine Vermieterin, die Studienratswitwe, von ihm denken mochte, ließ ihn seine Lautstärke etwas dämpfen. »Dass du stinkfaul bist, ist ja schon schlimm genug, aber eines sage ich dir, wenn du dich jetzt auch noch als Radikaler entpuppen solltest, dann fliegst du in hohem Bogen bei mir aus dem Haus – und glaub bloß nicht, dass ich scherze!«

»Das macht mir gar nichts«, winkte Thomas ab. »Ich hatte eh vor, mich nach dem Abi nach einer eigenen Bleibe umzusehen, aber ich habe Freunde, die wohnen in einer WG; bei denen kann ich auch sofort einziehen. Hiermit kündige ich also die Mansarde ab sofort. Der kleinbürgerliche Mief bei euch geht mir ohnehin schon lange auf den Wecker.« Er sprach es, stand auf und verließ das Zimmer, noch ehe der Vater ein Wort der Erwiderung gefunden hatte. Dieser blieb einigermaßen verstört zurück. Wenig später brach er auf, um seiner Frau von diesem ungeheuerlichen Gespräch zu berichten. Sie zeigte sich entsetzt, zum einen über die Haltung ihres Sohnes, zum anderen aber auch darüber, dass ihr Mann sich deswegen mit ihm überworfen hatte.

»Wie konntest du so hart zu ihm sein, Franz-Josef? Er ist unser einziges Kind. Wenn er nun wirklich auszieht? Dann haben wir ihn vielleicht für immer verloren.«

»Ja, was hätte ich denn tun sollen?«, verteidigte sich ihr Ehemann schwach. »Irgendwo muss man doch eine Grenze ziehen, ab der man sich Frechheiten nicht mehr bieten lässt.«

»Sicher, sicher. Aber ob das der richtige Weg war? Vielleicht hättest du es mit Liebe und Güte versuchen sollen.«

»Mit Liebe und Güte!«, echote er. »Damit hast du es doch all die Jahre versucht. Und was ist dabei herausgekommen?«

»Wenn ich das nicht getan hätte, wäre er wohl schon längst davongelaufen«, widersprach sie. »Er ist eine eigenwillige Persönlichkeit, und wenn es uns etwas wert ist, ihn nicht ganz zu verlieren, müssen wir das akzeptieren. Und mir ist es das nun einmal wert! Er ist immerhin mein einziges Kind! – Ich schau mal nach, ob er auf seinem Zimmer ist.«

Sie fand den Sohn tatsächlich auf seinem Zimmer vor, damit beschäftigt, seine Sachen zu packen. Fragend blickte er auf, als seine Mutter eintrat.

»Eben habe ich mit deinem Vater gesprochen. Natürlich brauchst du nicht auszuziehen. Er hat es nicht so gemeint.«

»Seine Worte waren aber sehr deutlich.«

Da Thomas nebenbei weiter Kleidungsstücke aus dem Schrank räumte und sie in seiner großen Sporttasche verstaute, brach Luise in Tränen aus.

»Aber Bub, du kannst uns doch nicht einfach so verlassen!«

Sie setzte sich auf sein Bett und deutete mit der Hand neben sich. »Komm, setz dich hierher. Wir müssen das in aller Ruhe besprechen.«

Thomas blieb stehen, aber er unterbrach seine Ausräumarbeit. »Was gibt es da noch viel zu besprechen, Mutter? Ich bin jetzt neunzehn. Über kurz oder lang würde ich sowieso ausziehen.«

»Sicher, mein Junge, sicher. Das ist ja auch ganz normal. Es ist das Los aller Eltern, dass die Kinder erwachsen werden und das Nest verlassen. Das muss aber doch nicht im Zorn sein. Und nicht so Hals über Kopf.«

Thomas zögerte noch einige Momente, dann gab er nach. »Gut, Mutter, ich bleibe noch, bis ich das Abitur geschafft habe. Aber das mache ich nur dir zuliebe!«

»Danach musst du auch nicht gleich ausziehen«, wandte Luise ein. »Schau mal, Wohnungen sind doch so teuer! Falls du in München bleibst, kannst du nirgends so billig wohnen wie bei uns.«

»Das ist richtig, Mutter. Aber irgendwann muss ich mich ja doch abnabeln. Ich denke, nach dem Abitur, das ist ein guter Zeitpunkt. Ich möchte doch richtig erwachsen werden, verstehst du das denn nicht?«

Schon wollte Luise vehement widersprechen, da musste sie an die eigene Mutter denken. Nein, sie wollte nicht den gleichen Fehler machen. Wenn der Sohn die Zeit der Loslösung für gekommen sah, dann musste sie ihn loslassen, auch wenn es noch so schwer fiel.

»Gut, Thomas, das sehe ich ein«, seufzte sie und streichelte ihm die Hand. »Ich würde dich viel lieber hierbehalten, aber wenn es dich so drängt, auf eigenen Füßen zu stehen, dann wäre es nicht recht, dich mit Gewalt zu halten. Aber noch eins, Thomas. Was das Abitur angeht, so hat dein Vater recht. Du solltest dich wirklich mehr ins Zeug legen. Willst du denn wirklich keinen Abschluss haben, auf den du stolz sein kannst?« Da er nur gleichgültig mit den Schultern zuckte, fügte sie hinzu: »Weißt du, dass ich mir so sehr gewünscht habe, aufs Gymnasium gehen zu dürfen? Aber damals hieß es noch: Du bist ein Mädchen, und du heiratest ja doch. Ich hätte so gerne das Abitur gemacht, aber das ging nicht. Alleine schon deshalb, weil ich ja Geld verdienen musste. Die Witwenrente von Oma war für sie und mich ja viel zu knapp.«

»Aber ich lebe mein eigenes Leben, und ich habe meine eigenen Wünsche!«, begehrte er auf. »Und dir ein Abitur verschaffen, das kann ich doch auch nicht!«

Sie lächelte. »Nein, natürlich kannst du das nicht. Aber wenn du ein gutes Abitur machst, dann bin ich stolz auf dich – und auf mich selbst auch ein bisschen. Immerhin habe ich ja immer mit dir gelernt, bis es zu schwierig für mich geworden ist.«

Thomas lenkte ein. »Also gut, Mutter, dir zuliebe werde ich mich anstrengen, um dort, wo ich zwischen zwei Noten stehe, noch die bessere zu bekommen. Einverstanden? Aber viel geht sonst nicht mehr. Die meisten Noten stehen ja bereits fest.«

Luise atmete hörbar auf. »Und dass du Automechaniker werden willst, das ist doch sicher nicht dein Ernst? Das hast du dem Vater doch nur aus Trotz um die Ohren gehauen?«

Thomas schüttelte den Kopf. »Nein, Mutter, damit ist es mir wirklich ernst. Für mich gibt es nun einmal nichts Schöneres, als kaputte Autos zu reparieren. Der Vater meines Freundes, Sebastian, besitzt eine eigene Werkstatt, und da durfte ich schon oft zuschauen und selber ein bisschen herumbasteln. In letzter Zeit helfe ich sogar manchmal mit, wenn viel zu tun ist, und ich habe mir auf diese Weise schon so manche Mark verdient. Dem Sebastian macht so was keinen Spaß; er will lieber Chemiker werden. Und da habe ich angeboten, dass ich ja der Ersatz für den davongelaufenen Juniorchef werden könnte.«

Das erklärte natürlich, warum Thomas in letzter Zeit immer weniger daheim war, um sich um seine schulischen Angelegenheiten zu kümmern. Auch seine ölverschmierten Hände waren Luise schon mehrmals aufgefallen, doch sie hatte sich nichts dabei gedacht, denn das Moped, das er immer noch benutzte, wenn das Auto seines Vaters nicht zur Verfügung stand, war recht störungsanfällig, und er hatte schon häufig Pannen zu beheben gehabt. »Warum hast du nie etwas davon gesagt?«

»Das fragst du noch, Mutter? Wie hättet ihr denn darauf wohl reagiert?«

Diese Rückfrage brachte sie zum Verstummen.

Thomas schaffte das Abitur mit der Durchschnittnote 3,5, und von Luise bekam er dafür nicht wenig Lob. Vom Vater dagegen folgte wieder eine kalte Dusche. »Und was kannst du mit diesem Notendurchschnitt jetzt anfangen? Die meisten Studienfächer kannst du dir von vornherein abschminken.«

»Mag sein, aber mein Meister platzt jetzt schon vor Stolz, dass er einen Lehrling mit Abitur kriegt«, gab der

Junge zurück. »Er hat mir außerdem bei meinem Talent eine steile Karriere vorhergesagt.«

»Steile Karriere!«, schnaubte der Vater. »Du bleibst also dabei, dass du in einen Proletenberuf einsteigen willst?«

»Höre ich da etwa Standesdünkel heraus?«, fragte Thomas spöttisch zurück. »Wie antiquiert!«

»Antiquiert oder nicht, als Akademiker genießt du wesentlich mehr Ansehen, als wenn du einem Handwerk nachgehst.«

»Ich vertraue darauf, dass vor Gott und den Werkstattkunden derjenige das meiste Ansehen hat, der seinem Beruf mit Liebe und Sorgfalt nachgeht«, parierte Thomas. »Wie diejenigen von mir denken, bei denen der Mensch erst mit dem Doktortitel anfängt, kümmert mich nicht. Als ehemaliger Theologe solltest du eine solche Einstellung eher unterstützen, als mich der Eitelkeit der Welt preisgeben zu wollen!«

Darauf wusste Franz-Josef nichts mehr zu erwidern; stattdessen stieg ihm Zornesröte ins Gesicht, und seine Halsadern schwollen an, sodass Thomas es vorzog, aus seinem Gesichtskreis zu verschwinden.

Mit dem Auszug des Sohnes wurde es indes auch nach dem Abitur noch nichts, und auch sein Meister musste sich noch fünfzehn Monate gedulden. Der lange Arm des Staates griff nämlich nach dem jungen Mann. Der hatte schon vor längerem seinen Musterungsbescheid bekommen und daraufhin Gewissensgründe geltend gemacht, die ihn daran hinderten, Dienst an der Waffe zu leisten. Anschließend hatte er sich zwar sofort beim Bayerischen Roten Kreuz auf einen Zivildienstplatz beworben, aber nicht im Traum daran gedacht, dass es so schnell gehen könne mit der Einberufung.

Immerhin, wenigstens bekam er seinen Wunscheinsatz: Er wurde auf dem Rettungswagen geschult und gleichzeitig zum Rettungssanitäter ausgebildet, und schon nach kurzer Zeit war er im aktiven Einsatz. Das war ganz nach seinem Geschmack, und er bewährte sich so gut, dass er sogar ins Ausland geschickt wurde, um Verunglückte oder Erkrankte in die Heimat zurückzuführen, obwohl es eigentlich nicht üblich war, Zivildienstleistende mit solchen Aufgaben zu betrauen.

Noch vor Ablauf seiner Dienstzeit fragten ihn seine Vorgesetzten, ob er denn nicht bleiben wolle, um Berufsfahrer bei ihnen zu werden. Dieses Angebot machte ihn tatsächlich noch einmal schwankend; dann siegte aber doch seine Liebe zur Autowerkstatt. Auch fühlte er sich an das Versprechen gebunden, dass er seinem »Lehrherrn« gegeben hatte.

Nun wurde es mit dem Auszug aus der elterlichen Wohnung ernst. Luise konnte die Tränen nicht unterdrücken, als der Sohn Kisten und Koffer von der Mansarde nach unten schleppte. Er verstaute alles in dem kleinen Lieferwagen, den ihm sein Meister geliehen hatte. Thomas hatte sich ein kleines Zimmer in einer Wohngemeinschaft gemietet, fast am anderen Ende der Stadt. Es hatte den Vorteil, dass es nicht allzu weit entfernt lag von seiner Lehrwerkstatt.

Was aber sollte nun aus der Mansarde werden?

»Eigentlich könntest du jetzt dort einziehen«, schlug Luise ihrem Mann vor.

»Oh nein, Liebes«, wehrte der ab.

»Das wäre zum jetzigen Zeitpunkt das Falscheste, was wir tun könnten. Jetzt wird Thomas ja merken, wie es ist, wenn niemand ihm den Kühlschrank füllt. Vermutlich dauert es keine zwei Monate, und er will wieder bei uns einziehen. Dann aber sollte sein Zimmer frei sein.«

Mit diesem Argument traf er bei seiner Frau ins Schwarze, obwohl es eigentlich nur eine Ausflucht war. Franz-Josef wollte sein Arbeitszimmer unter keinen Umständen hierher ins Haus verlegen, weil er fürchtete, wenn er so nah bei seiner Wohnung arbeitete, würde Luise in ihrer wohlmeinenden Art ständig bei ihm auftauchen und ihn stören.

Um sich mit seiner Frau nicht zu entzweien, chauffierte Franz-Josef sie einmal in der Woche ans andere Ende der Stadt, wo sie die Wohnung aufsuchte, die Thomas mit zwei anderen jungen Männern, beides Studenten, teilte. Jedes Mal brachte sie ein Paket sauberer Wäsche mit, packte drinnen die Schmutzwäsche zusammen und übergab sie ihrem Ehemann, der bis dahin im Auto wartete, damit er sie nach Hause beförderte.

Sie selbst kam nicht mit, denn sie machte dann noch sauber: Das Zimmer ihres Sprösslings wurde aufgeräumt, und Küche, Bad und Flur wurden fachmännisch nach allen Regeln der Hausfrauenkunst geputzt. Anschließend fuhr sie mit den öffentlichen Verkehrsmitteln nach Hause.

Ihr Mann war damit überhaupt nicht einverstanden, wenn es nach ihm gegangen wäre, hätte er den Sohn »im Dreck verkommen lassen«, wie er sich auszudrücken beliebte, damit er umso eher von »seinen Flausen« ablassen würde. Allein die Tatsache, dass er die Wohnung mit zwei jungen Männern teilte, die ein Studium aufgenommen hatten, ließ ihm die Galle überlaufen.

Doch in diesem Punkt blieb Luise unnachgiebig, und es störte sie auch nicht, dass sie auch für seine Mitbewohner mit saubermachte. Auch Thomas hatte gegen ihre mütterliche Fürsorge nichts einzuwenden. Auf eigenen Füßen zu stehen und erwachsen zu werden, das musste man seiner Meinung nach nicht unbedingt auf Tätigkeiten wie Waschen und Putzen ausdehnen.

Kapitel 5

Auf dem Gumperhof hatte man es nicht anders erwartet: Blasius Moosberger legte ein ausgezeichnetes Abitur hin, mit einer Durchschnittsnote, die jedem Numerus clausus standgehalten hätte. Mit seinem heimlichen Wunsch, der um nichts weniger brennend geworden war, durfte er dem Vater natürlich nicht kommen, also bewarb er sich um einen Studienplatz an der Fachhochschule für Landwirtschaft in Weihenstephan.

Dass er nicht zur Bundeswehr musste, dafür hatte sein Vater rechtzeitig gesorgt. Der Bauer hatte die Behörden nämlich davon überzeugen können, dass er wegen seines hohen Alters den Sohn baldmöglichst in der Landwirtschaft brauche. Das war noch nicht mal gelogen; es wäre ihm eigentlich sehr recht gewesen, wenn der Bub sofort bei ihm hätte anfangen können. Er ging ja schon auf die Siebzig zu; da begann auch der Gesündeste allmählich das Alter zu spüren.

Vier Jahre würde er nun noch aushalten müssen, bis dahin sollte das Studium beendet sein. Dass dieses Studium in der heutigen Zeit unerlässlich war, sah er mehr ein denn je, denn in den letzten Jahren hatte er zunehmend das Gefühl bekommen, mit den immer rascheren Veränderungen nicht mehr Schritt halten zu können. Bis der Sohn also wiederkommen würde, behalf er sich mit den beiden Töchtern, die noch im Haus waren und längst vollwertige Arbeitskräfte waren. Besonders die Jüngste, die Eva, verstand zu arbeiten. Ob es um Pferde oder Kühe, um Traktoren oder den Mähdrescher ging, sie stellte jedes Mannsbild in den Schatten, und am wichtigsten: Sie arbeitete mit Lust und Liebe. Der Mutter wäre es manchmal freilich lieber gewesen, wenn ihre Jüngste sich eher den typisch weiblichen Tätigkeiten zugewandt hätte.

Auf Drängen seiner Töchter hatte der Moosberger inzwischen ein Auto angeschafft. Er selbst fühlte sich zwar zu alt, um noch den Führerschein zu machen, aber die Madln besaßen einen, und auch der Sohn hatte die Fahrprüfung mit achtzehn abgelegt. Ja, Tradition hin oder her – ohne Führerschein ging es heute einfach nicht mehr. Er selbst brauchte ihn nur deshalb nicht, weil er immer jemanden fand, der ihn chauffieren konnte.

Bei seiner Bewerbung um den Studienplatz hatte Blasi damit gerechnet, die nächsten vier Jahre in Freising zu verbringen. Den Unterlagen, die man ihm zugeschickt hatte, entnahm er dann, dass die Abteilung Landwirtschaft in Schönbrunn bei Landshut angesiedelt ist. Auch recht, dachte er, dann lerne ich eben Landshut kennen.

Eva saß am Steuer des Wagens, in dem Blasi zu seinem Studienort gebracht wurde. Neben ihr auf dem Beifahrersitz befand sich der künftige Student der Agrarwissenschaft, und auf dem Rücksitz saßen die Eltern, die sich selbstverständlich mit eigenen Augen ein Bild davon machen wollten, wo ihr Bub zu einem studierten Bauern gemacht werden sollte. Die Mutter musste darüber hinaus natürlich auch sehen, wie er im Wohnheim untergebracht war, und ihm außerdem die Sachen eigenhändig in den Schrank einräumen.

In Schönbrunn, am Ziel ihrer Reise, erfolgte eine ausgiebige Besichtigung, mit der am Ende alle zufrieden waren, und dann wurde es auch schon Zeit, Abschied zu nehmen. Der Vater klopfte dem Sohn auf die Schulter. »Mach's gut, mein Bub. Und komm mir nicht gar zu gescheit wieder, sonst krieg ich auf meine alten Tage vielleicht noch Komplexe.«

Es war keineswegs so, dass dem jungen Moosberger das Studium der Landwirtschaft nicht gefallen hätte. Im Gegenteil: Nachdem die Arbeit auf dem Bauernhof für ihn ein selbstverständlicher Bestandteil seines ganzen Lebens gewesen war, fand er die neuen Methoden, die neuen Entwicklungen, die neuen Erkenntnisse sehr interessant. In seiner Vorstellung wandte er dieses und jenes im gewohnten Alltag an und erkannte die Verbesserungsmöglichkeiten sehr genau.

Noch erhellender war die Darstellung größerer Zusammenhänge, wenn es etwa um die Agrarpolitik ging. Über die Milchquoten und andere unsinnige Vorschriften einer Bürokratie, die scheinbar nicht wusste, was sie wollte, hatte er ja so oft schon den Kopf geschüttelt. Jetzt erkannte er immerhin, was für Ziele die Politiker mit solchen Mitteln zu erreichen suchten, und auch wenn er diese Mittel immer noch oft genug nicht sinnvoll finden konnte, war es doch ein ganz anderes Gefühl, das System und die Gedanken dahinter zu begreifen, als nur auf die unfähigen Politiker zu schimpfen und sie für übergeschnappt zu erklären.

Die meisten seiner Kommilitonen stammten, wie er, aus der Landwirtschaft. Die einen waren auf Wunsch ihres Vaters hier, der wie Blasius Moosberger die Zeichen der Zeit erkannt hatte. Andere wiederum kamen zwar auch von einem Bauernhof, hatten ihre Väter aber mit Mühe davon überzeugen müssen, dass man aus einem traditionsreichen Hof ein modernes Agrarunternehmen machen müsse, damit er noch Zukunftschancen habe.

Es gab aber nicht nur Studenten aus den verschiedensten Regionen Deutschlands, sondern sie kamen aus ganz Europa und sogar aus Afrika oder Amerika. Schon allein das war interessant, mit Menschen aus so vielen Nationen Kontakt zu haben, über die Landwirtschaft in anderen Ländern zu erfahren und von dem Leben, das anderswo geführt wurde. Blasi schloss schnell mehrere Freundschaften, vor allem die Feste boten mancherlei Gelegenheit, Kontakte zu knüpfen.

Bald merkte er aber auch, dass viele das Studium anfangs noch nicht so richtig ernst nahmen. Die meisten waren das erste Mal von zu Hause weg und genossen die Freiheit und die Abwechslung, die das studentische Leben bot. Statt abends auf ihrem Studierzimmer zu sitzen und sich mit ihren Büchern zu befassen, zogen sie lieber durch die beliebten Studentenkneipen, um sich zu amüsieren.

Einen gab es allerdings, der schien mit mehr Eifer bei der Sache zu sein als die meisten anderen. Der fiel Blasi schon nach kurzer Zeit auf, denn sie hatten im Wohnheim ihre Zimmer nebeneinander liegen. Kontakt zu ihm suchte er zwar zunächst nicht, doch in der Mensa ergab es sich eines Mittags, dass sie an einen Tisch zu sitzen kamen.

»Gregor Gruber ist mein Name«, stellte sich der andere vor. »Du wohnst neben mir, richtig?«

»Ja, genau. Ich bin der Blasius Moosberger, oder einfach Blasi, wenn du möchtest.«

Nachdem das Gespräch zunächst nur um das Essen und andere Belanglosigkeiten gegangen war, kamen sie mehr zufällig auf die morgendliche Vorlesung zu sprechen und merkten sehr schnell, dass sie auf gleicher Wellenlänge lagen. So lag es nahe, dass es an den Abenden nun häufig an einer der beiden Zimmertüren klopfte und der eine von dem anderen etwas wissen oder seine Meinung zu einer eigenen Überlegung hören wollte. Da das meist zu längeren Fachsimpeleien führte, verabredeten sie sich nach einiger Zeit von vornherein zum gemeinsamen Lernen, und aus dieser »Arbeitsgemeinschaft« entwickelte sich bald eine regelrechte Freundschaft.

Dabei blieb es nicht aus, dass sie auch auf ihren familiären Hintergrund zu sprechen kamen. Blasi erwähnte als Erster sein Zuhause, und auf Rückfragen schilderte er den Hof und die Familie in immer genaueren Einzelheiten. Am Ende seufzte Gregor abgrundtief: »Du hast es gut. Du hast daheim einen Hof, der auf dich wartet.«

»Ja, habt ihr denn keinen Hof?«, fragte der Freund verwundert.

Gregor schüttelte den Kopf. »Nein, mein Vater ist Arzt und hat eine gutgehende Praxis in München.«

Der Bauernsohn war platt.

»Und wieso studierst du dann Landwirtschaft und nicht Medizin?«

»Das hat mein Vater auch gefragt!« Gregor lächelte bitter. »Für ihn war es immer eine Selbstverständlichkeit, dass ich in seine Fußstapfen trete und er einmal die Praxis an mich übergeben wird. Ich habe auch tatsächlich ein Medizinstudium begonnen. Nur, nach zwei Semestern habe ich das Handtuch geworfen, weil ich es einfach nicht mehr ausgehalten habe.«

»Kannst du etwa kein Blut sehen?«, erkundigte sich Blasi. »Denn dann kommst du auf einem Bauernhof vom Regen in die Traufe.«

Sein Freund lachte. »Nein, das ist es nicht gewesen – es war eher ein Gefühl der Trostlosigkeit bei dem Gedanken, für mein ganzes Leben immer von Krankheit und Elend umgeben zu sein.«

Das erschien seinem Gegenüber nicht so ganz einleuchtend. »Aber ein Arzt hilft doch gegen Krankheit und Elend«, widersprach Blasi. »Das muss doch ein sehr schönes und befriedigendes Gefühl sein, andere Menschen von ihren Schmerzen befreien zu können.«

»So empfinden das viele Ärzte«, räumte Gregor ein. »Und es hat ja seine Berechtigung. Dennoch, ich bin offenbar nicht zum Arzt geboren, denn mich macht es selber krank, wenn ich immer nur mit Kranken zu tun habe. Ich möchte auch nicht dauernd in Zimmern eingesperrt sein, in denen es nach Medikamenten riecht. Ich will Natur, Bewegung, frische Luft und mich am Wachstum und Gedeihen erfreuen können. Und deshalb ist mein Traum die Landwirtschaft.«

Sein Kamerad musterte ihn mit leichter Skepsis. »Vermutlich hast du noch nie eine Mistgabel in der Hand gehabt, geschweige denn eine Kuh gemolken. So romantisch, wie du dir das vielleicht vorstellst, ist das Bauersein auch wieder nicht.«

»Ich habe meine Nase oft genug in Ställe gesteckt, um zu wissen, wie es da riecht«, erklärte der Städter. »Ich habe auch oft genug bei der Ernte geholfen, um zu wissen, wie schweißtreibend das ist. Blasi, ich bin kein unbedarfter Öko-Schwärmer, der sich irgendwelche Illusionen über das idyllische Landleben macht. Ich weiß, dass ein Bauer harte Arbeit leistet, dass er unmögliche Arbeitszeiten hat und für seine Mühe weniger verdient als einer, der in der Fabrik seine acht Stunden Akkord arbeitet. Aber dennoch kann ich mir einfach nichts Schöneres vorstellen als die Landwirtschaft.«

»Und hast du denn überhaupt Aussicht auf einen eigenen Betrieb?«, erkundigte sich der Freund.

Gregor schüttelte den Kopf.

»Aber warum studierst du dann überhaupt ein solches Fach?« Blasius Moosberger konnte es gar nicht fassen.

»Weil mir so viel daran liegt, dass ich einfach in keinem anderen Studienfach einen Sinn sehe. Ich habe oft die Ferien auf dem Bauernhof von Verwandten meiner Mutter verbracht. Bei denen habe ich nicht nur gearbeitet, mir ist auch aufgefallen, wie rückständig die in vielem waren, und mir kamen eine Menge Ideen, wie man in der heutigen Zeit einen Hof führen müsste, damit er was einbringt und man dennoch den Spaß an der Natur nicht verliert.«

»Und der Hof dieser Verwandten, für den gibt es einen Hoferben? Oder kann es sein, dass du dort eines Tages gebraucht wirst?«

»Nein – vor drei Jahren haben sie den Hof aufgegeben. Die Felder wurden verpachtet, und das Haus verkauft. Sie sind dann in die Stadt gezogen.«

Blasi konnte den Freund noch immer nicht verstehen. »Aber dann studierst du doch nur ins Blaue hinein! Was willst du nach deinem Studium anfangen?«

»Ach, da sehe ich schon einige Möglichkeiten. Vielleicht kann ich ja irgendwo einen Hof pachten. Außerdem muss ich ja nicht hier in Deutschland bleiben. Ich könnte in Neuseeland eine Farm kaufen oder eine Hazienda in Südamerika. Dort kann man für wenig Geld riesige Ländereien erwerben. Uns steht ja auch ein Auslandssemester bevor. Da habe ich doch die beste Gelegenheit, mich ausführlich umzusehen.«

»Meinst du nicht, dass dich dann das Heimweh umbringt?«, fragte der Bauernsohn ungläubig. Er selbst hätte sich eine solche Zukunft nie im Leben für sich selbst vorstellen können.

»Das ist eine gute Frage«, musste sein Gegenüber zugeben. »Ich weiß es wirklich nicht. Im Urlaub sind wir oft im Ausland gewesen, aber ganz fortzugehen ist ja doch etwas anderes. Aber vielleicht ist es ja auch gar nicht nötig. Es ist ja auch möglich, dass ich irgendwo einheiraten kann. Vielleicht sogar bei einer unserer Kommilitoninnen. Im Lauf des Studiums wird sich finden, ob sich das Problem auf diese Weise vielleicht ganz einfach löst.«

Blasi lachte laut auf. »Du bist wirklich ein Optimist. Von dir kann ich was lernen.«

Gregor klopfte dem Freund auf die Schulter. »Ja, mein Kleiner, das kannst du wohl wirklich.«

»Nun mal sachte, mein Freund«, erhielt er zur Antwort. »Nur, weil ich zwei Jahre jünger bin als du, bin ich noch lange nicht dein Kleiner.«

»Hast ja recht«, gab der Arztsohn zu. »In Zentimetern sind wir gleich groß. Bedenke aber, was ich dir an Lebenserfahrung voraus habe!«

»Du! Deinen Optimismus möchte ich aber wirklich haben. Denn auch ich habe einen sehnlichen Berufswunsch. Aber damit wage ich meinem Vater gar nicht erst zu kommen.«

»Wieso das? Willst du nicht Landwirt werden?«

»Nein, ich muss. Ich bin der einzige Sohn und damit Hoferbe. Auf mich hat mein Vater jahrelang schmerzlich warten müssen. Nun möchte ich ihn nicht enttäuschen.«

»Macht dir die Arbeit auf eurem Hof keinen Spaß?«

»Doch, irgendwie schon, aber mehr so hobbymäßig. Mein Traumberuf ist eigentlich ein ganz anderer.«

Da der junge Moosberger nicht weitersprach, drängte Gregor: »Ja, was denn?«

»Du darfst mich aber nicht auslachen.«

»Versprochen. Ich bin doch dein Freund.«

»Du darfst es auch niemandem hier erzählen.«

»Ja, warum denn nicht?«

»Die würden mich bestimmt auslachen.«

»Wie kommst du darauf?«

»Weil mir klar ist, dass kaum jemand meinen Wunsch verstehen kann.«

»Du willst doch nicht etwa Pfarrer werden?«, fragte Gregor lachend.

»Siehst du, jetzt lachst du doch.«

»Warum nicht? Ich wollte doch nur einen Scherz machen.«

»Für mich ist das kein Scherz. Ich möchte wirklich Priester werden.«

»Das ist doch nicht dein Ernst!«, fragte der Freund ungläubig zurück. »Wer will denn heutzutage noch so was?«

»Ich will es!«, beharrte Blasi eigensinnig. »Ich wollte es schon immer, seit ich denken kann – wobei es das eigentlich nicht trifft. Es geht nicht von mir selbst aus. Es ist, als würde ich von jemandem in ein solches Amt gerufen.«

»Du fühlst dich also von Gott zum Priester berufen?« Halb belustigt, halb sorgenvoll musterte Gregor den Bauernsohn.

»Und wenn du mich für verrückt hältst: ja, genau. So ist es!« Eine Weile schwiegen beide.

»Wie kann Gott das überhaupt von dir verlangen?«, versuchte der Arztsohn in Worte zu fassen, was ihm durch den Kopf ging. »Weißt du überhaupt, was das bedeutet, wenn du Priester wirst? Keine Mädchen! Keine Familie! Sonntags angebunden sein! Im Alter allein sein!«

»Gott ist ja bei mir, also bin ich in Wirklichkeit gar nicht alleine. Aber es gibt ohnehin auch genug Menschen, die verheiratet waren und im Alter dennoch einsam sind.«

»Die haben aber wenigstens schöne gemeinsame Jahre hinter sich, an die sie zurückdenken können.«

»Oder Jahre voller Kummer, Zank und Streit, die sie am liebsten vergessen möchten.«

»Du hast nicht ganz unrecht«, gab der Freund zu. »Dennoch, ich gestehe offen und ehrlich: Ich verstehe dich nicht. Aber eine wirkliche Freundschaft sollte es wohl aushalten, nicht alles zu verstehen, oder?«

Blasi nickte. Vor Erleichterung fiel ihm ein wahrer Felsblock vom Herzen. Nach seiner Mutter war Gregor ja schließlich erst der Zweite, der überhaupt von seinem geheimen Wunsch erfahren hatte. Wenn dem seine Pläne so unheimlich gewesen wären, dass es in der Freundschaft einen Riss gegeben hätte, das wäre für ihn schwer zu ertragen gewesen.

»Leider werde ich meinen Wunsch nicht verwirklichen können.« Sein Gesicht verdüsterte sich.

»Und wieso nicht?«

»Weil ich der einzige Sohn meines Vaters bin. Schwestern habe ich mehr als reichlich, aber die Tradition verlangt es, dass ich den Hof einmal übernehme.«

Gregor lachte. »Was für ein Unsinn!«

»Kein Unsinn«, gab Blasi zurück. »Meinem Vater würde es das Herz brechen, sollte ich mich weigern, den Hof zu übernehmen. Unsere Familie hat ihn schließlich schon seit über dreihundert Jahren, und er ist immer vom Vater auf den Sohn übergegangen.«

»Dann wirst du also als gehorsamer Sohn auf die Erfüllung deiner Wünsche verzichten und euren Hof übernehmen?«

Der Bauernsohn nickte. »Bleibt mir denn etwas anderes übrig?«

Gregor nagte an seiner Unterlippe und schwieg einige Momente. Dann schüttelte er den Kopf. »Wenn du deinen Vater unter keinen Umständen vor den Kopf stoßen willst, dann natürlich nicht. Aber wie du bereits festgestellt hast, ich habe meinen Vater zwar vor den Kopf gestoßen, aber er wird es verwinden. Ich bin außerdem ein unverwüstlicher Optimist: Ein Weg, wie ich zu einem Hof komme, wird sich auch noch für mich auftun, davon bin ich überzeugt.«

»Na, ich bin mal gespannt, ob deine Rechnung aufgeht.«

»Wer nicht wagt, der nicht gewinnt«, antwortete der Freund mit einem Lachen. »Deine wird aber auch aufgehen, wenn du nur beharrlich genug bist. Warum redest du nicht mal mit deinem Vater über dieses Thema?«

»Ich habe einmal versucht, mit meiner Mutter darüber zu reden«, gab Blasi resigniert zu. »Sie hat mich beschworen, dem Vater nur ja nicht mit diesem Wunsch zu kommen.«

»Es ist schließlich dein Leben, um das es geht. Willst du ihm ewig hinterhertrauern, wenn du nur deinem Vater zuliebe in einen ungeliebten Beruf einsteigst? Meinst du, Gott, der dich, wie du sagst, berufen hat, will das von dir? Das widerspricht sich doch!«

Die Worte des Freundes machten den jungen Hoferben nachdenklich. Sein Onkel Severin kam ihm in den Sinn.

»Er ist Benediktinerpater«, erklärte er Gregor. »Eigentlich ist er der Onkel meines Vaters, also mein Großonkel. Er hat mich damals getauft. Ob ich mit ihm einmal darüber reden sollte?«

»Das kann auf keinen Fall schaden«, bestärkte ihn der ehemalige Medizinstudent. »Wo wohnt dieser Onkel?«

»In Scheyern.«

»Das ist doch nur ein Katzensprung von hier! Dann wollen wir den alten Knaben so bald wie möglich besuchen.«

Blasi stutzte. »Wir?«

»Natürlich wir. Meinst du, ich mute dir die umständliche Bahnfahrt zu, wo wir mit meinem Wagen so schnell dort sein können?«

»Du hast einen eigenen Wagen? Das habe ich ja noch gar nicht gewusst.«

»Nichts Aufregendes, nur ein kleiner Renault, ein R4. Den hat mir mein alter Herr zum Abitur geschenkt, vor lauter Freude, weil meine Note für den Numerus clausus im Fach Medizin ausreichte.«

»Ach – und als du umgesattelt hast?«

»Da hätte er ihn mir wohl am liebsten wieder weggenommen, aber du weißt ja: Geschenkt ist geschenkt – wiederholen ist gestohlen.« Er lachte auf. »Also bin ich Autobesitzer geblieben.«

»Nobel, sag ich, nobel«, zeigte sein Freund sich gebührend beeindruckt. »Und jetzt willst du den Wagen sogar mir zugutekommen lassen. Aber was willst du in der Zeit machen, die ich beim Onkel verbringe?«

»Ich werde mir das Kloster Scheyern anschauen. Das hatte ich ohnehin irgendwann einmal vor, und wenn nicht bei einer solchen Gelegenheit, wann denn dann?«

Das Besucherzimmer des Klosters Scheyern, in das der Pförtner Blasius führte, war halb dunkel, denn die breite Fensterfront war mit dichten Übergardinen verhangen.

An der einen Schmalseite des Zimmers hing ein großes Holzkreuz mit Corpus, auf der anderen stand ein mächtiger Eichenschrank. Der Raum wurde ansonsten fast vollständig durch einen großen Tisch ausgefüllt, an dem der Besucher sich niederließ, um auf seinen Onkel zu warten.

Es dauerte nicht lange, da betrat Pater Severin so forschen Schrittes das Zimmer, dass man niemals vermutet hätte, einen weit über Achtzigjährigen vor sich zu haben.

»Grüß dich Gott, Blasi!«, sprudelte er heraus. »Das ist aber eine Überraschung! Lass dich anschauen, Bub! Wann haben wir uns das letzte Mal gesehen? Das muss bei der Hochzeit deiner Schwester Anni gewesen sein. Wie lang ist das schon her?«

»Das müssen an die fünf Jahre sein«, überlegte der Großneffe.

»Ja, mei, wie die Zeit vergeht! Was führt dich denn zu mir?«

Severin ließ sich so am Tisch nieder, dass er dem Neffen genau gegenübersaß, und nickte ihm ermunternd zu.

»Ich bräuchte deine Hilfe, Onkel Severin.« Vor Verlegenheit rutschte der Neffe auf seinem Stuhl hin und her. »Vielleicht hilft mir auch schon dein guter Rat. Aber wenn der nicht ausreicht, möchte ich dich bitten, für mich als Fürsprecher aufzutreten.«

»Na, Bub, jetzt rede nicht lange drum herum. Wo drückt der Schuh?«

»Nun gut, Onkel Severin. Mich interessiert … Ich möchte gern wissen …« Er gab sich einen Ruck. »Also, wie hast du es denn erreicht, dass du Geistlicher werden durftest?«

Der Großonkel lachte hell auf. »Das ist aber eine seltsame Frage. Aber sie ist leicht zu beantworten: Ich selbst habe dazu gar nichts getan. Als ich zehn war, steckte man mich in eine Klosterschule, und es hieß: ›Du wirst Pfarrer.‹ Niemand kam auf die Idee, mich zu fragen, ob ich das will oder nicht.«

»Du hast dich also nicht zum Priestertum berufen gefühlt?«, fragte der junge Mann ungläubig.

»Berufen? – Nicht, dass ich mich erinnere.«

Blasi verstand die Welt nicht mehr. »Aber … aber, Onkel Severin, wie konntest du das dann auf dich nehmen?«

»Was hätte ich denn sonst machen sollen?«, fragte der Onkel zurück. »Mir blieb doch gar keine Wahl. Wir waren vier Buben auf dem Hof, der fünfte, der Josef, ist schon in jungen Jahren an Diphtherie gestorben. Dein Großvater als der älteste von uns Brüdern sollte den Hof übernehmen. Der Maxl schlug eine militärische Laufbahn ein, und der Xaver wurde frühzeitig mit einer Hoferbin vom Nachbardorf verkuppelt. Also blieb nur noch ich übrig. Aus jeder Familie aber, die etwas auf sich hielt und die mehrere Söhne hatte, musste einer Geistlicher werden.«

Davon hatte Blasi noch nie etwas gehört. »Wirklich?«, fragte er ungläubig. »Aber warum denn das?«

»Durch dieses Opfer, das man dem Herrn darbrachte, und dadurch, dass man jemanden hatte, der für alle Familienmitglieder betete, erhoffte man sich einen sicheren Platz im Himmel«, erklärte der Onkel. »Weil ich einigermaßen gescheit war und für ein Studium taugte, sah man mich also rechtzeitig für diesen Stand vor.«

Der Großneffe konnte das nicht so recht verstehen. »Und wenn du dich dagegen gewehrt hättest?«

»Gewehrt?« Nachdenklich schaute der alte Priester in eine unendliche Ferne, als suche er dort die Antwort. »Der Gedanke ist mir nie gekommen. Was hätte es mir denn gebracht? Ich hätte mich mit meinen Eltern überwerfen müssen. Und dann? Viele Möglichkeiten hätte ich nicht gehabt. Mir wäre ja nur übrig geblieben, als Knecht zu arbeiten. Entweder auf dem Hof meines Bruders oder bei fremden Leuten. Außerdem, ich war mir bereits als Kind bewusst, dass ich eine sehr große Verantwortung trage. Ich war ja für das Seelenheil der ganzen Familie zuständig. Das sah ich als eine wichtige Aufgabe, und es wäre mir nie eingefallen, mich davor zu drücken.«

»Du hast es also nie bereut, Priester geworden zu sein?«

Wieder überlegte der greise Ordensmann eine Weile, bevor er antwortete: »Eigentlich nicht. In meinem Stand genießt man allgemein ein gewisses Ansehen – von der Familie ist man hoch geschätzt, man hat sein Auskommen und ein Dach über dem Kopf auch. Was will man denn mehr vom Leben? Der Lärm und die Streitigkeiten der Welt gehen einen nichts an, und im Alter ist man nicht allein. Nein, es war nicht das Schlechteste.«

Versonnen schien er seinen eigenen Worten nachzulauschen, dann kehrte er in die Gegenwart zurück. »Wir reden immer nur von mir. Was ist mit dir? Du hast ein Problem, sagst du?«

»Ja, Onkel Severin, ich stehe wirklich vor einem Problem. Deshalb wollte ich erst mal hören, wie es dir ergangen ist.«

»Nun aber heraus mit der Sprache! Du hast lange genug herumgedruckst. Du willst doch nicht etwa Geistlicher werden?«

Blasi nickte zaghaft. »Genau, Onkel Severin. Ich hatte keine Ahnung davon, wie es zugegangen ist, dass du Priester geworden bist. Eigentlich dachte ich, es sei dein eigener Wunsch gewesen, genau wie bei mir. Ich hatte gehofft, deinem Beispiel folgen zu können. Ich wage nicht, meinem Vater mit so etwas zu kommen, und ich hatte gehofft, dass du dich bei ihm für mich einsetzen könntest.«

»Den Teufel werde ich tun«, polterte der bisher so sanftmütige Pater so zornig los, dass der junge Mann zusammenzuckte. »Nichts werde ich unternehmen, das den Interessen des Gumperhofes zuwiderläuft. Schlag dir das also aus dem Kopf! Ganz im Gegenteil. Ich werde alles daransetzen, um deine Gedanken wieder zurechtzurücken.«

»Das … verstehe ich nicht«, war alles, was sein bestürzter Neffe herausbringen konnte. Mit allem hatte er gerechnet, aber nicht mit einer solchen Reaktion.

»Du kannst nicht Priester werden, denn du bist der einzige Sohn und Hoferbe. Das verpflichtet.«

»Das sagst du, der du selber Priester geworden bist?«

»Ja, mein Bub. Als echter Moosberger weiß ich, was Pflicht und Tradition ist. Ich bin aus Pflichtgefühl Priester geworden – und du darfst es aus Pflichtgefühl nicht werden. Ich weiß, was du als der Letzte unseres Stammes dem Hof und der Familie schuldig bist, und du solltest das auch wissen.«

Der junge Moosberger schluckte. Hatte der Onkel vielleicht recht? Waren die Verpflichtung der Familie gegenüber und das Fortsetzen einer Tradition höher zu bewerten als persönliche Wünsche, und mochten sie noch so edel sein? Noch wollte er sich nicht geschlagen geben. Er überraschte den Onkel mit der Frage: »Hat man denn nicht auch ein Recht, sein eigenes Leben zu leben? Noch dazu, wenn man es in den Dienst Gottes und in den Dienst des Nächsten stellen will? Christus selbst hat uns gelehrt: Du sollst den Herrn, deinen Gott, lieben mit deinem ganzen Herzen, mit ganzer Seele und mit all deinen Gedanken.«

»Das ist richtig. Aber die Eltern werden ja durch ein eigenes Gebot hervorgehoben: Du sollst Vater und Mutter ehren! Dass Gott diesem Gebot besondere Wichtigkeit beimisst, ersiehst du daran, dass es das vierte Gebot ist. Es folgt also unmittelbar den drei Geboten, die unser Verhalten zu Gott regeln. In meiner Jugend war es deshalb noch selbstverständlich, dass man das tat, was einem die Eltern vorschrieben.«

Der junge Mann wirkte so geknickt, dass er tröstend hinzusetzte: »Blasius, es ehrt dich ja, dass du dich zum Dienst des Herrn berufen fühlst. Aber Gott hat dich nicht als den einzigen Sohn auf dem Gumperhof zur Welt kommen lassen, damit du das, was dir damit anvertraut wurde, einfach im Stich lässt. Geh nun wieder an den Platz, an den der Herr dich gestellt hat, und vertraue darauf, dass er dein Schicksal richtig lenken wird.«

»Wie war's bei deinem Onkel?«, erkundigte sich Gregor, der schon eine Weile in der Kirche wartete, als Blasi mit hängenden Schultern hereintrat. »Sieht ja nicht so aus, als sei das Gespräch in deinem Sinne verlaufen. Du solltest einmal dein Gesicht sehen!«

In groben Zügen schilderte Blasius seinem Freund, wie die Unterredung verlaufen war.

»Du gibst also auf, ehe du auch nur ein Wort mit deinem Vater gesprochen hast?«, zog Gregor seine Schlüsse aus dem resignierten Gesichtsausdruck seines Kommilitonen.

»Das kann ich mir doch sparen«, bekam er zur Antwort. »Auch mein Vater wird von Pflicht und Gehorsam sprechen, von Tradition, von Verantwortung und vom vierten Gebot. Und ich habe nichts dagegenzusetzen.«

»Das stimmt doch gar nicht! Als ich meinem Vater damals meinen Berufswunsch vorgetragen habe, da hat er genauso argumentiert«, berichtete Gregor. »Ich solle dem Himmel dankbar sein, dass ich mich ins gemachte Nest setzen könne. Was er denn mit der Praxis machen solle, wenn ich sie nicht übernehmen wolle – er habe nun einmal keinen anderen Sohn. Als Kind schulde man seinen Eltern Gehorsam und so weiter – wohl ungefähr dasselbe, was dein Vater auch sagen würde. Er zitierte auch das vierte Gebot, um mich weichzuklopfen. Mit einem Zitat aus der Bibel konnte ich aber ebenfalls aufwarten: ›Ihr Väter, schüchtert eure Kinder nicht ein, damit sie nicht mutlos werden.‹«

»Wie reagierte dein Vater darauf?«

»Er wurde nachdenklich, und ein paar Tage später sagte er, ich solle das zweite Medizinsemester noch beenden, und dann sei er mit einem Wechsel des Studienfachs einverstanden. Wahrscheinlich spekulierte er darauf, dass ich, wenn ich meine Nase erst tiefer in die Materie eingetaucht habe, bei der Stange bleiben würde. Als ich mich, wie vereinbart, nach diesem Semester exmatrikuliert habe, fiel er nämlich aus allen Wolken.«

»Respekt, Gregor. Aber noch eine Frage: Wie lange ist die Praxis deines Vaters schon in der Familie?«

»Mein Vater hat sie von seinem Vater übernommen.«

»Und der?«

»Der hatte sie sich von der Mitgift seiner Frau aufgebaut.«

»Siehst du, das ist schon ein gewaltiger Unterschied. Der Gumperhof ist schon seit Jahrhunderten in Familienbesitz.«

Dass das ein gewisser Unterschied sei, gab der Ex-Medizinstudent zu. »Dennoch ist das kein Grund, dass man dich sklavisch an dieses Anwesen kettet«, wandte er ein. »Das sind doch Ansichten aus dem tiefsten Mittelalter, dass man von Geburt an für einen bestimmten Beruf vorgesehen wird, ohne danach gefragt zu werden, was man selbst machen will! Ehe du die Flinte ins Korn wirfst, solltest du auf jeden Fall mit deinem Vater reden.«

Ihm kam ein anderer Einfall. »Oder soll ich das für dich tun?«

Der junge Hoferbe blickte seinen Freund nachdenklich an. »Vielleicht ist das keine schlechte Idee. Aber das geht nur, wenn er dich vorher kennenlernt und du es schaffst, seine Anerkennung zu erwerben. Sag mal, hättest du Lust, bei uns auf dem Hof ein Praktikum zu machen?«

»Das ist überhaupt die Idee!«, rief Gregor aus. »Einen Praktikumsplatz müsste ich mir ohnehin noch suchen, und warum eigentlich nicht bei euch auf dem Hof? Vorausgesetzt natürlich, dein Vater ist damit einverstanden.«

Das war der einzige Punkt, in dem Blasi sich überhaupt keine Sorgen machte. »Ganz sicher!«, versprach er. »Auf unserem Hof sind wir für jede zupackende Hand dankbar. Oder was hältst du davon, wenn wir schon in den Semesterferien zusammen hinfahren?«

Dieser Plan fand sofort die Zustimmung seines Kommilitonen. »Also, dann machen wir das; und dass ich nicht den Feriengast spiele, sondern auch bei der Arbeit mit anpacken werde, versteht sich natürlich von selbst. Falls ich deinen Vater mit meiner Fürsprache für dich nicht so verärgere, dass er mich nie wieder auf seinem Hof haben will, kann ich das Praktikum später ja auch noch mit dranhängen.«

Schon beim Betreten des Moosbergerschen Grundstücks war Gregor Gruber von der Lage des Hofes begeistert. Obwohl es hoch am Berge lag, entdeckte man das Anwesen erst, wenn man fast schon davorstand, weil es in einer windgeschützten Senke errichtet worden war.

Dadurch war es nicht nur Jahrhunderte lang davor bewahrt worden, in Kriegszeiten gebrandschatzt zu werden, sondern auch vor Verkehrslärm und anderen Zivilisationsschäden war es gut abgeschirmt.

Als er die Größe und den gepflegten Zustand des Gebäudes erkannte, war er noch mehr beeindruckt. Geradezu überwältigt zeigte er sich dann, als er sah, welche Ausdehnung der Besitz hatte. Außer fruchtbaren Feldern und saftigen Wiesen gehörte dazu ein ansehnlicher Wald. Einfach unglaublich, sinnierte er, dass dem Freund dieses Erbe gar nichts zu bedeuten schien.

Die Familie saß gerade beim Abendessen, als die beiden Freunde die Küche betraten. Es folgte eine herzliche Begrüßung sowohl des Sohnes des Hauses als auch des Gasts, dessen Kommen bereits brieflich angekündigt worden war, und rasch wurden zwei weitere Teller auf den Tisch gestellt, damit auch die beiden sich bedienen konnten.

»Iss nur!«, ermunterte der alte Moosberger, als Gregor nicht noch einmal nachfassen wollte. »Wer arbeitet, der soll auch anständig essen, und jemanden, der uns nur Kost und Logis kostet, den hatten wir noch nie auf dem Hof. Auch wenn's nur ein Städter ist«, setzte er mit einem Augenzwinkern hinzu. »Dass du unsere Arbeit wirklich richtig kannst, das muss ich erst mit eigenen Augen sehen, bevor ich es glaube.«

In den nächsten Tagen beobachtete der Bauer Gregor sehr kritisch bei der Arbeit, und alle Vorbehalte erloschen, denn der »Städter« packte kraftvoll mit an und war dabei gar nicht mal ungeschickt.

»Du, Blasi, den kannst du gern in allen Ferien mitbringen«, eröffnete er seinem Sohn, als sie wieder alle gemeinsam beim Abendessen saßen. Dass ihm damit auf dem Gumperhof fast schon der Ritterschlag erteilt worden war, begriff der in solch hohen Tönen Gelobte auf der Stelle. Ob er nun vor Stolz und Freude darüber rot angelaufen war? Oder lag das vielleicht mehr an dem Kichern der beiden jüngsten Töchter des Hauses, die mit am Tisch saßen?

Er konnte sich nur darüber wundern, dass der Blasi ihm seine hübschen Schwestern bislang einfach verheimlicht hatte. Eva, die Jüngere von beiden, gefiel ihm besonders gut. Während der Arbeit ertappte sich Gregor immer wieder dabei, dass ihm das Mädchen durch die Gedanken spukte, und er freute sich besonders, wenn er in ihrer Nähe zu tun hatte.

Bald fiel ihm auf, dass sie sich am Samstag nach der Stallarbeit immer fein machte und kurz darauf verschwand. Dann ward sie den ganzen Abend nicht mehr gesehen. Diese Beobachtung ließ ihm keine Ruhe. Er fasste sich ein Herz und sprach seinen Freund direkt darauf an: »Sag mal, deine Schwester Eva, ist sie eigentlich schon in festen Händen?«

Verblüfft schaute ihn dieser an: »Darüber habe ich mir noch keine Gedanken gemacht. Warum fragst du?«

Gregor erzählte von seiner Beobachtung.

»Ja und? Was hat das mit dir zu tun?«

»Sie gefällt mir«, gestand der Freund. »Und da lässt es mir keine Ruhe, wenn ich nicht weiß, ob ich mir Hoffnungen machen kann oder nicht.«

»Aha, daher weht der Wind. Da muss ich sie doch mal fragen.«

»Untersteh dich!«, wehrte Gregor peinlich berührt ab. »Dann merkt sie gleich, dass ich dahinterstecke!«

»Ach so«, antwortete Blasi, der in Liebesdingen so ahnungslos war, dass er sich insgeheim wunderte.

Wenn dem Gregor seine Schwester gefiel, warum wollte er dann nicht, dass sie etwas davon erfuhr? »Dann frage ich eben doch besser die Mutter. Die weiß das bestimmt. Keine Sorge, ich erwähne deinen Namen dabei nicht.«

Am nächsten Abend wusste der getreue Freund gleich einen ganzen Roman zu berichten. Eva habe vor einiger Zeit einen glühenden Verehrer gehabt, der habe unbedingt bei ihr einheiraten wollen. Dann habe der Vater davon Wind bekommen und ihm in deutlichen Worten vermittelt, dass er sich auf den Gumperhof keine Hoffnungen zu machen brauche. Daraufhin habe der Bursche sich nicht mehr blicken lassen. Danach habe es noch einige andere gegeben, die ihr nachgestiegen seien, aber alle seien bei ihr abgeblitzt, weil sie nun einmal einen Bauern und nichts anderes haben wolle. Ein Bauernsohn war aber nicht dabeigewesen.

Im Moment habe sie jedoch wieder einen sehr hartnäckigen Verehrer. Der führe sie jeden Samstagabend zum Tanz aus und habe ihr bereits einen Heiratsantrag gemacht.

Sie habe aber nur deshalb noch nicht ausdrücklich Nein gesagt, weil sie so gerne zum Tanzen gehe. Eigentlich finde sie ihn auch ganz nett, aber als Schreiner habe er einfach den falschen Beruf.

»Oh je, dann habe ich wohl auch schlechte Karten?«, seufzte der junge Gruber.

Blasi zuckte die Achseln. »Sieht ganz danach aus«, sagte er, ziemlich herzlos, wie sein Freund fand. Doch die Leiden eines unglücklich Liebenden konnte er nun einmal nicht nachvollziehen.

Das Ende der Semesterferien rückte näher und damit auch der Tag, an dem das Gespräch mit dem Bauern stattfinden sollte. Gregor stellte fest, dass er sich bei dem Gedanken daran immer unwohler fühlte, denn auch wenn er dem Freund versprochen hatte, er werde versuchen, den Vater in seinem Sinne zu beeinflussen, konnte er seine Pläne nicht mit wirklicher Überzeugung gutheißen. Andererseits konnte er ihm dagegen auch kaum guten Gewissens in den Rücken fallen. Und dann wiederum fühlte er sich auch Blasis Vater gegenüber verpflichtet, den er inzwischen als Mensch wie als erfahrenen Landwirt schätzen gelernt hatte.

Blasi schien es beim Gedanken an das bevorstehende Gespräch auch nicht besser zu gehen. Er verschob die Aussprache um einen Tag und dann noch einen, und erst am vorletzten Tag ihres Aufenthaltes überraschte er den Freund mit der Mitteilung, er wolle nun doch erst einmal selbst mit seinem Vater sprechen.

»Dich habe ich schon seit ein paar Tagen erwartet«, eröffnete der alte Moosberger wohlwollend das Gespräch. »Du wirkst so bedrückt. Also, was ist, mein Sohn? Sag es nur frei heraus! Hast du einer ein Kind gemacht?«

»Aber Vater!«, wehrte der Sohn entsetzt ab. »Wie kannst du das von mir denken!«

»So abwegig wäre das nicht. Schließlich bist du alt genug dazu.«

»Nein, Vater, ich habe zwar ein Problem, aber das ist völlig anderer Art«, entschloss sich Blasi zur Flucht nach vorne, bevor sein Vater noch mehr peinliche Mutmaßungen anstellte. »Ich möchte Priester werden.«

Der alte Gumper meinte erst, er hätte sich verhört.

»Du willst ... was?«, fragte er, schwankend zwischen Unglauben und wachsendem Zorn.

Der Sohn, auf seinem Stuhl sitzend, wurde noch kleiner als zuvor. »Vater, ich ... ich ...«, stotterte er, weil ihm auf einmal seine ganze schöne Rede entfallen war, die er sich für diesen Anlass ausgedacht hatte. »Ich wünsche es mir einfach«, sagte er am Ende ziemlich hilflos. »Schon als Kind war es mein größter Wunsch.«

»Wer hat dir diese spinnerte Idee eingeimpft?«

Die Stimme des Moosbergers war ein dumpfes Grollen.

»Niemand, Vater«, versicherte Blasi. »Dieser Wunsch kam von ganz allein. Ich weiß ja, dass ich der einzige Sohn bin, und ich habe deshalb immer versucht, ihn zu vergessen. Darum habe ich dir auch nie etwas davon gesagt.«

»Das war auch gut so«, schlug der Alte nun einen milderen Ton an. »Vergiss es jetzt am besten gleich wieder, und zwar ganz schnell. Was für eine Schnapsidee! Nein, ich muss zugeben, da wäre mir ein lediges Kind immer noch lieber gewesen. – Aber was nicht ist, kann ja noch werden.«

Dabei lachte er schallend, es schien, um sich selbst Mut zu machen, denn trotz allem hatte der Ernst, mit dem sein Sohn gesprochen hatte, Eindruck auf ihn gemacht. Angestrengt überlegte er, mit welchen Argumenten er ihn davon abbringen konnte, solche Wünsche heimlich weiterzuverfolgen. In begütigendem Ton fing er an, von Tradition und Verantwortung zu sprechen und führte all das ins Feld, womit sein Sohn längst gerechnet hatte.

»Weißt du, Blasi«, schlug er nun einen geradezu sanften Ton an. »In der Jugend hat man schon mal hochfliegende Pläne. Das verliert sich aber, wenn man älter wird. Schau, als ich das erste Mal mit der Eisenbahn fuhr, da war ich zwölf, da wollte ich unbedingt Lokführer werden. Mir war es wirklich ernst damit, und ich habe zwei oder drei Jahre lang nicht aufgehört, davon zu reden. Mein Vater hat nur gelacht, und heute weiß ich, dass ich nicht glücklich geworden wäre, wenn ich damals meinen Wunsch verwirklicht hätte. Und du bist doch auch ein echter Moosberger, ebenso wie ich. Du gehörst auf diesen Hof und sonst nirgendwo hin auf der Welt. Das wirst du eines Tages ganz genauso merken, glaub mir!«

Nachdem er den Sohn mit einem aufmunternden Nicken verabschiedet hatte, blieb der Gumperbauer sitzen und versuchte, die Besorgnis niederzukämpfen, die das unerwartete Bekenntnis in ihm ausgelöst hatte.

Was für ein Glück, dass er von diesem völlig irrsinnigen Hirngespinst erfahren hatte, bevor es vielleicht zu spät gewesen wäre. Es musste dringend etwas geschehen, um seinen einzigen Sohn und Hoferben von dieser fixen Idee abzubringen! Was für Möglichkeiten gab es da? Am nächstliegenden war es wohl, sein Interesse an der holden Weiblichkeit zu wecken.

Es gab doch sicher auch hübsche Studentinnen an der Hochschule. Ihm selbst waren wegen der Entfernung zum Studienort natürlich die Hände gebunden, aber es gab ja jemand anderes, der sich vielleicht darum kümmern könnte …

Der Moosberger musste ein wenig suchen, bis er die Person gefunden hatte, die er jetzt brauchte. Er entdeckte sie schließlich im Stall.

»Du, Gregor, komm doch mal mit in die Stube. Ich habe was mit dir zu bereden.«

Der junge Mann war ganz in Gedanken gewesen und schreckte hoch. Da er gerade ausgerechnet darüber nachgesonnen hatte, wie er am besten vorgehen musste, um eine Audienz bei dem sicher immer noch verärgerten Bauern zu erlangen, ohne achtkantig von ihm aus der Stube geworfen zu werden, war er ein bisschen verdattert.

»Mit mir, Bauer?«

»Ja, mit dir.«

Mit der Hand bedeutete der Moosberger dem Städter, mit ihm ins Haus hinüberzukommen. Gregor nickte, machte aber seinerseits noch eine Geste, die der Bauer als eine pantomimische Darstellung des Händewaschens erkannte.

»Ich warte in der Stube auf dich!«, sagte er und ging hinaus.

Erleichtert atmete der junge Mann auf. Nun hatte er noch eine Galgenfrist von wenigen Minuten, um sich zurechtzulegen, was er sagen wollte. Nur gut, dass sein Gastgeber nicht früher hereingekommen war. Kaum zwei Minuten vorher hatte dessen Sohn den Stall erst wieder verlassen.

Blasi war sehr niedergeschlagen über den Verlauf des Gesprächs gewesen. Gregor hatte Mitleid mit ihm und wollte gerne helfen. Gleichzeitig fand er aber auch, dass der Bauer mit seinen Bedenken, dass es sein Sohn eines

Tages gewiss bereuen werde, wenn er Priester werden sollte, wohl nicht ganz unrecht hatte.

In der Stube wartete der Bauer schon am Tisch und lud den Kommilitonen seines Sohnes mit einer Handbewegung ein, Platz zu nehmen. Er selbst trat an einen kleinen Schrank, der in die Wand eingelassen war, öffnete ihn und entnahm ihm eine Flasche mit Klarem und zwei kleine Gläser. Er schenkte ein und reichte dem Gast ein Glas, stieß mit ihm an und trank in einem Zug aus.

»Weißt du, Gregor, ich brauche deine Hilfe«, fing er an. »Ich hab mir dich jetzt ein paar Wochen anschauen können, und ich weiß, du bist ein lebensfroher Bursche, der das Herz auf dem rechten Fleck hat. Deshalb möchte ich dich bitten, dass du den Blasi ein bisschen unter deine Fittiche nimmst, denn der macht mir schwere Sorgen. Bei euch auf der Hochschule gibt's doch sicher auch Madln, die Landwirtschaft studieren?«

»Einige gibt's schon.«

»Versuch, dass du den Blasi mit einer von denen zusammenbringst. Wenn das nicht hilft, dann führ ihn zum Tanzen aus oder was immer du sonst für passend hältst.«

»Ich kann es versuchen«, antwortete der junge Mann zögernd. »Und ich mache es eigentlich auch gerne. Aber da ist etwas, das ich vorher noch sagen muss …«

Wie er es seinem Freund versprochen hatte, tat Gregor sein Bestes. Er schilderte dem Bauern ohne Umschweife, wie viel Blasi sein Wunsch bedeutete und wie schwer die Situation für ihn war, vor die Wahl gestellt zu sein, entweder sich selbst oder sein väterliches Erbe verleugnen zu müssen. Auch seine eigene Lebensgeschichte trug er in diesem Zusammenhang vor. Dabei ließ er nichts aus und beschönigte auch nichts. Selbst die Stelle aus der Heiligen Schrift: »Ihr Väter, schüchtert eure Kinder nicht ein, damit sie nicht mutlos werden«, zitierte er ein weiteres Mal.

Der Alte hörte aufmerksam zu, ohne ihn auch nur ein einziges Mal zu unterbrechen. Nachdem der junge Mann geendet hatte, wirkte der Moosberger doch einigermaßen beeindruckt. Er holte tief Luft und gab zu: »Da hat's dein Vater mit dir auch nicht leicht gehabt. Und das Sprücherl aus der Bibel ist schon wahr. Daran sollte man sich als Vater tatsächlich halten. Deshalb will ich ja auch meinen Bub nicht unterdrücken, sondern wünsche mir, dass er Freude am Leben haben soll. Aus dem Grund brauche ich ja deine Hilfe. Du sollst mir dabei helfen, ihn auf einen Weg zu führen, dass er gerne das Erbe seiner Väter antritt.«

Gregor hatte an dieser Auffassung wenig auszusetzen. »Wenn ich den Blasi dazu beeinflussen kann, dass er mit Freude Bauer wird, dann soll es an mir wirklich nicht scheitern«, versprach er. »Aber versteh mich, Bauer, ich fühle mich auch ihm und unserer Freundschaft gegenüber verpflichtet. Ich will ihn weder zu etwas drängen, noch will ich faule Tricks anwenden, um ihn zu etwas zu bringen, das er sonst nicht tun würde. Aber es ist ganz sicher kein Verrat an unserer Freundschaft, wenn ich ihn zu Festen und Freizeitvergnügungen mitnehme, bei denen er mit Mädchen zusammenkommt. Dass ich das tun werde, kann ich also schon versprechen.«

Der Bauer nickte zufrieden und schenkte noch mal ein. »Mehr kann und will ich von dir auch nicht verlangen.«

Sie prosteten sich zu, wie um ihren Pakt zu besiegeln, und leerten ihre Gläser in einem Zug.

Der Gumperbauer fühlte sich zuversichtlich, als die beiden Studenten am nächsten Morgen abreisten, dass sich die Sache schon wieder einrenken würde. Doch als ein paar Tage später der Viehhändler Daxenbichler vor der Tür stand, kam ihm der Gedanke, es könne ja nicht schaden, wenn er sich selbst auch ein bisschen umhörte. Viehhändler wussten durch ihre Arbeit, wer die besten und meisten Kühe im Stall hatte, aber daneben auch, wer gerade auf Brautschau war und wie es um die jeweilige Mitgift stand. Das machte sie zu idealen Heiratsvermittlern, und auch der Daxenbichler folgte der alten Tradition, dass Viehhändler nebenbei meistens auch noch Ehen stifteten.

Der Besucher gab sich erstaunt, als er vom Hausherrn persönlich in die gute Stube geführt wurde und, ehe er sich versah, ein Gläschen vom Selbstgebrannten vor sich stehen hatte – obwohl er aus der Erfahrung eines langen Berufslebens natürlich ganz genau wusste, was das zu bedeuten hatte.

»Ja, was hast jetzt, Moosberger?«, wollte er wissen. »Sonst darf ich ja kaum in deinen Stall, und jetzt führst mich sogar in die Stuben. Suchst du etwa einen Hochzeiter für eins von deinen Madln?«

Damit es sich der Bauer nicht noch anders überlegen konnte, ergriff der Viehhändler seinen Schnaps und kippte ihn auf der Stelle hinunter. Sogleich schenkte der Bauer wieder nach.

»Nein, nein. Die Madln wissen sich schon selbst zu helfen. Es geht um meinen Bub.«

»Ja, da schau her. Der Bub! Ich denke, der studiert in der Stadt. Gibt's da keine Madln?«

»Doch, schon. Das wäre kein Problem«, behauptete der Gumperbauer. »Der soll aber doch den Hof übernehmen, und da passt so eine Städtische nicht hinein. Er bräuchte schon eine Hochzeiterin, die auf den Hof passt. Du kommst doch viel rum. Vielleicht weißt eine für ihn.«

»Eine Bäuerin also«, überlegte der Händler laut. »Ja, da wüsste ich schon eine. Aber die sucht einen, der bei ihr einheiratet.«

»Ja, mei, das nützt mir nix, wenn die einen zum Einheiraten sucht«, wehrte der Bauer ab. »Eine, die hier einheiraten kann, weißt du nicht?«

Der Händler schob seinen Hut, der ohnehin schon ziemlich weit hinten auf seinem Kopf saß, noch weiter zurück und kratzte sich an der übergroßen Stirn. »Hm, da wüsste ich schon eine, aber die ist wohl schon zu alt für deinen Bub. Der ist doch höchstens zwanzig, wenn ich mich recht besinne. Sie ist schon Ende zwanzig, schätze ich. Aber eine schöne Mitgift täte sie mitbringen.«

»Eine schöne Mitgift?«, fing der Bauer den Köder auf.

»Dagegen hab ich natürlich nix, aber viel älter als der Bub sollte sie wirklich nicht sein. Und zueinander passen sollten sie schon.«

Der Daxenbichler schüttelte den Kopf. »Im Moment wüsste ich keine, die wirklich passt. Aber ich hör mich mal um, und sobald ich eine weiß, lass ich mich wieder blicken. Und jetzt bräuchte ich eine Kuh.«

»Die Kuh kannst du haben, und was die Hochzeiterin angeht, dein Schade soll's nicht sein.«

»Ich melde mich bei dir, sobald ich etwas weiß. Gib mir doch mal deine Telefonnummer.«

»Kann ich nicht – ich hab kein Telefon.«

Das konnte der Daxenbichler gar nicht fassen.

»Heutzutage hat doch jeder ein Telefon!«

»Ich nicht. Brauch ich nicht.«

»Und ich soll jedes Mal extra zu dir herkommen, wenn ich was erfahren habe?«

»Was denn sonst?«

Kapitel 6

Normalerweise beträgt die Lehrzeit für einen Kraftfahrzeugmechaniker dreieinhalb Jahre, aber Thomas durfte die Gesellenprüfung dank seines Geschicks und wegen des Abiturs bereits nach zweieinhalb Jahren ablegen und bestand sie mit Auszeichnung. Die Eltern hätten also allen Grund gehabt, stolz auf ihn zu sein. Luise erfüllte auch wirklich eine gewisse Freude, die sie jedoch nur ihrem Sohn gegenüber zeigte, denn in der Nachbarschaft und bei Verwandten wollte sie nicht darüber sprechen, dass ihr Einziger »nur« einen Handwerksberuf ausübte. Vom Vater erfuhr der Sohn überhaupt keine Anerkennung. Franz-Josef Krautwald wollte nicht einmal von den Plänen hören, die Thomas bereits für sein weiteres Fortkommen schmiedete, denn sein Lehrherr war der Meinung, jemand mit seiner Befähigung müsse nun unbedingt auch die Meisterprüfung ablegen.

Seit Thomas Geselle war und richtig verdiente, lebte er nicht mehr in der Wohngemeinschaft, sondern hatte ein hübsches Appartement im Stadtteil Neuperlach gemietet – ein großer Raum zum Wohnen und Schlafen, eine winzige Küche und ein noch kleineres Bad, aber dafür eine schöne Terrasse zum Hof hin. Auch dorthin kam seine Mutter weiterhin einmal in der Woche, um sauberzumachen. Franz-Josef war damit freilich nach wie vor nicht einverstanden. Nun noch weniger denn je.

»Bist du denn seine Putzfrau?«, beschwerte er sich. »Geld hat er jetzt ja, um sich eine zu leisten!«

Luise wollte davon nichts wissen, auch wenn sie jetzt meistens mit ihren Wäschepaketen Bus und Bahn benutzen musste, denn Franz-Josef weigerte sich, weiterhin den Fahrdienst zu übernehmen.

»Das sehe ich nicht ein, andauernd die dreckige Wäsche meines Herrn Sohnes durch die ganze Stadt zu kutschieren!«

»Wenn er doch in seiner Wohnung nun einmal keine Waschmaschine unterbringen kann«, nahm Luise ihren Sohn in Schutz. »In die Küche passt sie nicht, ins Bad schon gar nicht, und die Waschküche im Keller ist so voll mit dem Sperrmüll anderer Mieter, dass man dort auch keine unterbringen kann.«

»Wenn ihm dort laut Mietvertrag ein Platz für seine Waschmaschine zusteht, muss er das eben beim Vermieter ansprechen. So regelt man das unter Erwachsenen. Ich dachte, der Bengel will auf eigenen Füßen stehen.«

»In einem solchen Haus, wo anscheinend jeder macht, was er will, würde ich meine Sachen auch nirgends hinstellen wollen, wo andere Leute sie heimlich mitbenutzen können«, widersprach Luise. »Eines Tages ist die Waschmaschine kaputt, und dann hat er den Salat.«

»Dann soll er die Wäsche eben in den Waschsalon bringen«, befand der Vater. »Andere Leute seines Alters machen das doch auch.«

»Und wer soll die Sachen dann bügeln?«

»Was weiß ich!« An diesem Punkt der Debatte wurde die Stimme des Studienrats laut. »Irgendeine Studentin, die sich ein paar Mark dazuverdienen will, wird sich dafür ja wohl finden!«

Luise schüttelte energisch den Kopf. »In Thomas' Wohnung soll doch nicht ›irgendjemand‹ regelmäßig ein- und ausgehen, womöglich noch, während er selbst nicht da ist. Nein, da ist es mir viel lieber, mich selbst um die Wäsche zu kümmern.«

»Des Menschen Wille ist sein Himmelreich! Aber dass ich es auch noch unterstütze, wie du diesen Lümmel verhätschelst, damit solltest du nicht rechnen. Ohnehin sehe ich überhaupt nicht ein, warum er die Wäsche nicht selbst hierherbringt und wieder abholt. Dass er das mit seinem Auto leicht machen könnte, wirst du doch hoffentlich nicht abstreiten wollen?«

Nein, das wollte Luise nicht abstreiten. Doch wenn Thomas die Wäsche vorbeigebracht hätte, dann wäre seine Wohnung ja immer noch nicht sauber gewesen. Also fuhr sie lieber hin, und wenn Franz-Josef in den Streik trat, dann eben mit öffentlichen Verkehrsmitteln. Meist legte sie ihren Besuch so, dass sie am Nachmittag losfuhr und mit allem ungefähr um die Zeit fertig war, wenn der Sohn am Abend heimkam. Auf diese Weise konnte sie wenigstens noch ein paar Sätze mit ihm reden. Manchmal blieb er aber länger aus, und wenn sie dann noch auf ihn wartete, konnte es spät werden, bis sie nach Hause kam. Dort fand sie dann einen brummigen Ehemann vor, der ihr durch sein ganzes Gebaren signalisierte, er fühle sich von ihr in ungebührlicher Weise vernachlässigt.

Das ließ sie sich einige Male gefallen, dann reichte es ihr.

»Ich verstehe dich nicht, Franz-Josef. So lange ich dich kenne, hast du dich über die Einstellung deiner Mutter beklagt. Warum benimmst du dich jetzt Thomas gegenüber genauso wie sie?«

Diesen Vorwurf wollte er sich nicht gefallen lassen. »Das kann man so nicht vergleichen«, wehrte er ab. »Meine Mutter wollte mich zu einem Beruf zwingen, zu dem ich nicht berufen war. Und außerdem habe ich nie von ihr erwartet, dass sie mir hinterherputzt.«

»Wozu auch? Du hast ja im Haushalt deines Bruders gelebt«, erinnerte sie. »Hilde hat sich um das Putzen gekümmert. Und was den Beruf betrifft: Versuchst du nicht auch, Thomas in die Berufswahl hineinzureden und deinen Willen dabei durchzusetzen?«

»Wann hatte ich von Thomas denn je verlangt, einen bestimmten Beruf zu wählen?«

Luise seufzte. »Dann lass es mich mal anders formulieren. Du willst unseren Sohn nicht in einen bestimmten Beruf hineindrängen, du willst ihn aus einem bestimmten Beruf hinausdrängen. Dass dieser Beruf ihm Spaß macht – er sich zu ihm berufen fühlt, wenn man so will –, interessiert dich dabei überhaupt nicht. Findest du das denn wirklich besser als das, was deine Mutter mit dir gemacht hat?«

Das hatte gesessen. Einige Minuten lang erwiderte Franz-Josef gar nichts, und Luise bohrte nun nicht mehr weiter, sondern vertraute darauf, dass ihr Mann ehrlich und selbstkritisch darüber nachdenken würde.

Die beiden kamen auf dieses Gespräch nicht mehr zurück, aber von nun an war der Ehemann wieder bereit, seine Frau einmal in der Woche nach Neuperlach hinauszufahren; allerdings bestand er darauf, das dann schon morgens vor Schulbeginn zu tun. Da Thomas immer häufiger abends lange auf sich warten ließ, erklärte sie sich damit einverstanden.

Eines Montagmorgens fiel Luise beim Betreten der Wohnung ihres Sohnes ein ungewohnter Duft auf. Thomas hielt nicht viel vom Lüften, und so herrschte in seinem Reich für gewöhnlich ein schwer zu definierender Geruchsmischmasch, dessen vermutliche Bestandteile – von der angebrannten Fertigpizza bis hin zu ungewaschener Unterwäsche – Luise gar nicht so genau wissen wollte. Stattdessen riss sie immer als Erstes, wenn sie hereinkam, sämtliche Fenster auf, damit der Mief der vergangenen Woche sich möglichst rasch verflüchtigen konnte.

Heute aber roch es frisch, mit einem Hauch Parfüm in der Luft.

Als sie das Zimmer betrat, hätte sie vor Schreck beinahe ihre Pakete fallen lassen, denn auf dem Bett ihres Sohnes räkelte sich eine junge Frau mit einem Buch in der Hand. Sie war blond, und ihre spärliche Bekleidung ließ an ihrer guten Figur keinen Zweifel. Der Blick, mit dem sie auf die eintretende Luise starrte, war kaum weniger entgeistert als ihr eigener.

Die ältere Frau fand als Erste ihre Sprache wieder. »Was machen Sie denn hier?«, platzte sie heraus und machte zwei Schritte in den Raum hinein.

»Das wollte ich Sie auch gerade fragen«, antwortete das blonde Etwas mit einer hohen, piepsigen Stimme, während es das Buch zuklappte und lässig die langen Beine von der Liege schwang.

»Ich bin die Mutter von Thomas und will hier saubermachen«, antwortete Luise völlig perplex und fragte sich im selben Moment, warum sie dieser Fremden eigentlich Rechenschaft darüber schuldig sein sollte, wer sie war und was sie hier tat.

»Ach so!«, piepste die blonde junge Dame, erhob sich vollends vom Bett und streckte Luise die Hand entgegen. »Ich bin die Freundin von Thomas. Mein Name ist Yvonne Ackermann.«

»Angenehm«, antwortete Luise gewohnheitsmäßig, obwohl es ihr nicht wirklich angenehm war. »Ich – ich wusste gar nicht, dass mein Sohn eine Freundin hat.«

»Wir haben uns gestern Abend in der Disco kennengelernt.«

»Gestern Abend?! – Und da wohnen Sie jetzt schon hier?«

»Nein, nein, ich habe hier nur übernachtet. Meine Vorlesung beginnt heute erst um zehn. Deshalb hat Thomas gesagt, ich könne so lange hierbleiben.«

»Was studieren Sie denn, Fräulein Ackermann?«

»Ach, nennen Sie mich doch einfach Yvonne. Mir ist es immer peinlich, wenn alte Leute mich siezen. Sozialpädagogik studiere ich.«

Auch, als sie längst wieder zu Hause war, ging ihr die Begegnung mit der blonden Yvonne nicht mehr aus dem Kopf. Nicht nur, weil die Studentin sie kurzerhand mit einem einzigen Nebensatz zu einer alten Frau erklärt hatte, sondern weil es sie verstörte, mit welcher Unbekümmertheit diese jungen Leute direkt nach dem Kennenlernen miteinander ins Bett zu gehen schienen.

Sicher, die Zeiten hatten sich geändert. Dennoch fühlte sie sich überrumpelt, zumal Thomas wenigstens so viel Anstand hätte zeigen können, das Mädchen vorzuwarnen, dass ein Besuch seiner Mutter zu erwarten sei.

Beim Kochen war sie gar nicht bei der Sache und hätte beinahe Zucker statt Salz an die Kartoffeln getan. Franz-Josef, der wie immer, wenn er nach Hause kam, seinen Kopf noch weitgehend in der Schule hatte, fiel zunächst nichts an ihr auf. Da sie aber während des ganzen Essens ungewöhnlich schweigsam war, bemerkte er es endlich doch. »Was ist mit dir, Liebes? Du bist so anders als sonst.«

Wie eine Sturzflut brach es nun aus ihr heraus: Wortreich und anschaulich schilderte sie die Szene, die sich im Appartement ihres Sohnes abgespielt hatte. Ihr Mann hörte schweigend zu und nickte nachdenklich. Als sie fertig war, sagte er, wie zu sich selbst: »Ja, ja, die Sitten haben sich geändert. In früheren Zeiten hätte ich von Thomas nun wohl verlangen müssen, dass er die junge Dame, die er in Unehre gebracht hat, auf der Stelle heiratet – aber heutzutage scheint so etwas ja ganz normal zu sein.«

Ganz normal ...! Luise traute ihren Ohren nicht. Sie öffnete schon den Mund zu einem energischen Widerspruch, als ihr Mann fortfuhr: »Mit ›normal‹ meine ich keineswegs, dass ich das gutheiße, aber ich glaube kaum, dass wir etwas dagegen tun können. Hoffen wir also darauf, dass diese Freundin wenigstens einen guten Einfluss auf Thomas ausübt. Dass sie Sozialpädagogik studiert, deutet darauf hin, dass sie immerhin gebildet ist.«

In den nächsten Wochen hielt Luise immer unwillkürlich erst einmal den Atem an, wenn sie die Wohnung ihres Sohnes betrat, und vergewisserte sich, ob sie allein in der Wohnung war oder nicht. Aber sie begegnete Yvonne dort nicht noch einmal – was Franz-Josef zu enttäuschen schien, denn auch Thomas meldete sich nicht, um seine Freundin nun auch in seinem Elternhaus vorzustellen.

Luise, die regelmäßig bei ihm anrief, da sie ihn bei ihren Besuchen schon nicht daheim antraf, gab sich redliche Mühe, ihm durch Andeutungen zu signalisieren, er möge doch einmal mit seiner Auserwählten zu Besuch kommen. Thomas zeigte sich in diesem Punkt allerdings schwerhörig. Es gingen Monate ins Land, bis Luise ihrem Mann freudestrahlend mitteilen konnte, am Sonntag sei es endlich so weit: Ihr Sohn und seine Freundin würden zu einem Besuch vorbeikommen.

Luise war noch am Kaffeekochen, als es an jenem Sonntag, kurz nach 15.00 Uhr, an der Wohnungstür läutete. Der Hausherr bemühte sich also höchstpersönlich zum Eingang.

»Schön, Thomas, dass wir dich mal wieder zu Gast haben dürfen«, begrüßte er den Sohn, und dann nickte er der jungen Dame an seiner Seite zu. »Guten Tag, Yvonne!«

»Das ist Kerstin«, korrigierte der Sohn. »Wie kommst du auf Yvonne?«

Luise, die erst einige Sekunden später aus der Küche in die Diele trat, bekam nur noch mit, wie das Mädchen sagte: »Guten Tag, Herr Krautwald.«

Ein wenig irritiert blickte sie auf die Besucherin, deren Stimme nicht im Geringsten piepsig klang – und die auch anders aussah, als sie Yvonne in Erinnerung hatte. »Herzlich willkommen, ihr beiden!«, flüchtete sie sich in eine neutrale Begrüßung.

Die Unterhaltung am festlich gedeckten Tisch zog sich etwas gequält dahin, denn die Fragen, die dem Vater eigentlich wichtig gewesen wären, wollte er in der Gegenwart des Mädchens nicht stellen. Als sein Sohn kurz den Raum verließ, um einem menschlichen Bedürfnis abzuhelfen, entschuldigte er sich ebenfalls und ging hinaus in die Diele, wo er Thomas abpassen wollte. Das bescherte auch Luise eine Gelegenheit, die sie nicht ungenutzt verstreichen ließ, und innerhalb weniger Minuten hatte sie alles Wissenswerte über die junge Dame erfahren – und noch einiges mehr.

Kerstin Müller war achtzehn und Tochter eines Konditors. Sie hatte eine abgeschlossene Friseurlehre hinter sich und war in einem renommierten Salon angestellt. Vor zwei Monaten hatte sie Thomas in dessen Werkstatt kennengelernt, als sie ihr Auto zur Inspektion gebracht hatte, und es hatte zwischen den beiden sofort gefunkt. Zu ihrem Erstaunen erfuhr Luise aus einem Nebensatz, dass ihr Sohn bei dieser Gelegenheit einer gewissen Anita den Laufpass gegeben hatte.

Anita? Und was war dann mit dieser Yvonne geschehen?

Im nächsten Atemzug erklärte die Friseurin, dass sich Luise künftig nicht mehr um Wohnung und Wäsche ihres Sohnes zu kümmern brauche, denn Thomas und sie seien übereingekommen, dass sie bei ihm einziehen werde. Dann werde sie sich auch um den Haushalt kümmern. Diese Nachricht nahm Luise mit gemischten Gefühlen auf.

Unterdessen war Franz-Josef vor dem Badezimmer auf- und abpromeniert, hatte seinen Sohn abgefangen und ins Schlafzimmer gebeten.

»Thomas«, begann er und legte eine Pause ein, um die Wirkung seiner nachfolgenden Worte zu erhöhen. »Ich war sehr überrascht, um nicht zu sagen, betroffen, dass du mir deine Freundin mit dem Namen Kerstin vorgestellt hast. Mutter hatte mir von einer Yvonne erzählt.«

»Yvonne?«, überlegte der Sohn halblaut. »Ach ja, das war mal ein One-Night- Stand. Aber das ist schon lange her.«

Diese Vokabel hatte zu Franz-Josefs Schulzeiten in keinem englischen Lehrbuch gestanden; dennoch besaß er genügend Kombinationsvermögen, um sich vorstellen zu können, was damit gemeint war.

»Aha«, konstatierte er. »Aber Kerstin, mit der ist es etwas Ernstes?«

»Auf jeden Fall verstehen wir uns prima. Sie fährt genauso auf Autos ab wie ich. Wir sind seit zwei Monaten zusammen, und in den nächsten Tagen wird sie bei mir einziehen.«

Der Vater machte ein wenig begeistertes Gesicht. »Ich versuche ja, mit den modernen Zeiten Schritt zu halten, also gebe ich mir Mühe, Verständnis für Dinge wie One-Night-Stands und wechselnde Freundinnen aufzubringen. Aber eine wilde Ehe? Muss so etwas denn wirklich sein?«

Thomas lachte auf. »Wilde Ehe! Was für ein Ausdruck! Das ist auch nicht wilder als eine Ehe, es kann nur leichter wieder beendet werden.«

»Soll das heißen, wenn du genug von dieser Kerstin hast, schickst du sie einfach weg und suchst dir eine Neue?«

»Na klar, das ist doch der Sinn der Sache. Heutzutage heiratet man nicht mehr, sondern man hat eine Lebensgefährtin. Oder besser gesagt: Man hat immer die Lebensabschnittsgefährtin, mit der man sich gerade besonders gut versteht.«

Da war wohl auch nicht damit zu rechnen, dass dieser Sonntagsbesuch dazu dienen sollte, eine Verlobung anzukündigen.

Resignierend hob der Vater die Schultern und ließ sie wieder sinken. »Gut. Oder vielmehr: schlecht. Aber nun weiß ich wenigstens, woran ich bin. Lass uns also zu den Damen zurückkehren. Es wäre unhöflich, sie allzu lange allein zu lassen.«

So sehr Luise es begrüßte, nicht mehr nach Neuperlach hinaus zu müssen, gleichzeitig bedauerte sie es auch, denn damit schien ihr das Band zu ihrem Sohn noch ein Stück weiter abgerissen.

Doch es dauerte nur wenige Monate, bis sie einen Anruf von ihm bekam.

»Mutter, könntest du mal in den nächsten Tagen rauskommen und bei mir saubermachen? Ein Berg Schmutzwäsche hat sich auch wieder angesammelt.«

»Ich denke, deine Freundin hat nun diese Aufgabe übernommen?«, fragte sie sehr verwundert zurück.

»Das dachte ich eigentlich auch. Aber Ramona kriegt das nicht auf die Reihe. Anscheinend hat sie zu Hause nichts dergleichen gelernt.«

»Ramona?«, wiederholte die Mutter. »Ich dachte, deine Freundin heißt Kerstin.«

»Mit der habe ich schon vor Wochen Schluss gemacht. Die hatte doch nur Autos im Kopf.«

»Das hast du doch auch«, wagte die Mutter ihm vorzuhalten.

»Bei mir ist das etwas anderes. Schließlich ist das mein Beruf, und außerdem bin ich ein Mann.«

»Was du nicht sagst«, spöttelte die Mutter, denn das ging ihr nun doch zu weit. »Und ich dachte, ihr jungen Leute fahrt voll auf Gleichberechtigung ab, oder wie ihr das auch immer ausdrückt. Überhaupt, du hast doch zwei gesunde Hände. Warum putzt du denn nicht einfach selber, wenn diese Ramona das nicht auf die Reihe kriegt?«

»Weil ich das einfach nicht gut genug mache!«, behauptete Thomas. »Ich habe mal gelesen, Männer seien aus hormonellen Gründen ungeschickt in solchen Dingen. Keine Ahnung, ob das stimmt, aber ich kann zum Beispiel einfach kein Fenster so putzen, dass es nicht streifig wird. Ohne deine Hilfe bin ich also aufgeschmissen!«

Luise verzichtete auf weitere Einwände, denn im Grunde war sie ja froh, dass Thomas sie wieder brauchte. Doch eines bat sie sich nun aus: Dass er seine Schmutzwäsche künftig im Auto herbrachte, sodass sie sie nicht mehr durch die Stadt schleppen musste.

Kapitel 7

Gregor Gruber gab sich redlich Mühe, das Versprechen, das er dem alten Moosberger gegeben hatte, zu halten. Es fand kein Studentenfest statt, zu dem er seinen Kommilitonen Blasi nicht schleifte, und in ganz Landshut existierte kein Wirtshaus, kein Tanzlokal, keine Disco, in die er seinen Freund nicht mitschleppte. Auch in der Hochschule selbst ließ er keine Möglichkeit aus. Ob in der Mensa, im Hörsaal, in Seminaren, in Kolloquien, in Kursen, im Labor, überall suchte er nach Möglichkeiten, den Hoferben mit Mädchen zusammenzubringen.

Doch ein Erfolg wollte sich einfach nicht einstellen, und manchmal fragte er sich sogar, ob er am Ende dem Freund die Unterschiede zwischen Männlein und Weiblein erklären müsse; dann nämlich, wenn er schon auf ein gewonnenes Spiel hoffte, weil Blasi an einem Mädchen Interesse zeigte, aber dann doch nichts weiter als Fachgespräche mit ihm führte.

Aber auch bei Gregor selbst lief eigenartigerweise nichts, obwohl er dank seiner Anstrengungen zum Wohle des Gumperhofs die ganze Zeit mit Mädchen zusammenkam. Lag es daran, dass er sich zu sehr auf das Liebesleben seines Freundes konzentrierte? Oder hing es damit zusammen, dass seine Gedanken auch jetzt immer noch häufig zu einer gewissen Eva wanderten?

So ging unter erfolgreichem Lernen und erfolglosen Verkuppelungsversuchen das Wintersemester dahin.

Die Semesterferien wollten die beiden Freunde wieder auf dem Moosberger-Anwesen verbringen. Darauf freuten sich nicht nur sie beide, sondern der alte Bauer ebenfalls, wenn auch alle drei aus ganz unterschiedlichen Gründen. Blasi hatte Sehnsucht nach seinem Zuhause, dem Wiedersehen mit seiner Familie und nach monatelanger Mensa-Kost auch dem guten Essen der Mutter. Gregor freute sich darauf, Eva wiederzusehen – zumal sein Freund ihm hatte mitteilen können, dass sie ihrem Verehrer nun endgültig den Laufpass gegeben hatte. Der Moosberger wiederum konnte es kaum erwarten, seinem Sohn eine Überraschung zu präsentieren. Der Viehhändler hatte nämlich ganze Arbeit geleistet und ein Mädchen für den Sohn des Gumperbauern aufgetrieben, das nicht nur bildsauber war, sondern auch noch von einem wohlhabenden Hof stammte und eine tüchtige Bäuerin zu werden versprach.

Heidi hatte drei Brüder und war die Jüngste unter den Geschwistern; allein das schon gefiel dem Moosberger, dem etwas daran lag, dass sein Hoferbe nicht ebenfalls so viele Jahre um einen männlichen Nachkommen zittern musste wie er selber. Da die Hofnachfolge näher rückte, war den Eltern daran gelegen, ihre Tochter möglichst auch in absehbarer Zeit unter die Haube zu bringen, und der Kontakt zum Gumperbauern kam ihnen sehr gelegen. Beide Elternpaare hatten sich bereits getroffen und vereinbart, dass die Tochter den Sommer auf dem Gumperhof verbringen sollte, damit die jungen Leute Gelegenheit hatten, sich gegenseitig zu beschnuppern. Nur notdürftig wurde das eigentliche Anliegen kaschiert, indem man diese Sache als »Praktikum« bezeichnete.

Der alte Moosberger erlebte in diesem Sommer eine wahre Genugtuung: Der Blasi und die Heidi fanden wirklich Gefallen aneinander. Dass es nicht der Jungbauer war, der dabei die Initiative ergriff, sondern vielmehr das Mädchen, störte den Bauern nicht – Hauptsache, sie kamen überhaupt zusammen. Dass sich auf seinem Hof daneben noch eine weitere Romanze anbahnte, entging dem Bauern dagegen vollständig, denn er war viel zu beschäftigt damit, das junge Glück, das ihm die Hofnachfolge sichern sollte, im Auge zu behalten.

Gregor war es bei diesem zweiten Besuch endlich gelungen, Eva so weit aus der Reserve zu locken, dass er es riskieren konnte, sie an einem Abend zu einem Waldspaziergang einzuladen. Freilich, nun, da er dieses Etappenziel erreicht hatte, wollte er sich nicht noch weiter vorwagen. So hütete er sich, seine Gefühle anzusprechen, stattdessen beschränkte sich das Gespräch größtenteils auf landwirtschaftliche Fragen.

Mochte ihre Unterhaltung auch nicht allzu romantisch sein, so war sie doch lebhaft und fesselte beide so vollständig, als würden sie die feurigsten Liebesschwüre austauschen: Eva erzählte von dem, was auf dem Gumperhof tatsächlich gemacht wurde, und Gregor steuerte die Erkenntnisse ein, die er in seinem Studium zu denselben Fragen gewonnen hatte. Sie folgte seinen Ausführungen mit größter Aufmerksamkeit; manchmal nickte sie und fand es klug, was er sagte, manchmal widersprach sie auf der Stelle, und manchmal bat sie um nähere Erklärung, wenn ihr etwas nicht auf Anhieb einleuchtete.

Als sie wieder heimkamen, war die Dunkelheit schon hereingebrochen, und Eva wünschte ihrem Begleiter eine gute Nacht.

»Ein Landwirtschaftsstudium ist doch nicht so sinnlos für einen Bauern, wie ich immer gedacht habe«, sagte sie anerkennend. »Du hast jedenfalls sehr vernünftige Gedanken aus deinem Studium mitgebracht, und ich glaube, aus dir wird einmal ein ganz hervorragender Bauer. Mit jemandem wie dir müsste man gemeinsam einen Bauernhof führen dürfen …«

Ehe er sich versah, hatte sie ihm einen Kuss auf die Wange gehaucht, und schon war sie in ihrer Kammer verschwunden.

»Übrigens brauche ich noch einen Praktikumsplatz für das übernächste Semester«, sagte Gregor an einem Abend, als sich die Ferien schon dem Ende zuneigten. »Ich würde das gerne auf dem Gumperhof machen – vorausgesetzt, ihr könnt mich noch einmal brauchen.«

Dagegen hatte der Bauer keine Einwände; im Gegenteil, er war sehr erfreut.

»Die Sache hat allerdings einen Haken«, fuhr Gregor fort. »Mein Praktikum muss ich in einem anerkannten Lehrbetrieb machen. Aber das kann ich wohl in die Wege leiten. Ich habe mich schon erkundigt, auf welche Weise man da vorgehen muss.«

»Muss ich dann künftig jeden als Lehrling nehmen, ob ich ihn haben will oder nicht?«, erkundigte sich der Bauer misstrauisch.

»Nein«, versicherte Gregor. »Du bist berechtigt, ihn zu nehmen, aber niemand hindert dich daran, Nein zu sagen, wenn dir von jemandem die Nase nicht passt. – Es wäre aber vielleicht nicht schlecht, wenn du dir einen Telefonanschluss legen lässt, um für Rückfragen erreichbar zu sein.«

»Dieses Zeug will ich in meinem Haus aber nicht haben!«, erklärte der Moosberger rundheraus. »Wir sind seither auch immer ohne Telefon zurechtgekommen. Oder nehmen die mich dann nicht als Lehrbetrieb auf?«

»Es wird wohl auch so gehen«, versicherte sein künftiger Praktikant hastig, der befürchtete, am Ende könne der Gumperbauer vielleicht doch noch einen Rückzieher machen.

Ehe die beiden Studenten am Ende der Semesterferien wieder aufbrachen, wollte der Alte genau wissen, woran er mit seinem Sohn war. Er zitierte ihn in die Stube und schenkte ihm einen Schnaps ein, ein unerlässliches Zeremoniell für ein Gespräch von Mann zu Mann.

»Wie ist es, Bub? Gefällt dir die Heidi?«

»Ja, schon«, gab Blasi zu. »Sie ist ein nettes Mädchen, und von der Landwirtschaft versteht sie auch was.«

»Könntest du sie dir als deine Bäuerin vorstellen?«

Darüber hatte der Bauernsohn auch schon nachgedacht. Verliebt war er in Heidi zwar nicht, aber er empfand immerhin Sympathie für sie. Da er seinen Traum, Priester zu werden, ohnehin begraben musste, um den Hof zu übernehmen, konnte er es im Grunde nicht besser treffen als mit Heidi an seiner Seite.

»Warum nicht?«, antwortete er. »Wenn's schon eine sein muss, dann wäre mir die Heidi grade recht.«

Der alte Moosberger zuckte nicht mit der Wimper über diesen Mangel an Begeisterung. Hauptsache, der Bub war überhaupt bereit zu heiraten!

»Du meinst also, ich könnte mit ihrem Vater in Verhandlungen treten?«, vergewisserte er sich vorsichtshalber noch.

»Wenn du meinst.«

Am darauffolgenden Sonntag spannte der Moosberger an, lud seine Frau auf die Kutsche und fuhr zum Holzleitner-Anwesen. Sicher, eine seiner Töchter hätte ihn bestimmt gerne im Auto hinchauffiert, doch das konnte er nicht zulassen, denn seit Jahrhunderten war es Sitte, dass die Bauern vom Gumperhof mit der Kutsche zur Brautwerbung fuhren. Moderne Zeiten hin oder her, es kam für ihn überhaupt nicht in Frage, das anders zu machen.

Bei Kaffee und Kuchen und anschließend einem Glas Schnaps waren die Eltern sich rasch über die Mitgift einig, und der Verlobungstermin wurde auf den zweiten Weihnachtsfeiertag festgelegt. Die Verlobung sollte im Hause Holzleitner sein, die Hochzeit dagegen – traditionsgemäß – auf dem Gumperhof.

Nachdem die Verlobung einmal erfolgt war, hielt Blasi es auch für seine Pflicht, seiner Braut zu schreiben. Kaum, dass er wieder in Schönbrunn war, verfasste er einen Brief an sie. Eine Antwort kam nicht sofort, aber darüber wunderte er sich nicht. Erst einige Tage später erhielt er ein Schreiben vom Holzleitner-Hof, aber nicht in Heidis Handschrift. Ohne Besorgnis, sondern eher mit Neugier öffnete er den Brief.

»Lieber Blasi!
Du wirst Dich wundern, dass ich Dir schreibe. Aber ich denke, Du musst erfahren, dass Heidi schwer krank geworden ist. Sie hat sich eine Lungenentzündung zugezogen, und der Doktor macht sich große Sorgen, weil die Antibiotika, die er ihr gegeben hat, überhaupt nicht gewirkt haben. Jetzt soll sie ins Krankenhaus kommen.
Wir beten alle zum Herrgott, dass er ihr Leben schont, zumal sie nur deshalb krank geworden ist, weil sie einem Kind das Leben retten wollte, das ins dünne Eis des Dorfweihers eingebrochen ist. Die Heidi ist gerade zufällig vorbeigekommen. Sie wollte vorsichtshalber bäuchlings auf dem Eis zu dem Kind hinrobben, aber das Eis unter ihr hat trotzdem nicht gehalten.
Ich habe sie daheim gleich ins Bett gesteckt, ihr eine Wärmflasche gegeben und heißen Tee eingeflößt, aber am nächsten Tag hat sie fürchterlich gehustet und Fieber bekommen, und nun wird es einfach nicht besser.
Komm, sobald du kannst. Vielleicht ist das gut für sie.
Viele Grüße, Holzleitner Thekla.«

Schwer atmend und immer wieder von Hustenattacken geschüttelt, lag die Kranke mit geschlossenen Augen in den Kissen. Plötzlich bäumte sie sich auf, öffnete die Augen und stieß unzusammenhängende Worte aus. »Sie fantasiert«, flüsterte die Mutter dem Bräutigam zu, der gerade das Krankenzimmer betreten hatte. Dann fiel das Mädchen erschöpft in die Kissen ihres Betts zurück.

Blasi setzte sich.

»Du musst was sagen«, ermunterte ihn die Holzleitnerin. »Damit sie merkt, dass du da bist.«

»Heidi, ich bin da«, sagte er, ein wenig verlegen, weil ihm nicht die richtigen Worte einfielen. Weil sie nicht darauf reagierte, fügte er hinzu: »Ich bin's, der Blasi, dein Verlobter.«

Nun öffnete sie die Augen und richtete ihren Blick auf ihn, doch er war nicht sicher, ob sie ihn wirklich wahrnahm. Sie verzog jedoch das Gesicht zu einem matten Lächeln.

»Du bist so weit weg«, brachte sie mühsam hervor.

»Nein, Heidi. Schau, ich bin ganz nah bei dir.« Er beugte sich zu ihr herab und berührte mit der Hand sanft ihre Wange.

Ihr lief plötzlich eine Träne über das Gesicht. »Es hätte so schön werden können«, flüsterte sie unter großer Anstrengung.

»Es wird schön, Heidi, ganz bestimmt«, versicherte er ihr. »Jetzt musst du erst wieder gesund werden, und dann heiraten wir, und dann wird es genauso schön, wie du es dir erträumt hast.«

Sie antwortete nicht, sondern nur das schwere Rasseln ihres mühsamen Atmens war zu hören. Einige Momente lang war ihr Blick noch auf ihn gerichtet, dann schlossen sich ihre Lider.

Die beiden Freunde übernachteten auf dem Gumperhof, am nächsten Tag fuhren sie erneut ins Krankenhaus.

Diesmal fanden sie das Krankenzimmer voller Menschen vor: der alte Holzleitner und seine Söhne, die Holzleitner-Mutter, dazu stand an einem kleinen Tischchen im Raum ein Pfarrer, der gerade Gegenstände in einen kleinen Koffer packte. Am anderen Ende des Tisches saß ein weiterer Mann. Der war mit dem Ausfüllen von Papieren beschäftigt. Das konnte nur der Arzt sein.

Der Blick des jungen Mannes verharrte beim Bett, in dem seine Verlobte lag. Auch wenn es auf den ersten Blick schien, als liege sie noch genauso da wie am Tag zuvor, wirkte sie anders, als er genauer hinsah – sie strahlte Frieden aus, als seien alle Angst und alles Leid von ihr abgefallen in dem Moment, in dem sie in die andere Welt gewechselt war.

»Wann …?«, fragte Blasi mit gepresster Stimme.

»Es ist noch keine halbe Stunde her, dass sie uns verlassen hat«, gab der Holzleitner zurück. Tränen traten ihm in die Augen, und er wandte sich ab.

Es wurde ein sehr langer Leichenzug. Das lag nicht nur daran, dass die Holzleitners eine angesehene Familie waren, sondern auch daran, dass es ein so junger Mensch war, der zu Grabe getragen wurde. Nicht zuletzt wollte man aber auch einem Menschen die Ehre erweisen, der sein Leben hingegeben hatte, um ein anderes zu retten. Der Bub, den Heidi aus dem eisigen Wasser zu ziehen versucht hatte, war auch krank gewoden, doch inzwischen war er längst über den Berg. An der Beerdigung konnte er zwar noch nicht teilnehmen, aber seine Eltern und Geschwister sowie alle Verwandten standen vollzählig um Heidis Grab, und dazu waren sämtliche Lehrer und Schüler der örtlichen Schule gekommen.

Der Pfarrer richtete beim Trauergottesdienst an die Schüler eine eigene kurze Ansprache. Sie enthielt eine Warnung an alle Kinder, das Eis des Weihers nicht zu betreten, bevor es nicht von einem sachkundigen Erwachsenen auf genügend Festigkeit überprüft worden war. Auch vor anderen Gefahren warnte er die Kinder und beschwor sie, mehr auf die Gebote und Verbote der Eltern zu achten. Dann zeichnete er das kurze Leben der Verstorbenen nach, und da er Heidi von Geburt an gekannt hatte, fiel dieses Porträt sehr lebendig aus. Er sprach über ihre Wünsche, Hoffnungen und Zukunftspläne, die ein so jähes Ende gefunden hatten. Seine Ausführungen endeten mit dem Zitat aus der Bibel, derjenige habe die größte Liebe, der sein Leben hingebe für seinen Nächsten.

Viele Taschentücher wurden gezückt, viele Blumen wurden ins offene Grab geworfen, zahlreiche Kränze würden den Hügel nachher schmücken. Auch Blasi und seine Eltern hatten einen prächtigen Kranz mitgebracht. In diesen Stunden der Trauer war der Bauernsohn besonders froh, seinen Freund an seiner Seite zu wissen.

Am Abend, als er mit seinen Eltern endlich allein war, glaubte der Vater, ein besonderes Trostwort an seinen Sohn richten zu müssen.

Jetzt endlich wagte es Blasi, den Zwiespalt der Gefühle zu offenbaren, mit dem er schon kämpfen musste, seit er das tote Mädchen im Krankenhausbett gesehen hatte.

»Vater, Heidi war ein nettes Mädchen, und ich hätte sicher gut mit ihr zusammenleben können. Aber Gott hat es nicht gewollt. Warum nicht? War sie vielleicht doch nicht für mich bestimmt?«

»Was redest du da für dummes Zeug?«, brauste der alte Moosberger auf. »Das klingt ja fast, als meintest du, Gott habe die Heidi sterben lassen, damit du doch noch Priester werden kannst.«

»Nein!« Der Bauernsohn schüttelte fast entsetzt den Kopf. »So grausam ist Gott nicht! Aber vielleicht war es Gottes Ratschluss, dass ich mich mit einem Mädchen verlobe, dessen Tod schon längst vorherbestimmt war. Ich glaube, das bedeutet, dass Gott andere Pläne mit mir hat als du.«

Bei diesen Worten wäre der alte Moosberger beinahe explodiert und musste mehrmals tief durchatmen, bevor er eine sanftmütigere Antwort zustandebrachte.

»Gottes Ratschluss, so ein dummes Zeug«, erklärte er. »Das sind doch Hirngespinste! Mit Gott hat das gar nichts zu tun. Ein Unglück war es, ein tragischer Unfall. Und da du nun einmal eine Bäuerin brauchen wirst, werden wir eine neue Braut für dich finden.«

»In Gottes Namen«, sagte der Sohn schicksalsergeben.

Kapitel 8

Die Eltern Krautwald waren freudig überrascht, als Thomas eines Tages selbst bei ihnen anrief und ankündigte, er wolle am Sonntag mit seiner Freundin zu Besuch kommen. Diesmal waren beide Elternteile bei der Begrüßung aber vorsichtiger und warteten ab, bis er den Namen des Mädchens selbst nannte.

»Das ist Majda aus Bosnien«, stellte er sie vor.

Diesmal war es Luise, die dem Sohn in die Diele folgte und ihn ins Schlafzimmer zog.

»Was ist denn aus Ramona geworden?«, war ihre besorgte Frage.

»Die habe ich rausgeschmissen. Du hast doch selbst gesehen, in was für einen Saustall sie mein Appartement verwandelt hat. Die ganze Wohnung war voll mit den Klamotten und dem Schminkzeug, für die sie außerdem auch ihr ganzes Geld ausgegeben hat.«

»Na ja, immerhin ist sie eine Frau«, bemerkte Luise ein wenig spitz. »Da darf man schon ein bisschen modebewusst sein. Hat dich nicht kürzlich erst an einer anderen Freundin – wie auch immer ihr Name war – gestört, dass sie sich für Männerangelegenheiten wie Autos interessiert hat?«

So richtig nachtrauern konnte sie der modebewussten Ramona allerdings auch nicht. Kennengelernt hatte sie das Mädchen zwar nicht, aber dafür das Chaos, das seit ihrem Einzug in der Wohnung ihres Sohnes geherrscht hatte. Majda war der deutschen Sprache nicht so ganz mächtig, doch beim Kaffeetrinken stellte Luise fest, dass es sich mit ihr dennoch ganz nett plaudern ließ. Sie arbeite als Verkäuferin in einem Warenhaus, erzählte sie. Zusätzlich besuche sie einmal in der Woche einen Deutschkurs an der Volkshochschule.

Franz-Josef blieb zurückhaltender als seine Frau. Nun war Thomas also mit einer ausländischen Verkäuferin zusammen. Was würde als Nächstes kommen? Er wollte es sich lieber gar nicht ausmalen.

Auch missfiel ihm, dass außer dieser Yvonne, die er selbst nie kennengelernt hatte, keines dieser Mädchen über ein Bildungsniveau verfügte, das dem seines Sohnes glich. Aber war das auch ein Wunder? Ein Mädchen, das studierte, wollte natürlich einen Mann, der ebenfalls eine akademische Bildung vorweisen konnte. Als Automechaniker blieben für Thomas natürlich nur die Friseusen und Verkäuferinnen übrig.

»Du bist ungerecht!«, mahnte Luise, als er am Abend diese Überlegungen ihr gegenüber aussprach. »Majda ist ein nettes Mädchen, und sie lernt fleißig Deutsch, um hier besser zurechtzukommen. Übrigens hat sie in Bosnien das Abitur gemacht; allerdings wird ihr Abschluss hier nicht anerkannt, und deswegen muss sie sich mit solchen Arbeiten über Wasser halten. Das hat sie doch vorhin am Kaffeetisch erzählt!«

Das brachte Franz-Josef zum Verstummen. Diesen Teil des Gesprächs hatte er überhaupt nicht mitbekommen.

Die Sorgen um den Sohn waren für den Augenblick ausgestanden, denn es schien zum ersten Mal, als sei es zwischen ihm und Majda endlich etwas Ernstes. Das

Mädchen, fand Luise, hatte einen guten Einfluss auf ihren Sohn, denn neuerdings kamen sie zusammen fast jede Woche auf einen kurzen Besuch zu seinen Eltern. Majda brachte immer irgendein kleines Geschenk mit: eine Flasche Wein oder selbst gebackenen Kuchen. Das ließ sogar die Vorbehalte Franz-Josefs dahinschwinden, und bald wurde sie auch von ihm so herzlich empfangen wie eine Tochter.

Die Sorgen kamen nun allerdings von einer anderen Seite: Luises Mutter, die bislang trotz ihrer über achtzig Jahre von scheinbar unverwüstlicher Gesundheit gewesen war, begann zu kränkeln.

Der Kontakt zu ihr war – bis auf die wenigen Jahre, in denen der Enkel regelmäßig bei ihr gewesen war – spärlich und einseitig: Luise rief alle zwei bis drei Wochen bei ihr an, und dann wechselten sie einige unverbindliche Worte. Martha Keller hatte sich umgekehrt allerdings nie telefonisch bei ihrer Tochter gemeldet.

Umso erstaunter war Luise, als eines Morgens ihre Mutter in der Leitung war. »Luise, du musst sofort kommen. Mir geht es nicht gut.«

Ihre Stimme klang schwach und zittrig, und die besorgte Tochter ließ sofort alles liegen und stehen, um bei ihr nach dem Rechten zu sehen. Freilich musste sie zunächst mindestens eine halbe Stunde lang nach dem Wohnungsschlüssel suchen, den sie für die Wohnung, in der ihre Mutter lebte, noch immer besaß, denn sie erinnerte sich nicht mehr daran, wo sie ihn aufbewahrte.

Seit ihrer Eheschließung war sie nur noch selten in dieser Wohnung gewesen, und nachdem Thomas aufgehört hatte, seine Großmutter in den Ferien zu besuchen, war es nur noch ein- oder zweimal zu einem Besuch gekommen, obwohl sie am Telefon häufig den Vorschlag gemacht hatte, zusammen mit Franz-Josef vorbeizukommen. Es schien, als sei ihre Mutter immer noch nicht bereit, den beiden ihre Eheschließung zu verzeihen, denn die wenigen Male, bei denen sie tatsächlich zugestimmt hatte, waren gerade die Fälle gewesen, wenn Franz-Josef keine Zeit gehabt hatte, um mitzukommen.

Es war ein unheimliches Gefühl, die Wohnung nun, nach so langer Zeit, wieder zu betreten – fast, als betrete sie einen Ort, an dem die Zeit stillgestanden war. Alte Erinnerungen an die Zeit vor ihrer Ehe kamen in Luise auf.

Sie ging auf das Schlafzimmer zu und öffnete die Tür.

»Ach, Luise, gut, dass du da bist«, kam es mit kläglicher Stimme aus den Kissen. »Mit mir geht es zu Ende.«

Ratlos blickte die Tochter auf die Gestalt im Bett herab. Nur, um irgendetwas zu tun, fühlte sie ihr den Puls. Der schlug wunderbar stark und regelmäßig. Mit dem Herzen war demnach nichts.

Ob sie vorsichtshalber einen Arzt rufen sollte? Doch die Mutter wehrte fast erschrocken ab.

»Ein Arzt kann mir nicht helfen!«, behauptete sie. »Ich bin im Grunde nicht krank, nur alt und schwach.«

»Jetzt mache ich dir erst mal Frühstück«, entschied Luise und marschierte in die Küche, wo sie zu ihrer Erleichterung alles vorfand, was die Mutter zu frühstücken pflegte. Auf einem Tablett ordnete sie alles appetitlich an und brachte es der Mutter ans Bett. Nachdem die alte Frau sich mit erstaunlichem Appetit darüber hergemacht hatte, war sie bereit, sich aus dem Bett zu erheben. Luise half ihr beim Ankleiden und geleitete sie ins Wohnzimmer, wo sie sich auf ihrem Lieblingssessel niederließ.

Von dort aus kommandierte sie dann die Tochter herum. Vom Vortag war noch das Geschirr zu spülen. Die Wanne und das Waschbecken waren zu scheuern, die Küche und das Bad zu putzen. In der ganzen Wohnung musste sie Staub wischen. Dann schickte die Mutter sie zum Einkaufen und ließ sich ein Mittagessen kochen. Als sie gemeinsam am Mittagstisch saßen und die Mutter kräftig zulangte, wurde Luise klar, dass ihrer Mutter eigentlich nichts fehlte.

Auch gut, dachte die Tochter. Das heißt wohl, sie ist wieder bereit zu einer Annäherung.

In der Folgezeit verlangte die Mutter, dass Luise jeden zweiten Tag nach ihr schaute und die notwendigen Dinge erledigte. Anfangs tat sie das gerne – sie hatte ja nicht mehr viel zu tun, seit sie sich um Thomas nicht mehr kümmern musste. Wenn es bei ihrer Mutter nicht allzu viel zu tun gab, machte sie auch mal einen kleinen Spaziergang mit ihr. Mit der Zeit fühlte sich Luise jedoch mit zwei Haushalten überfordert, und so kam ihr ein anderer Gedanke.

»Wir sollten meine Mutter zu uns ins Haus nehmen«, schlug sie Franz-Josef vor. »Auch wenn sie im Moment nicht wirklich krank ist, kann es in ihrem Alter schnell geschehen, dass es doch einmal so weit ist. Mir wäre deshalb wohler, wenn ich sie hier in der Nähe hätte.«

Sie hatte Widerstand erwartet und war sehr erstaunt, als ihr Mann diese Idee auf Anhieb guthieß. Ja, mehr noch: Er machte den Vorschlag, dass sie beide in die Mansarde umziehen und der Mutter ihr Schlafzimmer überlassen könnten.

Nachdem sich Martha Keller mit dieser Lösung einverstanden erklärt hatte, galt es, zum einen die Mansarde bezugsfertig zu machen und zum anderen den Umzug der Mutter zu bewerkstelligen – und es begann mit einer Entrümpelungsaktion in der Mansarde. Längst war der Raum, der zunächst für die eventuelle Rückkehr des verlorenen Sohnes freigehalten worden war, zur Abstellkammer für alles Mögliche geworden, das nicht mehr gebraucht wurde, wovon man sich aber dennoch nicht trennen wollte. Dann wurden der Raum neu tapeziert und die Möbel aus dem Schlafzimmer hinaufgeschafft.

Das Schlafzimmer wiederum wurde – ebenfalls nach einer gründlichen Renovierung – mit allem versehen, was die Mutter brauchte, und nun wurde in deren alter Wohnung aussortiert und eingepackt, manches an Nachbarn verschenkt und alles, was am Ende übrig blieb, in den Sperrmüll gegeben. Thomas und Majda kamen ebenfalls vorbei, um sich dieses oder jenes Stück für ihre neue, größere Wohnung auszusuchen, in die sie demnächst umziehen wollten, und Luise konnte sich gar nicht genug darüber wundern, dass sie sich ausgerechnet auf die Stücke, die ihr selbst besonders altmodisch vorkamen, mit wahrer Begeisterung stürzten.

»Wir sind eben auf dem Nostalgietrip!«, erklärte Thomas. »Alte Sachen aus den Fünfziger- und Sechzigerjahren sind gerade unheimlich angesagt. Alle unsere Freunde werden giftgrün vor Neid werden, wenn sie unsere coole Einrichtung sehen.«

Martha Keller sollte schneller häusliche Pflege benötigen, als das Ehepaar Krautwald erwartet hatte: Ein knappes halbes Jahr, nachdem sie das Schlafzimmer in Besitz genommen hatte, erlitt sie einen Schlaganfall. Im Kopf war sie danach zwar noch klar, und sie konnte auch noch sprechen. Aber sie konnte das Bett nicht mehr verlassen, weil ihre Beine den Dienst versagten, und sie musste mit der linken Hand essen, was ihr schwerfiel, weil ihr rechter Arm gelähmt blieb. In dieser Situation wurde der einst so abgelehnte Schwiegersohn der alten Dame zum unentbehrlichen Helfer. Morgens, bevor er die Wohnung verließ, half er seiner Frau, die Kranke zu betten, und am Abend kehrte er oft zeitiger aus seinem Studierstübchen zurück, um seiner Frau bei der Pflege beizustehen.

Noch von einer anderen, unerwarteten Seite wurde Luise Hilfe bei der Pflege zuteil: Majda erbot sich, an ihrem freien Nachmittag bei der Patientin zu bleiben, damit Luise auch mal zum Friseur, zum Arzt oder zum Zahnarzt konnte.

Nachdem Martha Keller schon über eineinhalb Jahre ein Pflegefall war, setzte sich Luise, wie so oft, nachmittags an ihr Bett, um ihr ein bisschen vorzulesen. Zwar war die Sehkraft der Mutter noch recht gut, wenn sie ihre Brille benutzte, aber wegen ihrer kraftlosen rechten Hand war sie nicht mehr in der Lage, ein Buch zu halten.

»Nicht lesen, Luise«, sagte die alte Frau da unvermittelt. »Wir müssen uns heute unterhalten. Ich habe nicht mehr viel Zeit.«

Bestürzt legte die Tochter das Buch zur Seite. »Ja, Mutter?«

Die Kranke tastete nach ihrer Hand und hielt sie ganz fest. »Es war doch gut, dass du den Franz-Josef geheiratet hast.«

Vor Rührung stürzten der Tochter die Tränen aus den Augen, und es dauerte eine Weile, bis sie wieder in der Lage war, zu sprechen. Sie erwiderte den Druck der welken Hand mit den Worten: »Danke, Mutter, danke. Du kannst dir nicht vorstellen, was für eine Freude du mir damit machst.«

Im selben Moment spürte sie, wie die Hand der Mutter erschlaffte. Erschrocken blickte sie ihr ins Gesicht, in dem die Augen weit geöffnet waren und der Unterkiefer herabhing. Auf dem Gesicht lag ein Friede, den Luise nie zuvor bei ihr gesehen hatte.

Sechs Wochen nach der Beerdigung erlebte Familie Krautwald eine Überraschung: Ein amtliches Schreiben kam ins Haus, welches eine Kopie des Testaments der Verstorbenen enthielt. Luise hatte keine Ahnung gehabt, dass die Mutter überhaupt ein Testament gemacht, geschweige denn, dass sie es beim Amtsgericht hinterlegt hatte. Noch viel weniger hatte sie damit gerechnet, dass die Mutter überhaupt etwas zu vererben hatte. Doch da stand es schwarz auf weiß: Eine stolze Summe von mehr als hunderttausend Mark hatte sie vererbt, und zwar zu gleichen Teilen an ihre Tochter und ihren Enkel.

»Hast du das gewusst?«, fragte sie ihren Mann.

»Woher hätte ich das denn wissen sollen?«, fragte der zurück.

»Du hast dich doch um alle ihre schriftlichen Angelegenheiten gekümmert!«

Franz-Josef schüttelte den Kopf.

»Aber dabei ging es nie um ihre Geldangelegenheiten. Ihre Kontoauszüge hat sie immer selbst abgeheftet, solange sie es noch konnte. Und als sie es nicht mehr konnte, da hat sie die Umschläge verschlossen im Nachtschränkchen aufbewahrt. Ich habe sie nie zu sehen bekommen.«

Luise konnte sich gar nicht erklären, auf welche Weise ihre Mutter so viel Geld zusammengespart haben konnte, bis sie dann beim Ausräumen des Zimmers, das nun wieder zum ehelichen Schlafzimmer werden sollte, die große Hutschachtel mit den Papieren fand. Darin hatte Martha Keller den kompletten Schriftwechsel mit den Behörden aufbewahrt, mit denen sie über den Lastenausgleich für das verlorene Häuschen am Stadtrand von Breslau verhandelt hatte.

»Sieh dir das an!«, sagte sie am Abend zu ihrem Mann und legte einen Stapel vergilbter Papiere vor ihn hin. »Ich kann es gar nicht glauben! Meine Mutter, die immer so hilflos wirkte, dass sie immer jemanden brauchte, der ihr alle lästige Arbeit abnahm, hat es ganz alleine zuwege gebracht, dass ihr fast zehntausend Mark für unser Haus in Breslau ausbezahlt wurden.«

Dieses Geld hatte die alte Frau nie angetastet, und so war es seit 1969 auf einem Sparbuch gewesen. Es war natürlich noch mehr Geld auf das Sparbuch eingezahlt worden, Kleinbeträge zumeist, doch jeden Monat eine kleine Einzahlung ergab im Lauf von mehr als zwanzig Jahren natürlich auch einen ansehnlichen Betrag. Zusammen mit den angesammelten Zinsen war das Guthaben so mit der Zeit zu einem kleinen Vermögen geworden.

Thomas war begeistert, als er von dieser Erbschaft erfuhr. »Nun habe ich endlich den Grundstock, um mir die Werkstatt zu kaufen, die mir neulich angeboten worden ist!«

Er steckte gerade mitten in der Vorbereitung für die Meisterprüfung, und so war das ein einleuchtender Plan. Nicht einmal Franz-Josef verzog inzwischen mehr das Gesicht darüber; er hatte sich ausgesöhnt mit dem Beruf seines Sohnes.

»Was habt ihr eigentlich mit eurem Anteil vor?«, wollte der angehende Werkstattbesitzer wissen.

Franz-Josef und Luise blickten sich ein wenig ratlos an.

»Ich denke, wir werden es irgendwie anlegen«, sagte Franz-Josef. »Vielleicht Bundesschatzbriefe kaufen oder dergleichen.«

»Wollt ihr es nicht mir als Darlehen geben? Natürlich gegen angemessene Zinsen; ich biete euch einen Zinssatz, der zwei Prozentpunkte höher ist als der aktuelle Satz für Bundesschatzbriefe. Dann brauche ich mich nicht mit der Bank herumärgern, und ihr bekommt mehr Geld, als euch eine Bank bieten würde. Das ist für uns alle besser.«

Dem Vater behagte das nicht so recht.

»Und was für Sicherheiten haben wir denn, falls du mit deiner Werkstatt pleitegehst?«

»Aber Franz-Josef!«, rügte ihn seine Frau. »Warum sollte ein so tüchtiger Automechaniker wie unser Thomas denn pleitegehen?«

Der Studienrat wand sich. Auch wenn sein Sohn inzwischen mit seiner Majda ein geradezu bürgerliches Leben führte, wenn auch immer noch ohne Trauschein, so blieb er in seinen Augen dennoch ein unzuverlässiger Bruder Leichtfuß. Doch ins Gesicht sagen wollte er ihm das auch nicht.

»Also, ich finde diese Idee sehr gut!«, betonte Luise noch einmal. »Und da ich es bin, die das Geld geerbt hat, kann ich wohl auch über seine Verwendung entscheiden. Also soll Thomas sein Darlehen haben.«

Vater Krautwald seufzte schicksalsergeben. »In Gottes Namen! Aber einen ordentlichen schriftlichen Vertrag bitte ich mir von dir aus, mein Sohn! Und wenn du mit dem Geld deiner Mutter nicht anständig umgehst, dann ziehe ich dir die Ohren lang, dass du das gleich jetzt schon weißt!«

Wenige Wochen später legte Thomas die Meisterprüfung ab, und er bestand wieder mit Glanz und Gloria.

Nun wurde es ernst mit dem Werkstattkauf, und das Geschäft wurde durchgeführt, obwohl sich dabei herausstellte, dass das Geld nicht ganz ausreichte und er zusätzlich noch ein Darlehen von seiner Bank benötigte.

Sein bisheriger Meister ließ ihn nur mit größtem Bedauern ziehen, hatte aber Verständnis dafür, dass ein tüchtiger, junger Mensch, der die nötigen Mittel dazu hatte, sich nun auch selbstständig machen wollte. Er bot ihm sogar an, dass er, wenn er mal einen Rat benötige, gerne auf ihn zurückgreifen dürfe.

Von nun an kaufte Thomas Schrottautos, reparierte sie und verkaufte sie mit gutem Gewinn. Das machte ihm nicht nur ungeheuren Spaß; sein Geschäft lief so gut, dass er schon bald einen Gesellen einstellte und sein Gewinn dennoch ausreichte, um der Bank jeden Monat einen anständigen Betrag zurückzahlen. Die Mutter hatte sich einverstanden erklärt, auf den Beginn der Rückzahlung zu verzichten, bis die Bankschulden getilgt waren.

Kapitel 9

Der tragische Tod des Mädchens Heidi bildete lange Zeit das Tagesgespräch in der ganzen Region. So war dieses Ereignis auch dem Viehhändler Daxenbichler zu Ohren gekommen. Er ließ eine gewisse Zeitspanne verstreichen, die ihm die Schicklichkeit zu gebieten schien, dann fuhr er mit seinem Viehtransporter vor dem Gumper-Anwesen vor.

»Gut, dass du kommst«, wurde er vom Bauern empfangen. »Wenn du nicht von allein gekommen wärst, hätte ich nach dir geschickt.«

»Das hab ich mir gedacht, Moosberger. Tragisch, was da geschehen ist. Aber falls du Interesse hast, ich wüsste eine andere für deinen Buben.«

»Lass hören, Daxenbichler.«

»Kathi heißt sie. Eine gute Partie ist sie allemal; sie lebt auf einem Prachthof, und ihre Mitgift wird reichlich ausfallen. Sie ist grad vierundzwanzig geworden. Und schaffen kann die, da kommt so leicht keine mit. Erste Wahl, sag ich dir.«

Der Gumperbauer ließ sich dieses verlockend klingende Angebot durch den Kopf gehen. »Das klingt ja alles gut. Sicher ist aber irgendein Haken an der Sache …?«

»Wieso Haken? Da ist kein Haken dran.«

»Wie sieht sie denn aus?«, bohrte der Bauer weiter.

»Irgendetwas kann mit ihr doch nicht in Ordnung sein, sonst wäre sie in dem Alter doch längst unter der Haube. Bei all den Vorzügen!«

Der Daxenbichler schwor bei allem, was ihm heilig war, dass am Äußeren der Kathi nichts auszusetzen sei.

»Ja, wieso ist die nachher noch zu haben?«

»Das kann ich dir erklären: Weil sie auf einem Einödhof wohnt. Der liegt noch weiter weg von der Welt als der eure. Wie sollte sie da einen Hochzeiter finden? Aber auf den Gumperhof würde sie gut passen. Grad weil sie von einem Einödhof stammt, würde sie sich bei euch bestimmt gut eingewöhnen.«

»Gut, Daxenbichler«, bekundete der Moosberger sein Interesse. »Könntest du mit ihren Eltern Kontakt aufnehmen und vorfühlen, ob sich in der Sache etwas machen lässt?«

Zwei Tage später setzte sich der Bauer hin und schrieb einen Brief in seiner korrekten Sütterlinschrift.

»Lieber Gregor!

Ich hoffe, Du kannst meine altmodische Schrift lesen. Leider habe ich keine andere gelernt. Ich bräuchte halt dringend Deine Hilfe. Du hast das doch in die Wege geleitet, dass mein Hof ein anerkannter Lehrbetrieb wird, damit Du Dein Praktikums-Semester hier machen kannst. Nun hätte ich eine große Bitte. Fahr doch mal zum Wagenstetter auf dem Zenzenhof (es folgte die genaue Adresse) und sag dem Bauern einen schönen Gruß von mir. Dann weiß er Bescheid. Du sollst das mit ihm ganz schnell in die Wege leiten, dass sein Hof auch ein anerkannter Lehrbetrieb wird. Der Blasi soll nämlich sein Praktikum dort machen. Am besten nimmst Du ihn gleich mit, damit er sich den Hof schon mal anschauen kann. Du weißt, es pressiert. Wenn Du wieder hier bist, erkläre ich Dir alles. Es grüßt Dich Dein dankbarer Moosberger Blasius.«

Gregor hatte keine Probleme, den Brief zu entziffern, denn sein Großvater schrieb ebenfalls in Sütterlinschrift, wenn auch seine Briefe – anders als die des Gumperbauern – nicht in dem ein wenig schwerfälligen Stil eines schreibungewohnten Menschen verfasst waren, der normalerweise alle wichtigen Dinge mündlich aushandelte.

Die Bitte, die der Vater seines Freunds vortrug, schien ihm da schon etwas kniffeliger, doch dass er versuchte, sie zu erfüllen, war natürlich Ehrensache. Wahrhaftig brachte er das Kunststück fertig, dass der Zenzenhof binnen kürzester Zeit zum Lehrbetrieb wurde. Mehr noch, er redete so lange auf den jungen Blasius ein, bis er einwilligte, dort sein Praktikum zu absolvieren, und lieferte seinen Freund persönlich dort ab, ehe er selbst wenig später auf dem Gumperhof erschien, um sein eigenes Praktikum anzutreten.

Der Bauer kam ihm mit offenen Armen entgegen. »Ich dank dir schön, Gregor. Du hast deine Sache gut gemacht.«

»Ist schon recht, Bauer. Du brauchst mir auch gar nicht zu erklären, warum dein Sohn ausgerechnet auf diesem Hof sein Praktikum absolvieren soll. Als ich die fesche Tochter des Hauses gesehen habe, war mir alles klar.«

Der Bauer lachte und gab ihm einen freundschaftlichen Rippenstoß.

Noch eine zweite Person auf dem Gumperhof hatte die Praktikumszeit Gregors herbeigesehnt und freute sich nun mehr als alle anderen. Eva ließ sich jedoch nichts anmerken. Wenn sie auch in den nächsten Tagen aus irgendwelchen Gründen immer in seiner Nähe zu arbeiten hatte, ging sie bei den Mahlzeiten doch so fremd mit ihm um, dass nur das wachsame Auge der Mutter die verstohlenen Blicke bemerkte, mit denen ihre Tochter den Gast bedachte, wenn sie sich unbeobachtet glaubte. Sogar der Student selbst war verunsichert und wusste plötzlich nicht mehr so genau, woran er bei ihr war. Vorsichtshalber gab er sich ihr gegenüber zurückhaltend.

Schon seit gut zwei Wochen weilte Gregor im Haus, als er sich wieder einmal allein mit Eva auf dem Heuboden fand, wo sie gemeinsam das abendliche Futter für die Kühe hinunterwarfen. Auf einmal seufzte es neben ihm: »Ach, wenn ich doch nur jemanden wüsste, der mich am Samstag zum Tanzen ausführt.«

Vor Überraschung hätte er beinahe die Heugabel in die Tiefe fallen lassen. Damit nicht noch ein Unglück geschah, spießte er sie in den ihm zunächst liegenden Heuhaufen. Dann trat er ganz dicht an das Mädchen heran.

»Ich wüsste schon jemanden, der das liebend gern täte. Der hat sich nur nicht getraut zu fragen.«

»Wirklich?«, fragte sie, und das glückliche Aufleuchten in ihren Augen sprach eine so deutliche Sprache, dass er einfach nicht mehr an sich halten konnte. Er zog sie in die Arme und drückte ihr einen heißen Kuss auf die Lippen.

Für einige Sekunden schien die Welt stillzustehen, dann kam er wieder zu sich. Erschrocken über seine Gefühlsaufwallung, ließ er von ihr ab und griff wieder nach seiner Gabel, und schon schaufelten sie wieder Heu hinab, als gelte es ihr Leben.

Auf der Tanzfläche hielten die beiden es am Samstagabend nicht lange aus. Schon nach wenigen Tänzen schlüpften sie aus dem Saal und suchten sich ein ungestörtes Plätzchen, an dem sie miteinander allein sein konnten.

»Sag mal, Eva, warum hast du mich anfangs eigentlich immer so von oben herab behandelt?«, fragte Gregor zwischen zwei Küssen.

»Kam dir das so vor?«, fragte sie überrascht. »Du hast mir von Anfang an gefallen, deshalb war ich so zurückhaltend.«

»Das verstehe ich nicht«, bekannte Gregor. »Wenn einem jemand gefällt, dann zeigt man es ihm doch.«

»Ja, schon. Die Desinteressierte habe ich gespielt, um mich nicht zu blamieren. Ich dachte nämlich, nach so einer alten Kuh wie mir würdest du doch nicht schauen.«

Gregor lachte schallend: »Ja, glaubst du denn, die zwei Jahre, die du mir voraushast, würden mich abschrecken?«

»Männer wollen doch immer nur Frauen, die ein paar Jahre jünger sind als sie. Also, ich meine: normalerweise jedenfalls.«

»Normalerweise wollen Arztsöhne auch nicht Bauer werden. Ich habe aber mehr Sinn für das Wesentliche, als normalerweise üblich – nicht nur im Beruf, sondern auch in der Liebe.«

Wieder lachte der junge Mann, zog sie in die Arme und küsste sie.

»Außerdem«, bekannte sie, als sie wieder zu Atem kam, »hatte ich eigentlich Ausschau gehalten nach einem Hochzeiter, der mir eine Einheirat bietet.«

»Und wie sieht das jetzt aus?«, wollte er wissen.

»Du bist mir wichtiger als eine Einheirat. Außerdem wollte ich die ja nur, um auf einem Bauernhof bleiben zu können. Du hast zwar keinen Hof, aber das Zeug, ein tüchtiger Bauer zu werden. Ich bin sicher, du machst deinen Weg. Aber meinem Vater darf ich dich wohl erst präsentieren, wenn du eine Existenz hast, wann und wo immer das sein wird.«

Er schloss sie in die Arme und drückte sie fest an sich. »Für so ein Mädel wie dich tu ich alles, und wenn ich bis ans Ende der Welt gehen muss.«

Selbst auf die Gefahr hin, dass sie ihn auslachen würde, erzählte er nun von seinen Auswanderungsplänen. Er schilderte ihr das Leben auf einer Hazienda in Argentinien, schwärmte von der unendlichen Weite Neuseelands und den riesigen Schafherden, die um das Haus herum grasen. In einem dieser Länder wollte er sein zweites Praktikums-Semester verbringen. Dabei könnte er sich gleich umsehen, welche konkreten Möglichkeiten sich dort für ihn boten.

»Wärst du bereit, ein solches Abenteuer mit mir zusammen zu wagen?«, fragte er schließlich.

»Warum nicht?«, antwortete sie völlig ernsthaft. »Mit einem Burschen wie dir wäre mir auch vor einer Zukunft im Ausland nicht bang. Aber vielleicht ist das ja auch gar nicht nötig.«

»Wie meinst du das?«, fragte er gespannt.

»Hier bei uns werden so viele kleine Höfe aufgegeben, weil sie sich nicht mehr rentieren. Wenn du einen solchen Hof kaufen könntest, hättest du einen Grundstock. Von anderen Höfen könntest du dann Land dazupachten und im Lauf der Zeit eine richtig große Sache daraus machen.«

»Das klingt ganz vernünftig. Es ist aber ein Haken bei der Sache.«

»Und welcher?«

»Welcher Bauer würde mir denn sein Land verpachten? Wenn einer die Landwirtschaft aufgibt, wird er doch versuchen, den Hof mitsamt dem Land zu verkaufen. Was aber soll ich mit mehreren Bauernhöfen?«

Sie lachte. »Da sieht man mal, wie wenig Ahnung du trotz deines Studiums von manchen Dingen hast. Ich kenne genug ehemalige Bauern, die auf ihrem Hof wohnen bleiben und in die Stadt fahren zum Arbeiten. Ihr Land aber verpachten sie.«

Das war Gregor in der Tat neu. Und es eröffnete ganz neue Möglichkeiten, von denen er bislang nichts geahnt hatte.

»Das klingt gut, Eva. Das ist eine Superidee.« Er nahm sie in die Arme und schwenkte sie herum. Plötzlich hielt er in der Bewegung inne, und sein Blick trübte sich. »Es lässt sich leider trotzdem nicht realisieren. Selbst für einen kleinen Hof fehlt mir das Geld, und von meinem Vater habe ich nichts zu erwarten. Du weißt ja, er ist mit meiner Berufswahl nicht einverstanden. Keine Bank wird mir aber so viel leihen, dass ich einen ganzen Hof finanzieren könnte. Und wenn – vor lauter Zinsenzahlen kämen wir aus den Schulden gar nicht mehr heraus.«

Diesmal lachte Eva. Sie nahm seinen Kopf zwischen ihre beiden Hände, stellte sich auf die Zehenspitzen und drückte ihm einen herzhaften Kuss auf seine vollen Lippen. »Ja, weißt du denn nicht, dass der jüngsten Moosbergertochter eine anständige Mitgift zusteht?«

»Nein. – Wirklich? Daran habe ich gar nicht gedacht.«

»Siehst du, Gregor, das unterscheidet einen Städter, der Bauer spielen will, von einem richtigen Bauern«, neckte sie ihn. »Ein echter Bauer denkt immer zuerst an die Mitgift.«

Noch ehe das Praktikumssemester zu Ende war, spannte der Moosberger eines Sonntagsnachmittags an. Er ließ seine Frau in die Kutsche steigen und setzte sich selbst auf den Kutschbock. Er wollte zum Zenzenhof, um nachzusehen, wie weit die Geschichte seines Sohnes mit der Tochter des Hauses gediehen war. Notfalls wollte er nachhelfen.

Der Wagenstetter und seine Frau begrüßten die Ankommenden freundlich, führten sie in die Stube und schenkten ihnen einen selbst gebrannten Obstler ein. Ein bisschen zurückhaltend sei der Bub schon, bemängelte die Wagenstetterin. Aber er könne gut schaffen, lobte ihn hingegen der Bauer. Das sei wahr, er habe gute

Manieren, sei freundlich und gewissenhaft, stimmte die Bäuerin in das Lob ein. Und ihrer Tochter gefalle er auch. Aber von der Kathi wisse sie auch, dass er gar keine Anstalten mache, sich ihr zu nähern, und sie sich unsicher sei, ob er sie überhaupt möge. Um das herauszufinden, habe sie ihrer Tochter geraten, solle sie von sich aus ein bisschen auf den Burschen zugehen. Deshalb habe ihn die Kathi für heute zum Beispiel zu einer Radltour überredet.

An dieser Stelle hakte der Moosberger ein: »Das war gut so. Sag ihr, sie soll ruhig noch mehr auf ihn zugehen. Sie soll ihn zum Tanzen mitnehmen oder mal eine Bergwanderung mit ihm machen. Er ist halt sehr schüchtern.« Lachend fügte er hinzu: »Von mir hat er das nicht.«

Die jungen Leute, die rechtzeitig zur abendlichen Stallarbeit zurück waren, bekamen sie dann auch noch zu sehen, und es gelang Blasius, seinen Sohn für ein paar Minuten beiseitezunehmen.

»Ihr habt heute eine Radltour gemacht?«

»Ja, die Kathi wollte mir ein bisschen von ihrer Heimat zeigen.«

»Und, wie war's?«, fragte der Alte mit erwartungsvollem Gesichtsausdruck.

»Schön war's, aber nicht viel anders als bei uns.«

»Ich meine nicht die Landschaft«, wurde der Moosberger ungeduldig. »Ich meine, ob ihr euch näher gekommen seid?«

»So nah halt, wie man sich kommt, wenn man auf einem schmalen Weg nebeneinander herfährt«, antwortete Blasi, ahnungslos, worauf sein Vater hinauswollte.

»Herrgott, Bub, bist du wirklich so blöd oder stellst du dich nur so? Ich meine, ob du sie gebusselt hast.«

»Aber Vater, dass kann ich doch nicht einfach machen. Ich kenne sie ja kaum.«

»Herrschaftzeiten!«, rastete der Vater aus. »Deshalb busselt man doch, Bub. Beim Busseln lernst du sie auf jeden Fall kennen.«

»Ja, wenn du meinst.«

»Magst du sie denn überhaupt?«

»Ja, schon. Sie ist sehr nett.«

»Dann ist es ja gut. Falls du es noch nicht gemerkt hast: Sie ist nämlich die ideale künftige Gumperbäuerin. Sie muss dir nur noch gut genug gefallen – du gefällst ihr jedenfalls.«

Am Neujahrstag fand eine schöne, fröhliche Verlobungsfeier auf dem Zenzenhof statt. Die weitschichtige Verwandtschaft von Kathi war ebenso erschienen wie sämtliche Schwestern von Blasi mit ihren Familien. Der Moosberger hielt eine kurze Rede, die ihren Höhepunkt darin hatte, dass er den Pfingstsamstag für die Hochzeit vorschlug.

Die Brauteltern nickten eifrig, die Braut strahlte, und der Bräutigam zeigte seine übliche Zurückhaltung, was man bei ihm – darauf hatten sich alle geeinigt – als Zustimmung deuten konnte. Später, als er den Vater mal für einen Moment allein zu fassen kriegte, fragte er ihn freilich: »Warum pressiert es dir denn gar so mit der Hochzeit?«

»Ja, weißt du, Blasi, ich bin nicht mehr der Jüngste«, bekannte der Bauer. »Ich möchte schon noch erleben, dass ein Stammhalter auf dem Gumperhof geboren wird.«

»Aber Vater«, wagte der Sohn einen Widerspruch. »Du hast doch selbst erst viel später geheiratet.«

»Siehst du, Bub, das war ein Fehler von mir. Dadurch bin ich ja so spät zu einem Hoferben gekommen.«

»Aber sollte ich nicht wenigstens mit den Studium fertig sein, bevor ich heirate?«

»Dein Studium kannst du auch als Ehemann beenden. – Außerdem, für deine Mutter ist es auch gut, wenn bald eine junge Bäuerin auf den Hof kommt, die ihr die Arbeit abnimmt.«

»Die Madln sind doch auch noch da«, wandte der Sohn ein.

»Aber wer weiß, wie lange noch«, gab der Alte zu bedenken. »Eva ist fünfundzwanzig und Moni gar siebenundzwanzig. Die können uns jeden Tag weggeschnappt werden.« Blasi sah die Lage weniger dramatisch. »Ach, ich weiß nicht. Ich denk immer, Moni mag gar nicht heiraten, und Eva hat den Zeitpunkt auch schon fast versäumt, weil sie so wählerisch ist.«

»Egal, Bub. Ich möchte meine Hofnachfolge endlich so weit unter Dach und Fach bringen, dass ich mir keine Sorgen mehr machen muss. An Pfingsten ist also Hochzeit auf dem Gumperhof und damit basta.«

Sein Sohn verstand durchaus, was er damit meinte: Er sollte so rasch wie möglich verheiratet werden, damit sich alle Gedanken an eine Zukunft als Geistlicher ein für alle Mal erledigt hatten.

»Ist schon recht, Vater«, schloss er das Thema ab.

Während der Hoferbe mitten im Studium steckte und sich auf seine sommerlichen Prüfungstermine vorbereitete, liefen auf dem heimischen Hof die Hochzeitsvorbereitungen auf Hochtouren. Die Kammer, in der früher die Großeltern geschlafen hatten, wurde gründlich renoviert. Sämtliches Mobiliar wurde in den Hof getragen, damit man in der Kammer jede Ecke und Ritze saubermachen konnte. Die Decken und Wände, die, wie in alten Bauernhäusern üblich, aus Holz bestanden, wurden gründlich abgewaschen. Der Holzfußboden, der im Laufe von Jahrzehnten nachgedunkelt war, wurde so tüchtig gespänt, dass er fast wieder weiß aussah. Die Fleckerlteppiche wurden im Hof in einer großen Bütte gewaschen und zum Trocknen auf kräftige Leinen gehängt. Kleiderschrank, Kommode und Nachtkastl wurden von innen und außen abgewaschen. Nachdem sie wieder an Ort und Stelle standen, wurden sie mit frischem Schrankpapier ausgelegt. Die Fenster wurden blank geputzt, neue Vorhänge gekauft, und die Gardinen nähte Zenta sogar selbst.

Den Betten galt besondere Sorgfalt. Sie wurden ganz auseinandergenommen, abgewaschen und wieder zusammengebaut. Funkelnagelneue Matratzen kamen hinein und ebenso neue Federbetten. Das Brautgemach sollte für das junge Paar so einladend wie möglich sein.

Auch das übrige Haus wurde von oben bis unten auf Hochglanz gebracht, und es blieb nicht eine Ecke, nicht ein Winkel, die nicht gewissenhaft gereinigt worden wären.

Mitten in diese Vorbereitungen hinein platzte ein Telegramm, das mit einem Schlag alles lahmlegte, ja, den

Gumperhof in seinen Grundfesten erschütterte: »Kathi tot. Beerdigung am 25. Mai.«

Es dauerte lange, bis der Bauer sich so weit gefasst hatte, dass er wieder zu sprechen vermochte.

»So ein Unglück! So ein Unglück aber auch! Dass uns so ein Unglück treffen muss!«, jammerte er immer wieder. Nachdem er das – zusammengesunken auf seinem Sessel sitzend – mindestens zwanzigmal vor sich hingemurmelt hatte, versuchte Zenta ihn zu trösten und gleichzeitig zu ermahnen: »Sicher, Blasi, es ist ein Unglück für uns. Aber denk mal an die armen Eltern des Mädchens. Für die ist es ein weitaus schwererer Schlag als für uns.«

»Du hast ja recht, Zenta«, gab der Moosberger zu. »Aber wie finde ich so schnell eine neue Braut für den Blasi?«

»Sei nicht so pietätlos!«, schalt ihn seine Frau. »Die Kathi ist noch nicht einmal unter der Erde, und schon willst du ihren Bräutigam an jemand anders verheiraten. – Übrigens, damit das klar ist: Wenn ich jetzt schon zur Post muss, um dem Blasi zu telegrafieren, dann beantrage ich gleichzeitig auch einen Telefonanschluss.«

»Bisher sind wir immer gut ohne Telefon ausgekommen«, wehrte der Bauer sich halbherzig.

»Nein, das sind wir nicht!«, antwortete die Bäuerin mit fester Stimme. »Immer, wenn ein Notfall ist, müssen nur wegen uns Telegramme hin- und hergeschickt werden. Wir sind, glaube ich, im Umkreis von fünfzig Kilometern die Einzigen, die noch kein Telefon haben. Sind wir denn so arme Leute, dass wir es uns nicht leisten können, anderen das Leben nicht unnötig schwer zu machen?«

Damit hatte sie den Gumperbauern zum Schweigen gebracht.

Am Abend vor der Beerdigung trafen Blasi und Gregor auf dem Gumperhof ein. Gregor hatte es für seine Pflicht gehalten, den unmotorisierten Freund herzubringen und ihm in dieser schwierigen Situation beizustehen. Ganz nebenbei verschaffte ihm dieser Besuch im Hause Moosberger ein unverhofftes Wiedersehen mit seiner Auserwählten, mit der er in den vergangenen Monaten eifrig Briefe ausgetauscht hatte. Die Mutter war dabei ihre heimliche Verbündete gewesen und hatte die ankommenden Briefe immer am Vater vorbeigeschleust.

Bei der Begrüßung im Trauerhaus, zwei Stunden vor der Beerdigung, reichte man sich stumm die Hände, bevor man sich in der Stube niederließ. Dort war ein kleiner Imbiss vorbereitet worden, dem freilich kaum jemand zusprach. Der Zenzbauer war es, der dann schilderte, was geschehen war, denn seine Frau brachte vor Weinen kaum etwas heraus.

An jenem unglücklichen Vormittag war Kathi beim Zahnarzt in Rosenheim gewesen, weil sie heftige Zahnschmerzen bekommen hatte, und der Arzt stellte fest, dass der Zahn, der die Schmerzen verursachte, nicht mehr zu retten war und gezogen werden musste. Das Ziehen ging ganz problemlos, doch dann ließ die Blutung einfach nicht nach. Der Arzt bestellte schließlich, weil er es nicht besser wurde, einen Krankenwagen, um das Mädchen ins Krankenhaus bringen zu lassen.

Die Eltern, die er telefonisch benachrichtigte, begriffen zunächst gar nicht den Ernst der Lage, auch nicht, als kurze Zeit später ein Anruf vom Krankenhaus erfolgte, in dem es zwar geheißen hatte, sie müsse mindestens bis morgen Früh bleiben, der aber keineswegs so klang, als sei ihre Tochter in Lebensgefahr. Die Bäuerin packte für Kathi alles zusammen, was sie im Krankenhaus brauchen konnte, und wartete, bis ihre Schwiegertochter vom Feld kam, um sie ins Krankenhaus zu fahren.

Wegen eines gezogenen Zahnes und einer kleinen Blutung könne er nicht einfach alles liegen lassen, hatte der Bauer nämlich gemeint, und der Sohn hatte schon das Auto seiner Schwester aus Rosenheim holen müssen und nun einiges an liegengebliebener Arbeit nachzuholen.

»Wäre ich doch nur hingefahren«, klagte der Bauer jetzt. »Dann hätte ich sie noch einmal lebend gesehen. Aber wer konnte denn ahnen, dass es so schlimm ausgeht?«

Im Krankenhaus hatte die Mutter ihre Tochter dann schon auf der Intensivstation wiedergefunden, in ein weißes Klinikhemd gehüllt. Durch die Glasscheibe hatte sie sehen können, dass sie an einigen Schläuchen und Apparaten hing und sich mehrere Personen in hellgrünen Kitteln um sie bemühten. Hinein durfte sie jetzt noch nicht, aber man bot ihr an, sie könne warten und später zu dem Mädchen.

Die Bäuerin erzählte nun selbst weiter: »Wie eine so harmlose Sache wie ein vereiterter Zahn solche Folgen haben kann, ist mir unbegreiflich. Wir warteten also, und nach mehr als zwei Stunden durfte ich endlich für ein paar Minuten an Kathis Bett. Vorher musste ich aber auch so einen grünen Kittel anlegen und bekam einen Mundschutz umgebunden. Ich durfte auch nicht zu nah zu ihr hingehen und sie auch nicht berühren. Kathi hatte die Augen geschlossen und sah ebenso weiß aus wie ihr Krankenhauskittel. Als ich ihren Namen flüsterte, schlug sie kurz die Augen auf. Sie versuchte zu lächeln, aber das wurde ganz schief, weil sie noch Tampons im Mund hatte.

›Wie geht es dir?‹, fragte ich.

›Ich weiß nicht, ich bin so müde. Die haben die Wunde im Mund zugenäht.‹ Nur mit Mühe war sie zu verstehen, und dann schloss sie ihre Augen auch schon wieder. Meine Schwiegertochter versuchte inzwischen auf dem Gang, aus der Stationsschwester herauszubekommen, was eigentlich mit Kathi los war. Sie dürfe keine Auskunft geben, hatte sich die Schwester aus der Affäre gezogen und auf den Stationsarzt verwiesen.«

Der Arzt hatte ihr dann eine niederschmetternde Mitteilung zu machen: »Ja, Frau Wagenstetter, es tut mir unsagbar leid, dass ich Ihnen keine bessere Diagnose geben kann«, hatte er ihr gesagt. »Die Untersuchungen sind zwar noch nicht vollständig abgeschlossen, aber die bisherigen Ergebnisse legen den Verdacht nahe, dass Ihre Tochter an Leukämie erkrankt ist.«

»Was bedeutet das, Herr Doktor?«, fragte die Bäuerin ängstlich.

»Es steht leider sehr ernst um Ihre Tochter; sie muss diese Krankheit schon lange unbemerkt in sich gehabt haben. Hätte jetzt nicht diese Zahnextraktion die Blutung ausgelöst, dann hätte es auch durch einen kleinen Kratzer oder durch einen leichten Stoß zu einer unstillbaren Blutung kommen können.«

Wie betäubt hörte sich die Zenzbäuerin seine weiteren Erklärungen an, die er mit der Versicherung beendete: »Wir tun alles, was in unserer Macht steht. Das können Sie mir glauben.«

Am nächsten Tag fuhr das Ehepaar Wagenstetter gleich morgens gemeinsam zum Kankenhaus. Doch auf der Intensivstation herrschte hektische Geschäftigkeit um das Bett ihrer Tochter, als sie ankamen, und sie wurden nicht hineingelassen.

Wieder traten der Mutter Tränen in die Augen, und sie vermochte nicht weiterzusprechen.

Der Bauer ergriff wieder das Wort: »Ich war völlig außer mir vor Sorge, und am liebsten wäre ich hineingestürmt und hätte die Grünkittel vom Bett meiner Tochter weggescheucht. Aber schon nach wenigen Minuten beobachteten wir, wie ein Schlauch nach dem anderen abgemacht wurde. Erst begriffen wir gar nicht, was das zu bedeuten hatte. ›Was ist mit meiner Tochter?‹, fragte ich einen der Grünbekittelten, der nun herauskam. Der Angesprochene fragte: ›Sind Sie Herr Wagenstetter?‹, und ich nickte. Und dann …«

An dieser Stelle musste sich der Bauer unterbrechen. Umständlich zog er ein Taschentuch heraus und schnäuzte sich. Seine Frau erzählte weiter: »Ja, sie hatten wohl noch versucht, der Kathi mit einer Bluttransfusion das Leben zu retten, aber es war vergeblich. Wir waren zu spät gekommen; kurz vor unserem Eintreffen war sie gestorben. Nun erlaubte man uns endlich, an ihr

Bett zu treten, ohne Kittel und ohne Mundschutz, nun, da sie tot war …«

Am Abend des Beerdigungstages suchte der alte Moosberger wieder das Gespräch mit seinem Sohn. Er nahm ihn väterlich in die Arme, was er bisher noch nie gemacht hatte. Mitfühlend klopfte er ihm den Rücken und sagte: »Es tut mir leid, Bub, dass du so viel durchmachen musstest.«

Blasi sah in der Tat sehr mitgenommen aus. Seit die Nachricht vom Tod seiner Verlobten bei ihm eingetroffen war, hatte er kein Auge mehr zugetan. Immer wieder gingen ihm dieselben Gedanken durch den Kopf: Was hatte das zu bedeuten, dass er sich innerhalb eines Zeitraums von kaum mehr als einem Jahr zweimal mit jungen, lebensfrohen Mädchen verlobt hatte, die dann aber beide noch vor der Hochzeit hatten sterben müssen?

»Vater!«, platzte er heraus, als sei mit der väterlichen Umarmung jede Scheu von ihm abgefallen, mochte der Alte es nun hören wollen oder nicht. »Gott will nicht, dass ich heirate, das musst du jetzt doch einsehen! Er möchte, dass ich in seine Dienste trete. Erlaube mir also endlich, dass ich Theologie studiere.«

Abrupt ließ der Vater den Sohn los.

»Mit Gott hat das gar nichts zu tun«, behauptete er umso nachdrücklicher, weil ihm nach diesem tragischen Unglück nun doch ebenfalls die seltsamsten Gedanken gekommen waren.

»Das ist eher der Teufel, der seine Hand im Spiel hat! Aber wir lassen uns nicht unterkriegen. Seit Jahrhunderten hat sich das Geschlecht der Moosbergers nicht unterkriegen lassen, denn wir, mein Sohn, sind aus hartem Holz geschnitzt. Du bist und bleibst mein Hoferbe. Und deshalb kannst du nun einmal nicht Pfarrer werden!«

Kapitel 10

In Majda schien Thomas Krautwald endlich die richtige Frau fürs Leben gefunden zu haben. Sie war nicht nur zuvorkommend und liebenswürdig, wenn sie bei seinen Eltern eingeladen war, sondern suchte auch von sich aus Kontakt zu ihnen. In der Zeit, als sie bei der Betreuung von Thomas' Großmutter mithalf, entwickelte sich ein Verhältnis zwischen der älteren und der jüngeren Frau, das dem zwischen Schwiegermutter und Schwiegertochter glich und das Luise mit ihrer eigenen Schwiegermutter vergeblich erhofft hatte. Sie und Franz-Josef wurden auch gelegentlich von Majda in Thomas' Wohnung zum Kaffee eingeladen, und das beeindruckte die beiden noch mehr, denn das hatte noch keine von Thomas' Freundinnen für nötig gehalten.

Auch wenn ihr Sohn sogar nach zweieinhalb Jahren Zusammenleben immer noch keine Pläne für eine Eheschließung zu haben schien, waren sie sicher, dass sie in Majda ihre künftige Schwiegertochter und Mutter ihrer Enkelkinder vor sich hatten.

»So machen die jungen Leute das nämlich heutzutage«, setzte Luise ihren Mann ins Bild, der seinem Sohn am liebsten ins Gewissen geredet hätte, weil ihm dieses Zusammenleben ohne Trauschein, dieses »Konkubinat«, wie er es gerne nannte, so sehr gegen den Strich ging. »Sie leben zusammen, und erst wenn ein

Kind unterwegs ist, heiraten sie. Wir müssen einfach noch abwarten. Die beiden sind ja noch so jung, da kann das schon noch zwei, drei Jahre dauern, bis sie so weit sind.«

Einige Wochen später fielen die Krautwalds aus allen Wolken, denn ohne vorherige Ankündigung präsentierte Thomas ihnen zum Sonntagnachmittagskaffee eine neue Freundin, die ihnen als Verena vorgestellt wurde. Die Unterhaltung an der Kaffeetafel blieb spärlich, denn beide Elternteile waren zunächst einmal sprachlos.

Verena schien freilich ein nettes Mädchen zu sein, und als sie sich anbot, ihr beim Abräumen des Tisches und beim Geschirrspülen zu helfen, fasste Luise die Gelegenheit beim Schopf. So lange sie mit der neuen Freundin ihres Sohnes in der Küche war, hatte ihr Mann Gelegenheit, mit dem Sohn unter vier Augen zu reden, und dass er dazu das Bedürfnis hatte, das war ihm schon beim Kaffeetrinken anzusehen gewesen.

»Nun hast du also neuerdings eine Verena im Schlepptau. Ist es denn erlaubt zu fragen, was aus deiner Freundin Majda geworden ist?«, fragte Franz-Josef seinen Sohn unterdessen im Wohnzimmer.

»Majda ist vor drei Tagen aus meiner Wohnung ausgezogen.«

»Was du nicht sagst! Darauf wäre ich im Leben nicht gekommen! Ich dachte, sie säße im Moment daheim und hütet das Haus, während du mit dieser Verena Besuche machst.«

Der väterliche Sarkasmus prallte an seinem Sohn völlig ab.

»Sie wäre eine Schwiegertochter genau nach unserem Herzen gewesen«, fuhr Franz-Josef fort, und in seiner Stimme klang aufrichtiger Kummer mit.

»Nach eurem Herzen vielleicht, aber nicht nach meinem.«

»Du siehst mich erstaunt!«, gab der Studienrat ironisch zurück. »Zweieinhalb Jahre lang schien sie genau nach deinem Herzen zu sein. Woher denn dieser plötzliche Sinneswandel?«

Sein Sohn verzog sein Gesicht zu einem nachsichtigen Grinsen. »Vater, sei nicht so spießig! Man könnte ja fast meinen, ich hätte nur deinetwegen mit ihr bis an mein Lebensende zusammenbleiben müssen. Sicher, Majda hat mir gefallen, aber dann ist Verena in mein Leben getreten, und das war ein erdrutschartiges Erlebnis, das alles auf den Kopf gestellt hat. Ich bin immer noch völlig benommen davon.«

»Wann und wo hat dieser Erdrutsch denn stattgefunden?«, erkundigte sich der Vater, mochte diese Frage nun spießig sein oder nicht.

»Eigentlich ist das ja meine Privatangelegenheit«, maulte Thomas. »Aber meinetwegen ... Es war vor zwei Wochen in einem Reisebüro. Wir sahen uns an, und es traf uns wie ein Keulenschlag. ›Die oder keine!‹, dachte ich, und Der oder keiner!‹, dachte sie. Und seitdem sind wir unzertrennlich.«

»Und Majda hast du einfach ausrangiert wie ein Paar alter Pantoffel?«

»Was sollte ich denn machen? Bei Verena hat es mich einfach erwischt.«

»Bis zum nächsten Erdrutsch?«

»Nein, Vater, ich glaube, diesmal ist es für die Ewigkeit.« Das klang aufrichtig.

»Na, hoffentlich empfindet sie das auch so. Sonst bist du nachher derjenige, der einen Tritt kriegt«, warnte Franz-Josef dennoch.

»Das halte ich für ausgeschlossen«, behauptete Thomas. »Verena und ich, wir sind füreinander bestimmt. Davon sind wir beide überzeugt. Ihr zuliebe werde ich sogar meinen Beruf wechseln.«

»Wie? Was? Habe ich richtig gehört? Ich dachte, Automechaniker wäre dein Traumberuf.«

»Bis jetzt war er das auch. Aber der Traum ist ausgeträumt, und ich sattele jetzt um zum Reiseverkehrskaufmann.«

Plötzlich war es Franz-Josef Krautwald, als sei es immer sein brennendster Wunsch gewesen, einen Automechanikermeister mit eigener Werkstatt zum Sohn zu haben.

»Reiseverkehrskaufmann? Ist das überhaupt ein richtiger Beruf?«, braust er auf. »Hast du dafür die Meisterprüfung gemacht? Hast du dafür die Werkstatt eingerichtet, dass du jetzt alles hinschmeißt?«

»Vater, jetzt verstehe ich dich wirklich nicht mehr.« Thomas schmunzelte. »Du hast immer den Eindruck erweckt, als würdest du es lieber heute als morgen sehen, dass ich meinen Schrottautos den Rücken kehre. Ehrlich gesagt, dachte ich sogar, du würdest dich freuen, wenn ich dir sage, dass ich aus dem handwerklichen ins kaufmännische Fach wechsle.«

»Wenn du schon umsattelst, dann doch wenigstens auf etwas Richtiges!«, flehte sein Vater geradezu. »Seit du Abitur gemacht hast, sind so viele Jahre vergangen, dass du jetzt jeden Numerus clausus schaffen könntest. Du bist noch jung genug, um ein Studium aufnehmen zu können.«

»Das will ich aber nicht«, gab Thomas eigensinnig zurück. »Außerdem habe ich meinen neuen Vertrag ohnehin schon längst unterschrieben. In vier Wochen beginnt meine Lehre.«

»Und was wird aus deiner Werkstatt?«

»Die behalte ich vorerst. Ich habe schon einen guten Pächter gefunden, und in meiner Freizeit helfe ich noch ein bisschen mit. Pacht, Ausbildungsvergütung und dieser kleine Zusatzverdienst – das reicht locker zum Leben.«

»Na ja, wenn du meinst«, antwortete sein Vater ein wenig spitz. »Vielleicht bleibt davon ja sogar noch so viel übrig, dass du deine Schulden bei uns abzahlen kannst.«

Thomas versicherte ihm, dass er die Raten, die er in den letzten Monaten an seine Mutter zurückzuzahlen begonnen hatte, weiterhin aufbringen würde.

»Hast du das gehört?«, platzte Franz-Josef Krautwald heraus, kaum dass später am Abend seine Frau die Tür hinter den beiden jungen Leuten geschlossen hatte.

»Nicht so laut!«, zischte seine Ehefrau. »Wenn du so brüllst, dann hören dich nicht nur die beiden, sondern das ganze Haus!«

»Der Junge ist doch komplett verrückt geworden!«, erregte sich ihr Mann, doch er dämpfte nun seine Stimme ein wenig. »Nicht nur, dass er die Mädchen öfter wechselt als sein Hemd, jetzt wechselt er sogar seinen Beruf.«

Davon hatte Luise von Verena auch schon erfahren.

»Aber sauberer und angesehener als seine bisherige Tätigkeit ist es allemal«, wandte sie ein.

»Sauberer schon. Das gebe ich zu. Aber angesehener? Da habe ich meine Zweifel. Nein, mit seiner neuen Wahl bin ich nicht glücklich.«

»Darauf kommt es doch nicht an!«, ging seine Frau jetzt auf die Barrikaden. »Wichtig ist doch nur, dass er damit glücklich ist. Seinen Beruf muss er schließlich ein Leben lang ausüben.«

»Ein Leben lang? Dass ich nicht lache! Das haben wir auch gedacht, als er Automechaniker wurde. Das Leben hat gerade mal sechseinhalb Jahre gedauert.«

»Die Gesellschaft hat sich eben geändert, Franz-Josef. Früher war Stetigkeit eine lebensnotwendige Tugend, heute ist Flexibilität eine Tugend, mit der man besser vorankommt.«

Franz-Josef schaute seine Frau verwundert an. »Aber, Liebes, was sind denn das für Philosophien?«

»Ich bin eben auch flexibel geworden«, sagte sie mit einem Seufzer und setzte noch hinzu: »Was bleibt mir denn anderes übrig?«

Thomas Krautwalds neue Ausbildung bei einem namhaften Reiseveranstalter erwies sich als interessant und abwechslungsreich. Geradezu begeistert war er, als sich seine Tätigkeit nicht nur auf Büroarbeiten beschränkte, sondern er in den unterschiedlichsten Gegenden Deutschlands im Auftrag seines Arbeitgebers inkognito

Hotels testen musste, deren Empfehlungswürdigkeit für die Kunden überprüft werden musste. Einmal im Jahr war auch ein vierzehntägiger Aufenthalt im Ausland vorgesehen, der ganz unterschiedliche Ziele haben konnte: Teneriffa, Ägypten oder die Dominikanische Republik.

»Ich kann heute gar nicht mehr verstehen, dass die Welt für mich mal nur aus kaputten Autos bestanden hat«, gestand er seiner Freundin. »Die Welt hat so viel Schönes zu bieten. Das sollten wir erforschen. Auch in unserer Freizeit – dann sogar ganz besonders!«

»Da bin ich gleich dabei«, versicherte Verena. »Denn wenn ich nicht am Fernweh leiden würde, dann wäre ich kaum zu einem solchen Beruf gekommen.«

Für die Zeit, nachdem Thomas seine Prüfung abgelegt hatte, begannen sie eine Reise zu planen, die sie nach Mittelamerika sowie die Karibik führen und gleich mehrere Länder umfassen sollte. Als Angestellte eines Touristikunternehmens hatten sie natürlich enorme Vergünstigungen, sodass die Reise gar nicht so teuer wurde. Ihr Chef war auch gerne bereit, sie für sechs Wochen freizustellen, weil, wie er sagte, seine Mitarbeiter kaum zu viel von der Welt gesehen haben könnten.

Die Eltern Krautwald waren freilich entsetzt, als sie hörten, wohin ihre Reise gehen sollte. Luise fand gar kein Ende mit der Aufzählung der Gefahren, die in jenem Teil der Welt auf sie lauerten. Vom Flugzeugabsturz bis zum Biss einer Schlange kamen ihr immer neue Schrecken in den Sinn, und später, als sie schon die ersten bunten Ansichtskarten an ihre Pinnwand in der Küche hatte hängen können, hielt sie dennoch jeden

Tag, wenn die Nachrichten kamen, unwillkürlich den Atem an und war erst ein wenig beruhigter, wenn in jener Gegend der Welt weder Entführungen, Vulkanausbrüche noch Flugzeugabstürze stattgefunden hatten.

Wirklich wohl war es ihr dennoch erst wieder, als das Pärchen nach sechs Wochen putzmunter und braun gebrannt vor ihr stand. Doch ihre Erleichterung sollte nicht lange anhalten, denn die beiden hatten eine, wie sie meinten, umwerfende Idee aus ihrem Urlaub mitgebracht: »Wir wollen auf Barbados ein eigenes Reisebüro eröffnen.«

»Ihr seid ja verrückt«, war Luises erster Kommentar. »Wieso sollten die Leute dort denn woanders hinreisen wollen, wenn sie von hier dorthin fliegen, um Urlaub zu machen?«

So hatten die beiden das freilich nicht gemeint, wie sie erklärten. Sie wollten dort eine Anlaufstation für Individualtouristen eröffnen, Urlauber, die keinen Pauschalurlaub gebucht hatten, sondern erst, wenn sie schon in Barbados angekommen waren, eine Unterkunft suchten.

»Diese Art von Urlaub scheint im Kommen zu sein«, erklärte Thomas. »Wir haben andauernd Leute getroffen, die auf der Suche nach Urlaubsquartieren waren. Die haben daheim einfach nur den Flug gebucht. Und viele von ihnen kommen aus Deutschland, also wäre eine deutschsprachige Hotelvermittlung garantiert ein Renner.«

»Und wir würden nicht nur Hotel-, sondern auch Privatzimmer vermitteln«, fiel ihm Verena ins Wort. »Das ist eine echte Marktlücke!«

»Aber was meint wohl euer Chef dazu, wenn ihr ihn nicht nur im Stich lasst, sondern ihm auch noch die Kunden abspenstig macht?«, fiel Luise noch ein.

»Mit dem haben wir längst gesprochen, und er ist begeistert von unserer Idee«, versicherte Verena. »Er möchte sich sogar gerne an unserem Projekt beteiligen. Denn unsere Zielgruppe sind ja gerade nicht die Reisebürokunden, sondern diejenigen, an denen er bislang keine einzige müde Mark verdient hat. Außerdem sollen wir ihn dort gegen eine kleine Pauschale über alles Wichtige auf dem Laufenden halten und Preisverhandlungen mit Hotels übernehmen.«

Nun fiel Luise kein Einwand mehr ein. Die Begeisterung der beiden jungen Leute konnte sie freilich dennoch nicht teilen.

»Warum muss das denn ausgerechnet so weit weg sein?«, wollte Franz-Josef dagegen noch wissen. »In München oder in der Umgebung gäbe es doch sicher auch ein Betätigungsfeld für euch.«

»Es gefällt uns dort eben«, erklärte Thomas. »Das Klima ist super, die Menschen sind freundlich, die Verdienstmöglichkeiten sind ausgezeichnet.«

»Und was ist mit dem restlichen Geld, das du deiner Mutter noch schuldest? Es könnte doch sein, dass wir es mal brauchen.«

»Ist das deine einzige Sorge? Das kriegst du selbstverständlich auf Heller und Pfennig zurückgezahlt, bevor wir das Land verlassen. Ich werde die Werkstatt ja verkaufen.«

»Meine größte Sorge ist nicht das Geld«, sagte Luise niedergeschlagen. »Aber wenn ich mir vorstelle, dass meine Enkel in der Fremde geboren werden und ihre Großeltern noch nicht mal kennen lernen werden, das macht mir schon Kummer.«

»Es ist ja noch nicht gesagt, ob Ihr jemals Enkel haben werdet«, meinte Thomas, ohne zu begreifen, dass dies für seine Mutter kaum ein tröstlicher Gedanke war. »Und wenn, habt ihr noch nie etwas von Flugzeugen gehört?«

»Oh Gott, Flugzeuge! Du glaubst doch nicht im Ernst, dass wir uns in diese Dinger setzen? Die werden doch pausenlos entführt oder stürzen ab.«

Da das junge Paar sich seiner Sache längst sicher war, halfen weder Luises Jammern noch Franz-Josefs Vernunftgründe. Um das Vorhaben zu finanzieren, verkaufte Thomas seine Werkstatt – nicht ohne, wie versprochen, seiner Mutter das geliehene Geld auf Heller und Pfennig zurückzubezahlen, und auch Verena hob ihr Erspartes ab. Auf diese Weise konnten sie sich trotz der Zusammenarbeit mit ihrem bisherigen Chef ihre Unabhängigkeit bewahren.

Kapitel 11

Auf dem Gumperhof war nun endlich das Telefon installiert worden, und ausgerechnet der alte Moosberger, der sich so lange dagegen gesträubt hatte, war nun derjenige auf dem Hof, der es am meisten schätzte und nutzte. Ja, er gab freimütig zu, dass er sich gar nicht mehr vorstellen konnte, wie er jemals ohne es ausgekommen war.

Einer der Ersten, die er anrief, war der Daxenbichler. Dieser sprach ihm zunächst sein Bedauern über den erneuten tragischen Verlust aus, von dem er natürlich längst gehört hatte. Dienstbeflissen erbot er sich sodann, nach einer neuen Hochzeiterin Ausschau zu halten. Er machte allerdings erhebliche Einschränkungen. »Weißt du, Moosberger, die jungen Madln werden von Jahr zu Jahr eigenwilliger. Die gehen in die Stadt, die lernen einen Beruf, die wollen sich nicht mehr auf einem Bauernhof abschinden. Und die paar, die noch hier bleiben, suchen sich ihre Hochzeiter selbst oder sie leben in wilder Ehe. Ich habe selber gestaunt, dass ich bei deinem Bub zweimal einen solchen Erfolg hatte. Hier in der Nähe wüsste ich jetzt wirklich keine mehr.«

»Aus der Nähe muss sie ja nicht sein. Du kommst doch weit rum. Irgendwo wirst du doch noch eine wissen.«

»Ja, eine wüsste ich schon. Aber die wirst du nicht mögen. Sie ist schon sechsundzwanzig, und sie hat einen ledigen Buben.«

»Einen Buben?«, fragte der Gumperbauer, nachdenklich werdend. »Ein Bub wäre gar nicht so verkehrt. Da wüsste man doch gleich, dass sie noch einen zweiten zustandebringen können sollte. Da sag ich nicht Nein, wenn sonst alles stimmt.«

»Du meinst, mit dem Diridari und so? Damit stimmt es bei der allemal. Da hätten schon mehrere drauf gespitzt. Verlobt war sie sogar schon. Bevor es aber zum Heiraten kam, hat sie erfahren, dass er einer anderen ein Kind gemacht hat. Da hat sie ihn rausgeschmissen. Erst hinterher hat sie gemerkt, dass er bei ihr selbst genauso erfolgreich gewesen war mit dem Kindermachen.«

»Und wie sind sonst die Familienverhältnisse?«

»Der ältere Bruder, ein gutes Dutzend Jahre älter als sie, hat den Hof bei seiner Heirat überschrieben gekriegt. Der muss schon zwei oder drei Kinder haben. Der jüngere Bruder muss zwei- oder dreiundzwanzig sein. Er studiert Lehramt und lebt noch mehr oder weniger zu Hause.«

»Das klingt ja alles recht ordentlich. Mir wär's schon recht, wenn du mal bei den Eltern anfragst.«

»Wird gemacht, Moosberger, kannst dich drauf verlassen. Heut noch fahr ich hin. Es gibt allerdings noch einen Haken bei der Sache.«

»Noch einen Haken?« Blasius wurde allmählich ungeduldig.

»Ja, sie wohnt ziemlich weit von hier, über dreißig Kilometer, am Chiemsee.«

»Dreißig Kilometer sind doch keine Entfernung«, atmete der Bauer auf. »Mit dem Auto ist das doch gar kein Problem.«

»Mit dem Auto nicht. Da muss ich dir recht geben. Aber mit dem Herzen. Ein Madl, das am Chiemsee aufgewachsen ist, noch dazu mitten im Dorf, ob das in die Berge geht? – Noch dazu auf einen Einödhof? – Das kann ich dir wirklich nicht versprechen.«

»Es käme drauf an, zu fragen. Und wenn sie ›Nein‹ sagt, es gibt ja auch noch andere.«

»Das sagt sich so leicht«, seufzte der Viehhändler. »Wie schon gesagt, die Zeiten sind schlechter geworden. Hast du wenigstens ein Foto von deinem Buben? Ja? Dann schick es mir mit der Post. Vielleicht kann ich sie ja damit ködern. – Ja, und wenn ich ihr beschreibe, wie stattlich dein Hof ist, das hilft vielleicht auch. Eine jede müsste sich glücklich schätzen, Bäuerin auf so einem Hof zu werden.«

Dass die Verhandlungen des Viehhändlers von Erfolg gekrönt sein würden, ergab sich schon wenige Tage später, als der Steinbacher, Bauer vom Samerhof, beim Moosberger anrief: Ob er mal mit Frau und Tochter herauskommen dürfe. Sie wollten sich den Gumperhof einmal anschauen, von dem der Daxenbichler so geschwärmt habe.

Sie durften. Zenta ließ sich nicht lumpen. Für die Gäste hatte sie extra zwei Kuchen gebacken.

Als die Steinbachers das Haus betraten, führte die Bäuerin einen etwa zweijährigen Buben an der Hand, ein nettes Kerlchen, das die Moosberger-Bäuerin sofort ins Herz schloss. Der Bauer und seine Tochter schauten sich bereits im Hausgang so ungeniert um, dass der Gumperbauer seine Gäste gleich durchs ganze Haus, durch Stallungen und Scheune führte. Man schien zufrieden mit dem, was man sah, und sparte nicht mit Lob.

An der Kaffeetafel signalisierte die Steinbacher Christl schon bald, dass sie nicht abgeneigt sei, Gumperbäuerin zu werden, vorausgesetzt, der Hochzeiter sei auch so nett, wie er auf dem Foto ausschaue.

»Das ist er ganz gewiss«, versicherten die Eltern.

»Jetzt hätte ich nur noch eine Frage: Wie steht er denn selbst zu der Geschichte?«, wollte die Christl wissen.

»Der wird gewiss wollen«, zeigte sich der Moosberger zuversichtlich. »Fesch schaust du ja aus, da kann er nichts gegen sagen. Und ihm ist klar, dass es heutzutage nicht so einfach ist, eine gute Bäuerin zu finden.«

»Was den Buben von der Christl angeht«, schaltete sich nun die Samerbäuerin ein, »so kann er eigentlich auch bei uns aufwachsen, falls euch das lieber ist.«

»Das muss nicht sein«, widersprach Zenta. »Ich fände es zu hart, wenn man einer Mutter ihr Kind wegnimmt. Nur für den Anfang, meine ich, wäre es gut, wenn er noch bei euch bleibt. Damit sich die jungen Leute aneinander gewöhnen können. Und damit er sich auch an uns gewöhnt, kann er ja regelmäßig zu Besuch zu uns kommen. Nach ein paar Monaten kann er dann ganz zu uns ziehen.«

Diese Lösung fanden alle vernünftig.

Wieder einmal beschwor der alte Moosberger den Gregor in einem Brief, seinem Freund bei der Suche eines

Praktikumsplatzes zu helfen, der ihm bei der Verwirklichung seiner Pläne helfen konnte. Es stand nämlich noch ein zweites praktisches Semester an, das allerdings entweder in einem der Landwirtschaft vor- oder nachgelagerten Betrieb oder im Ausland durchgeführt werden musste.

»Dieser Betrieb sollte sich in unmittelbarer Nähe zur Ostseite des Chiemsees befinden«, schrieb der Alte. »Traunstein käme auch noch in Frage. Blasi soll nämlich Gelegenheit haben, seine Zukünftige so oft wie möglich zu sehen.«

Wieder brachte Gregor das Kunststück fertig, binnen kurzer Zeit den idealen Praktikumsplatz für seinen Freund fest zu machen. Für sich selbst hatte er schon lange vorher Sorge getragen: Ab dem ersten Oktober würde er in Neuseeland auf einer riesigen Farm sein und sich mit Schafen befassen. Ein Kommilitone hatte ihm zu Semesterbeginn den Kontakt zu dieser Farm vermittelt, von der er selbst gerade erst zurückgekehrt war.

Damit würde er sehr weit von Eva entfernt sein; das war ein Nachteil, aber den mussten sie eben in Kauf nehmen. Die Sommerferien verbrachte er jedoch noch in ihrer Nähe, denn natürlich kam er zusammen mit Blasi wieder auf den Gumperhof, wo er inzwischen so herzlich begrüßt wurde, als wäre er ebenfalls ein Sohn des Hauses.

Als der Bauer seinem Sohn eröffnete, er habe nun wirklich die ideale Braut für ihn gefunden, nahm er das ohne sichtbare Gemütsregung hin. Um ihn ein wenig aus der Reserve zu locken, zeigte der Vater ihm schon mal ein Foto von Christl Steinbacher.

»Nicht übel«, war sein einziger Kommentar.

Für den folgenden Sonntag hatte man seinen Besuch bei den Steinbachers angesagt. Blasi chauffierte das Familienauto, in dem auch seine Eltern saßen, denn mit der Kutsche wären sie ja den ganzen Tag unterwegs gewesen. Tradition hin, Tradition her, das moderne Zeug hatte nun einmal auch seine Vorteile.

Nachdem man das ganze Anwesen besichtigt und entsprechend gelobt hatte, bat die Bäuerin an den Kaffeetisch. Der alte Moosberger behielt die beiden jungen Leute unauffällig im Auge, um zu sehen, wie sie aufeinander reagierten. Sein Blasi benahm sich natürlich wie immer: Höflich, zuvorkommend, zurückhaltend, doch die Christl zeigte ihr Interesse schon etwas deutlicher.

Die wahre Liebe auf den ersten Blick erlebte er freilich erst, als der kleine Daniel vom Mittagsschlaf aufwachte. Denn der Knirps stürmte gleich auf Blasi zu, und da der sich sofort bereitwillig darauf einließ, mit ihm zu spielen, wich er ihm für den Rest seines Aufenthalts nicht mehr von der Seite. Die Augen aller Anwesenden betrachteten diese offensichtlich gegenseitige Sympathie mit Wohlwollen.

»Ab Oktober wird der Blasi ein Praktikum beim Landwirtschaftsamt in Traunstein absolvieren«, verkündete der Moosberger. »Es ist euch doch recht, wenn er in der Zeit bei euch wohnt?«

Und ob das recht war!

Bis zu seiner Ankunft am ersten Oktober war schon ein regelrechtes Unterhaltungsprogramm für das junge Paar aufgestellt: Jedes zweite Wochenende war für gemeinsame Unternehmungen reserviert. Mal gingen sie in Traunstein ins Kino, mal in ein Museum, mal in eines der Bauerntheater in den umliegenden Dörfern. Einmal machten sie auch eine Bergwanderung. Für Ende Januar spendierten Christls Eltern ihnen sogar eine Woche Ski-Urlaub in Reit im Winkl.

Dass Blasi diese Gelegenheit nicht auszunutzen versuchte, um sich ungebührliche Freiheiten herauszunehmen oder gar mit ihr ins Bett zu gehen, ließ ihn in Christls Achtung sogar steigen. Ein lediges Kind reichte ihr schließlich! Es war früh genug, wenn das nächste Kind in der Ehe kam. So war die Beziehung zwischen den beiden in jeder Hinsicht harmonisch, wenn auch auf einer eher kameradschaftlichen Basis.

Christl zeigte auch Verständnis dafür, dass Blasi für die Verlobungsfeier die Rückkehr seines besten Freundes aus Neuseeland abwarten wollte, und so einigten sie sich also auf den Ostermontag. Den Hochzeitstermin wollten die Eltern der Brautleute dann für den Samstag nach Christi Himmelfahrt ansetzen. Dagegen begehrte nicht nur die Braut auf, sondern auch der sonst so sanftmütige Blasius.

Ihr Argument war: »Was sind denn das für Flitterwochen, wenn der Bräutigam gleich am übernächsten Tag wieder weg muss?«, und seines: »Warum soll ich mitten in der Prüfungszeit heiraten? Da steht mir der Kopf bestimmt nicht danach. Ende Juli ist alles gelaufen. Dann lässt sich unbeschwert feiern.«

Die Alten gaben angesichts der Einmütigkeit, die das junge Paar bewies, also nach.

Als man am Ostermontag auf dem Samerhof in fröhlicher Runde an der Kaffeetafel saß, um die Verlobung zu feiern, erhob sich auf einmal der Gregor. Mit dem Kaffeelöffel klopfte er an seine Tasse, sodass sich ihm alle Augen zuwandten. »Ich will keine große Rede halten«, leitete er ein. »Was ich euch mitzuteilen habe, ist schnell gesagt: Ihr könnt gleich eine zweite Verlobung mitfeiern.«

Er legte eine Kunstpause ein, um die Überraschung auf ihren Gesichtern besser beobachten zu können. Selbst Eva war von seinen Worten ebenso überrumpelt worden wie alle anderen, und sie machte ein verdutztes Gesicht.

»Ich würde ja sagen, dass es mir gelungen ist, das bezauberndste Mädchen der Welt zu erobern«, fuhr er fort.

»Aber dafür würde die Christl mir wohl die Augen auskratzen – und recht hätte sie damit. Also behaupte ich, eines von den beiden bezauberndsten Mädchen der Welt hat mir ihr Herz geschenkt.«

Noch immer wusste keiner, worauf er hinaus wollte, selbst Blasi war nicht eingeweiht. Dem aufmerksamen Beobachter wäre allerdings aufgefallen, dass Evas Gesicht dunkelrot angelaufen war. Aber auf sie achtete niemand.

Als Gregor die ihm geschenkte Aufmerksamkeit genügend ausgekostet hatte, fuhr er fort: »Hiermit möchte ich also meine Verlobung mit Eva Moosberger bekannt geben.«

Das schlug ein wie ein Blitz.

Blasi starrte ihn fassungslos an. »Was? Wie? Du – und die Eva? Seit wann ... Davon habe ich ja gar nichts gemerkt.«

Den alten Blasius hätte es beinahe vom Stuhl gehauen. »Das – das geht doch nicht«, entfuhr es schließlich seinen Lippen. »Du hast ja noch gar nicht um ihre Hand angehalten.«

»Aber geh, Moosberger«, antwortete Gregor, nicht im Mindesten verlegen. »Ist die Eva denn nicht alt genug, um ihre Entscheidungen selbst zu treffen?«

»Aber es geht trotzdem nicht«, widersprach der Gumperbauer nun mit mehr Nachdruck. »Du hast nichts, und du bist nichts. Also geb ich dir meine Tochter nicht, und basta.«

Gregor drohte ihm scherzhaft mit dem Finger. »Dass ich nichts bin, darfst du nicht mehr lange sagen. Ich bin genauso viel wie dein Sohn. Wenn nichts dazwischenkommt, sind wir alle beide in acht Wochen Diplomlandwirte.«

»Aber haben tust du deswegen noch lange nichts.«

Gregor zuckte die Achseln. »Mit dem Diplom in der Tasche finde ich allemal eine einträgliche Stelle, und wenn es in Neuseeland wäre. Dort hätten sie mich übrigens gerne behalten. Falls ich wieder hingehe, dann ist mir ein auskömmlicher Posten sicher, und dass ich dann mein Leben lang Angestellter bleibe, glaubst du doch selber nicht, oder?«

Dass er sich das wirklich nicht vorstellen konnte, musste der Alte zugeben.

»Also werde ich deine Tochter ernähren können«, schloss Gregor. »Und ob sie mich unter diesen Umständen haben will, das fragst du sie am besten selbst.«

Blasius Moosberger ging für einen Moment mit sich zu Rate.

»Aber bis Neuseeland brauchst du gerade nicht«, ließ er sich endlich vernehmen. »Das ist viel zu weit weg. Auf einen Tausendsassa wie dich kann ich hier nämlich nicht verzichten.« Er zwinkerte ihm mit einem Auge zu. »Wenn du also eine Starthilfe brauchen solltest, um hier als Landwirt Fuß zu fassen, so werden sich schon Mittel und Wege finden. Weil ich heute guter Laune bin und weil du mir immer so gut geholfen hast, erkläre ich mich hiermit also einverstanden. Meinen Segen habt ihr.«

Er erhob sich, ging auf seine Tochter zu und schüttelte ihr herzhaft die Hand. »Meine besten Wünsche, Dirndl. Mit dem kaufst du nicht falsch ein.« Dann winkte er den angehenden Schwiegersohn zu sich her: »Komm her, damit ich euch zusammengeben kann. Ich habe dich ja längst ins Herz geschlossen wie einen eigenen Sohn.«

Am 28. Juli war es so weit. In der festlich geschmückten Aula zu Schönbrunn hatten sich alle versammelt: die Professoren, die angehenden Diplomlandwirte, ihre Eltern und viele weitere Personen. Über vierhundert Menschen saßen dicht an dicht, um der feierlichen Überreichung der Diplomurkunden beizuwohnen. Obwohl sie mitten in den Hochzeitsvorbereitungen steckten, wollten sich Blasis Eltern dieses Ereignis nicht entgehen lassen. Eva hatte sie nur zu gerne hierher gefahren. Denn nicht nur ihr Bruder würde heute sein Diplom erhalten, sondern auch ihr Verlobter. In der dritten Reihe saß neben den Moosbergers und Gregors Eltern auch Christl mit ihren Eltern.

Nach einer kurzen Ansprache, in welcher der Dekan den Fleiß und die Ausdauer der Examinierten lobte, begann er, die Kandidaten einzeln zu sich zu bitten. Wie gebannt schauten sie alle nach vorn, als er den Namen Gregor Gruber verlas. Er überreichte ihm die Urkunde mit den Worten: »Meinen herzlichen Glückwunsch, junger Freund. Sie haben Ihr Examen mit Auszeichnung bestanden.«

Die anderen Namen rauschten nur so an ihnen vorbei. Erst als der Name Blasius Moosberger verlesen wurde, zeigten wieder alle, die ihm nahestanden, größte Aufmerksamkeit. Auch er hatte mit Auszeichnung bestanden, und auch ihm wurden die besten Wünsche ausgesprochen.

Nachdem erst die offizielle und anschließend noch eine kleine private Feier beendet waren, fuhren die drei Familien wieder in unterschiedliche Richtungen nach Hause. Nur die beiden Freunde blieben noch zurück, denn auf keinen Fall hätten sie das große Abschlussfest versäumen wollen, das im Park von Schönbrunn zu Ehren der neugebackenen Diplomlandwirte veranstaltet wurde. Am späten Nachmittag begann es und endete erst am frühen Morgen, als die ersten Vögel in den Zweigen zu zwitschern begannen. Todmüde ließen sich die beiden Freunde gegen vier Uhr in ihre Betten fallen.

Während sie ausschliefen, liefen auf dem Gumperhof die Hochzeitsvorbereitungen auf Hochtouren, denn man hatte die Trauung schon auf den 30. Juli festgesetzt, damit man sie vor Beginn der Getreideernte hinter sich hatte. Vierzehn Tage vorher hatte man wieder damit begonnen, das Haus von oben bis unten zu putzen, und nun waren schon seit drei Tagen alle weiblichen Hände damit beschäftigt, Kuchen und Torten zu backen.

Gregors Eltern hatten die Sachen ihres Sohnes nach der offiziellen Feier schon weitgehend von Landshut mit nach München genommen, so hatte er genug Platz im Auto, um die Sachen des Freundes darin zu verstauen. Am Nachmittag des 29. Juli gaben sie die Schlüssel ihrer Studentenbuden im Sekretariat ab und brausten los in Richtung Süden, wo sie wohlbehalten am Vorabend der Hochzeit in Blasis Zuhause eintrafen.

Am Morgen des Hochzeitstages erwachte das Leben schon früh auf dem Gumperhof, denn vor dem Brautamt gab es noch vieles zu erledigen. Mit Rücksicht auf die auswärtigen Gäste hatte man es auf elf Uhr angesetzt. Vorher sollte noch die Trauung auf dem Standesamt sein.

Zenta musste ihre Augen überall haben, und sie hatte nicht Hände genug, um alles zu bewältigen. Es waren Böden zu belegen und Guss war zu machen, es waren Cremes zu rühren und Torten zu verzieren, lauter Dinge, die man am Tag vorher noch nicht hatte machen können. Jetzt musste alles fertig werden, bis die Braut mit ihren Eltern und Brüdern eintraf. Die älteren Töchter der Moosberger-Familie und die übrige Verwandtschaft hatte man gleich zur Kirche bestellt, damit es auf dem Hof nicht zu viel Durcheinander gab.

Ihrem Mann musste Zenta ebenfalls beistehen und ihm in seine Feiertagstracht helfen, die er seit der letzten Hochzeit nicht mehr getragen hatte und die in der Zwischenzeit eingeschrumpft zu sein schien. Sobald er sich hineingezwängt hatte, begab er sich auf den Hof hinaus. Er spielte das Empfangskomitee, als Gregors Eltern, Gregor Gruber senior und seine Frau Fanny, eintrafen, mit denen man sich als Evas zukünftige Schwiegereltern längst bekannt gemacht hatte. Nachdem sie mit Getränken versorgt waren und sich an einem schattigen Platz am Hoftisch niedergelassen hatten, ging der Bauer zu der Stelle, von wo aus man den Weg beobachten konnte, der sich vom Tal aus hinaufwand. Dort war noch nichts zu sehen, und so begann er wieder auf dem Hof auf- und abzuwandern, von Zeit zu Zeit einen Blick auf die Uhr werfend.

Nach einiger Zeit trat er zu Grubers an den Tisch. »Noch nichts von der Braut und ihrer Familie zu sehen«, sagte er. »Dabei geht es schon auf neun Uhr zu. Wo die nur bleiben? Die werden es sich doch nicht anders überlegt haben?« Er zwinkerte, damit klar war, dass er nur Spaß machte.

Endlich hatte auch die Bäuerin alles geschafft und erteilte letzte Anweisungen, bevor sie sich umkleiden ging. Es war schon höchste Zeit geworden. Der Bräutigam kam gerade mit seinem Freund die Treppe herunter, und mit einem raschen Kontrollblick vergewisserte sich Zenta, dass beide tadellos gekleidet waren.

Es war Punkt neun, als sie sich zu den anderen gesellte, um die Ankunft der Braut zu erwarten. Die Kutsche stand frisch geputzt im Hof.

Der alte Moosberger wurde bereits nervös. »Wo die nur bleiben?«, fragte er, noch immer auf- und abgehend, ohne eine Antwort zu erwarten.

»Ihr habt ihnen doch gesagt, dass sie erst zu uns kommen sollen?«, vergewisserte er sich, als der Zeiger seiner

Uhr auf 9.15 Uhr vorgerückt war. Ja, das habe man ihnen gesagt, bestätigte die Bäuerin.

Wieder fünf Minuten später fragte der Bauer noch einmal nach: »Könnte es nicht sein, dass sie das falsch verstanden haben?«

»Ausgeschlossen«, antwortete Eva. »Das mit der Kutsche würde doch sonst keinen Sinn geben.«

Um halb zehn hatte man vom Gumperhof losfahren wollen, damit man gemütlich durchs Dorf fahren konnte und dennoch pünktlich um zehn auf dem Standesamt war. Als um 9.35 Uhr noch immer nichts von den Steinbachers zu sehen war, wurden alle unruhig.

»Vielleicht sind sie in einen Stau geraten«, mutmaßte Dr. Gruber. »Als wir von München kamen, war in beiden Richtungen viel Verkehr.«

»Wenn sie knapp dran sind«, ergänzte Fanny seine Theorie, »werden sie gleich zum Standesamt gefahren sein, weil sie es hier herauf nicht mehr schaffen.«

»Jetzt will ich es aber wissen«, erklärte der Moosberger um 9.40 Uhr. »Ob die am Ende noch gar nicht losgefahren sind?«

Schnurstracks marschierte er aufs Haus zu und rief beim Samerhof an. Am Telefon meldete sich eine Angestellte. Ja, ihre Leute seien vor fast drei Stunden losgefahren, sagte die ganz erstaunt. Die müssten längst angekommen sein. Zur Sicherheit rief der Bauer dann auch noch beim Standesamt an. Nein, die Braut sei noch nicht eingetroffen, erfuhr er dort. Auch vor dem Haus warte niemand. Der Gumperbauer bat, man solle sich dort noch etwas gedulden, und man möge doch bitte bei ihm anrufen, sobald die Braut eintreffe.

Der Alte kam zurück auf den Hof, nun noch unruhiger als zuvor. Sie warteten weiter. Doch niemand kam.

Es war kurz vor 11.30 Uhr, als die Vroni aus dem Haus gelaufen kam und die bedrückten Wartenden aufschreckte. »Schnell, Bauer, jemand von den Steinbachers ist am Telefon«, keuchte sie. Eilig folgte er ihr ins Haus, und als er nach ein paar Minuten wieder herauskam, war er leichenblass. Schwerfällig ließ er sich auf die Hausbank fallen und murmelte immer wieder vor sich hin: »Es ist aus. Es ist alles aus.«

»Nun red schon, Blasi«, drängte seine Frau. »Was ist passiert? Wo sind sie? Wann kommen sie? Kommen sie überhaupt noch?«

Doch es war aus ihm kein vernünftiges Wort herauszubekommen.

»Das sieht nach einem Schock aus«, diagnostizierte Dr. Gruber. »Wir müssen ihn so lagern, dass die Beine hoch liegen. Dann werde ich ihm eine Beruhigungsspritze geben.«

Sein Sohn hatte sofort begriffen. »Schnell, bring ein paar Sofakissen!«, rief er Eva zu, während er selbst sofort hinzusprang und dem Vater half, den Patienten auf die Bank zu legen. Sobald er die Kissen hatte, schob er sie dem Moosberger unter die Beine. Doktor Gruber war in der Zwischenzeit zu seinem Auto geeilt, wo er immer alles Notwendige für den Notfall mit sich führte, und kam nun mit langen Schritten zurückgeeilt, seine Tasche in der Hand.

Eva war die Erste, die wieder klar genug dachte, um selbst auf dem Samerhof anzufragen, was geschehen sei. Dort wusste man jedoch von nichts. Die Angestellte, mit der sie sprach, schwor, sie habe nicht angerufen, und sonst sei niemand auf dem Hof in die Nähe des Telefons gekommen.

Ratlos blickten sich die Wartenden an, als die junge Frau wieder aus dem Haus kam und wiedergab, was ihr gesagt worden war.

»Ich weiß nicht, was geschehen ist, aber ich glaube, die Christl ist tot«, sagte der Bräutigam da auf einmal mehr zu sich selbst als zu den Umstehenden. »Ebenso wie Heidi und Kathi gestorben sind, als ich sie heiraten wollte.«

»Red doch nicht so daher!«, fuhr ihm die Mutter über den Mund. »Sie werden im Stau stehen oder irgendetwas anderes in der Art.«

Blasi schüttelte unglücklich den Kopf.

»Ich hätte mich niemals zum dritten Mal darauf einlassen sollen, nachdem ich schon zwei Verlobte habe begraben müssen«, beharrte er. »Arme Christl! Um sie tut es mir noch viel mehr leid als um die beiden anderen. Immerhin ist ihr Kind nun mutterlos geworden.«

»Was auch immer passiert ist: Wir sollten uns darauf einstellen, dass die Steinbachers heute nicht mehr kommen«, unterbrach Eva, bevor sich noch ein längeres Streitgespräch ergeben konnte. »Ich fahre jetzt zur Kirche und erkläre dem Pfarrer, dass heute keine Hochzeit stattfindet. Einen neuen Termin zu bekommen, sollte schließlich kein Problem sein. Und die Gäste schicke ich nach Hause.«

»Halt, halt«, rief die Mutter ihr nach, als sie sich abwandte, um zum Auto zu gehen. »Fahr zur Kirche, das ist gut. Aber sage das Amt nicht ab. Statt der Brautmesse soll der Pfarrer ein Amt für die Lebenden und Verstorbenen der Familien Moosberger und Steinbacher halten. Und so lange wir nicht wissen, was los ist, schicken wir auch die Gäste nicht weg. Die sind zum Teil von weit her gekommen und seit der Frühe unterwegs, und wir können sie in keinem Fall hungrig heimfahren lassen. Es wäre ja auch schade ums Essen, das der Wirt längst vorbereitet hat. Auch die ganzen Kuchen sind fertig. Wer soll das Zeug denn sonst essen?«

Das leuchtete der Tochter ein.

»Noch was, Eva, der Pfarrer soll ansagen, dass etwas passiert sei. Man solle also nach dem Amt ins Wirtshaus gehen und das Mahl einnehmen. Sobald wir Genaueres wüssten, kämen wir nach, um es allen mitzuteilen.«

Wieder wandte sich Eva dem Familienauto zu.

»Warte«, rief der Gregor. »Bei deinem Vater kann ich jetzt eh nichts mehr tun. Also bringe ich dich mit meinem Wagen zur Kirche, dann können die anderen mit eurem Wagen nachkommen.«

Als Zenta mehr als eine Stunde später den Festsaal betrat, war man bereits bei der Nachspeise. Sie brauchte kein Zeichen zu geben, um sich Gehör zu verschaffen. Bei ihrem Eintreten verstummten alle Gespräche schlagartig.

So im Mittelpunkt zu stehen, war sie nicht gewohnt. Ihre Stimme zitterte, als sie zu sprechen begann:

»Es ist ein schreckliches Unglück geschehen, und deshalb findet die Hochzeit nicht statt. Die Familie Steinbacher hatte während der Fahrt hierher einen schweren Autounfall – ein anderer Fahrer hat die Vorfahrt nicht beachet und ist mit voller Geschwindigkeit in ihren Wagen hineingekracht.«

In das betroffene Schweigen hinein hörte sie, wie eine weibliche Stimme einen Schreckensschrei ausstieß. Eine andere begann laut zu schluchzen.

Sie musste sich dazu überwinden, weiterzusprechen: »Die Braut ist tot, und ihr Vater auch. Ihre Mutter und ihr jüngerer Bruder liegen schwer verletzt im Krankenhaus, aber es heißt, sie werden durchkommen.«

Für Sekunden herrschte betroffene Stille im Saal. Plötzlich rief eine weibliche Stimme: »Das Kind! Was ist mit dem Kind?«

»Das hatte im hinteren Auto gesessen; sie waren ja mit zwei Fahrzeugen unterwegs«, berichtete die Moosberger-Bäuerin. »Im vorderen Auto waren die vier, die ich aufgezählt habe, und im hinteren saß der ältere Bruder am Steuer, dazu seine Frau mit dem kleinen Daniel. Die haben Glück gehabt; ihnen ist nichts passiert. Der ältere Bruder war es auch, der von der nächsten Tankstelle aus Polizei und Krankenwagen herbeigerufen hatte, und uns hat er auch benachrichtigt. Freilich erst, nachdem die Verletzten im Krankenhaus versorgt worden waren; das ist ja auch verständlich. Deswegen wussten wir so lange nicht, was los ist.«

Erschöpft ließ sich Zenta auf einen Stuhl fallen.

Am Abend desselben Tages versammelte der alte Moosberger seine Familie, soweit sie hier im Haus wohnte, mitsamt den Grubers um den großen Tisch in der Stube. Diesmal suchte er nicht das Gespräch mit seinem Sohn unter vier Augen, sondern ließ bewusst alle zusammenkommen, denn das, was er zu sagen hatte, sollten alle hören.

Mehrmals atmete er tief ein und aus. Dann straffte sich seine Haltung, und er begann zu sprechen: »Ich gebe mich geschlagen. Jetzt glaube ich selbst auch, dass Gott seine Hand im Spiel hat. Einst habe ich ihm diesen Sohn abgetrotzt, und den fordert er von mir zurück. Ich sehe ein, dass ich seine Pläne nicht durchkreuzen kann.« Er machte eine kurze Pause. Den Blick auf seinen Sohn gerichtet, fuhr er fort: »Es muss nicht noch ein Mädchen sterben, damit mir klar wird, dass ich dich auf einen falschen Weg führen wollte, einen, den der Himmel mir immer wieder zunichte machen wird, egal, wie oft ich es versuche. Du kannst also Priester werden, wie du es gewollt hast.«

Im Raum war es totenstill, und keiner wagte es, ein Wort zu sagen. Der Alte ließ den Blick durch den Raum schweifen, dann blieb sein Blick an Blasi hängen.

»Was ist, Bub? Du sagst gar nichts dazu?«

»Danke, Vater, vielen Dank«, brachte sein Sohn heraus. »Ich weiß, wie schwer dir dieser Schritt gefallen ist.«

»Das kannst du mir glauben. Den ganzen Tag habe ich über nichts anderes nachgegrübelt. Aber ich sehe ein, dass ich keine andere Wahl habe.«

Der Bauer machte eine kleine Pause.

»Nur, was wird jetzt mit meinem Hof?«, fuhr er bedrückt fort. »Alles dahin, alles verloren, mein ganzes Lebenswerk für die Katz.«

Bei diesen Worten traten Tränen in die Augen des alten Mannes. Leise, wie zu sich selbst, fuhr er fort:

»Wenn ich zu meinen Ahnen abberufen werde, muss ich mich vor ihnen schämen. In Grund und Boden muss ich mich schämen.«

Jetzt hielt es seine jüngste Tochter nicht mehr länger aus.

Sie sprang auf und rief aus: »Vater, ich bin doch auch noch da. Dein Hof wäre bei mir in guten Händen.«

Der Bauer hob langsam den Kopf, wischte sich mit dem Ärmel die Tränen ab und schaute seine Tochter so an, als sehe er sie zum ersten Mal in seinem Leben. »Dirndl, du? – Ja, traust du dir das denn zu?«

»Das fragst du noch? Mit Gregor an meiner Seite ist das doch überhaupt kein Problem!«

Bedächtig wiegte der Bauer sein greises Haupt hin und her. »Mit dem Gregor? – Da hast du recht. Der ist ein tüchtiger Landwirt geworden. Tätest du denn mögen, Gregor?«

»Du meinst, Moosberger, ob ich auf dem Gumperhof Bauer werden will?«, fragte der Angesprochene völlig überrumpelt zurück.

»Was denn sonst? Es ist ja sonst niemand da.« Er machte eine kurze Pause. »Ja, wenn du Gumperbauer wirst, dann kann ich sicher sein, mein Hof ist in guten Händen. Nur eines bekümmert mich: Es wird keine Moosbergers mehr auf dem Hof geben.«

»Nach dem neuen Namensrecht wäre das überhaupt kein Problem«, schaltete sich Doktor Gruber ein. »Vorausgesetzt, mein Sohn hat nichts dagegen, bei der Eheschließung den Namen seiner Frau anzunehmen. Mir würde es jedenfalls nichts ausmachen, wenn er den Namen Moosberger annimmt.«

»Wie? – Du würdest tatsächlich auf deinen Namen verzichten?« Der Bauer konnte es gar nicht fassen.

»Warum nicht?«, fragte der Arzt zurück. »Grubers gibt es doch wie Sand am Meer. Auf eine Tradition müssen wir auch nicht Rücksicht nehmen, und meine Praxis übernimmt der Lausebengel ja ohnehin nicht. Ich kann also nur noch darauf hoffen, dass einer meiner hoffentlich zahlreichen Enkel das medizinische Gen aufweist, das mein Sohn leider nicht hat. Den werde ich dann natürlich ohne Zögern der Landwirtschaft abspenstig machen – und wenn er Moosberger heißen sollte, ist er mir dann genauso recht, wie es ein Gruber wäre.«

Der junge Mann ging einige Momente mit sich zu Rate. »Erst einmal danke ich dir für dein großzügiges Angebot«, wandte er sich an den Moosberger-Bauern. »Wie könnte ich das ausschlagen? Für mich geht damit ein Traum in Erfüllung. Und was den Namen betrifft: Wenn ich hier einheirate, bin ich für die Umgebung doch ohnehin von vornherein der Gumperbauer – oder auch der Einfachheit halber der Moosberger, denn so sind es die Leute hier nun einmal gewöhnt, dass der Gumperbauer immer auch ein Moosberger ist. Dann kann ich diesen Namen im Grunde auch gleich offiziell annehmen, und alles hat seine Ordnung.«

Einen Moment lang war es totenstill am Tisch, dann begann einer in die Hände zu klatschen, und nun brandete regelrechter Beifall für Gregor auf. Er stand auf und deutete scherzhaft eine Verbeugung in alle Richtungen an.

Der Bauer strahlte. »Komm an mein Herz!«, rief er befreit aus. »Dann habe ich jetzt also einen zweiten

Sohn, und der ist mir genauso lieb und teuer wie mein erster.« Zu Blasi gewandt, fügte er hinzu: »Und was dich angeht, mein Bub, so lass ich dich jetzt leichteren Herzens ziehen.«

»Du, Blasi, wenn du fertig studiert hast, darf ich dann bei dir Pfarrerköchin werden?«, fragte nun eine Person, die sich sonst immer bescheiden im Hintergrund hielt – die zweitjüngste Moosberger-Tochter Moni nämlich. Um zu bekräftigen, dass es ihr ernst damit sei, fügte sie hinzu: »Am Heiraten liegt mir eh nichts, aber einen eigenen Haushalt führen möchte ich schon.«

»Aber klar, Moni«, rief ihr Bruder erfreut aus. »Das ist eine tolle Idee! Dann brauch ich auf ein gutes Essen, wie ich es von daheim gewöhnt bin, nicht zu verzichten, egal, wo es mich hinweht. Du hast ja bei der Mutter gelernt.«

Mutter und Vater Moosberger warfen sich einen Blick zu. Wie oft hatten sie schon sorgenvoll über die Zukunft ihrer zweitjüngsten Tochter nachgedacht, die kein Geheimnis daraus machte, dass sie kein Interesse daran hatte, einen Mann zu finden. Freilich, man konnte ihr auf dem Hof lebenslanges Wohnrecht sichern, doch war es in den heutigen Zeiten einem Menschen wirklich noch zumutbar, bis an sein Lebensende als fünftes Rad am Wagen mitzurollen?

»Langsam glaube ich, dass ich all die Jahre blind gewesen sein muss«, brummte der Bauer kopfschüttelnd. »Jetzt, wo ich mich damit einverstanden erklärt habe, dass Blasi Pfarrer werden darf, passt plötzlich alles zueinander, als sei es schon immer so bestimmt gewesen. Die Hofnachfolge ist gesichert, sogar der Name bleibt erhalten – und die Moni ist auch bestens untergebracht.«

»Und ich brauche mir um das leibliche Wohl unseres Buben auch keine Sorgen zu machen«, ergänzte die Mutter. »Denn dass die Moni mindestens so gut kocht wie ich, das kann ich besser beurteilen als jeder andere.«

Kapitel 12

Jedes Mal, wenn Studienrat Krautwald vom Dienst nach Hause kam, wusste er schon, seine Frau würde spätestens nach zehn Minuten darüber zu klagen beginnen, dass der Sohn so weit weg wohne. Seufzend ließ der Ehemann das über sich ergehen, und er dachte jedes Mal: Sie hat Langeweile, und das ist ja auch kein Wunder. Was ist an einem solch modernen Haushalt denn noch viel Arbeit? Es wäre gut, wenn sie eine sinnvolle Beschäftigung hätte.

Er spielte mit dem Gedanken, ihr vorzuschlagen, wieder zu arbeiten. Das musste ja nicht den ganzen Tag sein; eine Halbtagsstelle wäre völlig ausreichend. Heimlich las er sogar die Stellenanzeigen, doch die wenigen Angebote für Sekretärinnen, die nicht als Ganztagsstelle ausgeschrieben waren, hätten alle viel zu weite Anfahrtwege bedeutet, oder sie lagen in den Nachmittagsstunden. Das, fand er, kam nicht in Frage, denn dann wäre sie ja genauso spät wie er selbst heimgekommen und hätte sich dann mit dem Abendessen unnötig abhetzen müssen.

Nach ein paar Wochen begrub er auch diesen Gedanken wieder, ohne sie überhaupt gefragt zu haben, was sie selbst davon hielt.

Ob sie sich ein Hobby zulegen oder ein paar Stunden ehrenamtlich arbeiten sollte?

Das Problem löste sich auf überraschende Weise, obwohl es zunächst eher so ausgesehen hatte, als seien nur neue Schwierigkeiten hinzugekommen. In der Wohnung über ihnen hatte es nämlich einen Mieterwechsel gegeben. Das ruhige ältere Ehepaar, das schon viele Jahre dort gewohnt hatte, war ausgezogen; die Wohnung übernahm eine junge Familie mit zwei Kindern.

»Zwei Kinder in einer so kleinen Wohnung!«, entsetzte sich Luise schon am ersten Tag. »Die Hausverwaltung muss verrückt geworden sein.«

»Aber Luise!«, wandte der Studienrat ein. »Bei der heutigen Wohnungsnot müssen die armen Leute doch froh sein, mit ihren Kindern überhaupt ein Dach über dem Kopf zu finden. Ich finde es richtig, wenn nicht immer die Kinderlosen bevorzugt werden.«

»Aber du machst dir keine Vorstellung, wie laut das dort oben den ganzen Tag ist!«, beschwerte sich Luise weiter. »Du musst unbedingt einmal hinaufgehen und mit den Eltern sprechen. Die schreien und hopsen den ganzen Tag herum, als müssten sie auf niemanden Rücksicht nehmen.«

»So ein Umzug ist eben für Kinder aufregend«, versuchte ihr Mann sie zu beschwichtigen. »Nun hab doch ein bisschen Geduld. Das legt sich ganz sicher wieder.«

Doch es legte sich nicht.

»Franz-Josef, ich halte das nicht mehr aus. Die Kinder über uns lärmen den ganzen Tag«, beschwerte Luise sich zwei Wochen später noch einmal. »Sie zanken sich lautstark, sie bollern mit ihren Fahrzeugen über mir herum, sie werfen Gegenstände auf den Boden, und sie hopsen in einem fort.«

»Aber Liebes, es sind Kinder. Die brauchen Bewegung.«

»Das sehe ich ja ein. Von mir aus können sie so laut toben, wie sie wollen, aber nicht über meinem Kopf.«

»Was soll ich dagegen tun?«, fragte er leicht gereizt. »Soll ich hinaufgehen und um Ruhe bitten? Das würde nicht nur nichts nützen, ich will auch nicht im ganzen Haus in den Ruf eines kinderfeindlichen Nörglers geraten.«

»Dann lass uns eine andere Wohnung suchen.«

»Jetzt auf einmal?«, begehrte der Studienrat auf, ganz entsetzt von dieser Aussicht. »Erst wolltest du hier partout nicht weg, und jetzt lässt du dich von ein bisschen Kinderhopsen vertreiben?«

»Ein bisschen!«, reagierte sie erbost. »Du musst das ja nicht aushalten. Gegen ein bisschen würde ich ja nichts sagen, aber das geht den ganzen Tag lang so.«

Ihr Mann seufzte. »Dann sieh doch zu, dass du nicht den ganzen Tag daheim bist. Nachmittags kannst du ja zum Beispiel spazieren gehen oder einen Einkaufsbummel machen.«

»Ich will aber nicht jeden Tag in der Stadt herumlatschen, noch dazu bei Wind und Wetter«, gab sie eigensinnig zurück. »Schau mal, Liebes« versuchte er, sie zu besänftigen. »Das ist doch nicht für lange. Das wächst sich aus. Wenn die lieben Kleinen erst ein bisschen älter sind, gehen sie bestimmt in den Kindergarten. Dann hast du wieder deine Ruhe.«

Am selben Abend saßen sie gemütlich im Wohnzimmer bei einem Gläschen Rotwein. Auf einmal zuckte er zusammen. »Hast du das gehört, Luise?«

»Und ob! Das war ja nicht zu überhören.«

Auch sie war zusammengefahren, als urplötzlich eine Art Knall die Stille durchbrochen hatte. Es folgte ein Dröhnen und Scheppern, ein Stampfen und Hämmern, als sei der Weltuntergang gekommen. Der Boden unter ihnen schien zu beben.

»Luise, was ist das nur?« Franz-Josef verzog gequält das Gesicht. »Das können doch nicht deine ›lieben‹ Kleinen sein?«

»Ausgeschlossen!« Luise, die den Tagesablauf der Kinder längst in- und auswendig kannte, schüttelte den Kopf. »Um diese Uhrzeit sind die doch längst im Bett. Außerdem scheint mir, dass dieser Lärm von unten kommt.«

»Von unten? Da wohnt doch nur die alte Frau Peters. Wieso sollte die auf einmal einen solchen Höllenlärm veranstalten? Oder ist die etwa auch ausgezogen?«

»Nicht, dass ich wüsste. Aber der Sache werde ich auf den Grund gehen.«

Am nächsten Abend hatten sie sich nach dem Essen gerade wieder auf der Couch niedergelassen, um in aller Ruhe ihren Rotwein zu genießen. Da setzte es plötzlich wieder ein, dieses Gestampfe und Gescheppere.

»Luise, jetzt geht das schon wieder los!«, entsetzte er sich.

»Reg dich nicht auf«, gab sie sich gelassen. »Das ist nur Techno-Musik. Der Enkel von Frau Peters hört die gerne. Er macht eine Lehre bei den Stadtwerken und ist bei ihr eingezogen, weil er es dann näher zu seiner Arbeit hat.«

»Das hält man ja nicht aus«, rief ihr Mann entsetzt aus. »Soll das jetzt jeden Abend so gehen?«

Luise verzog keine Miene. »Beruhige dich, Franz-Josef. Frau Peters hat mir versprochen, dass sie streng darauf achtet, dass er seine Musik um 22.00 Uhr leiser macht oder ganz ausschaltet.«

»Bis 22.00 Uhr? Dann kann ich meinen Feierabend also künftig wohl ganz vergessen.«

»Aber Franz-Josef, das sind doch nur zwei Stunden am Abend. Jugendliche haben nun mal ihre Eigenheiten. Das wächst sich aus.«

Ihr Mann schaute sie verdutzt an. Dann lachte er laut auf. »Also gut, Luise, ich habe verstanden. Gehen wir also auf Wohnungssuche.«

Ohne ein weiteres Wort stand sie auf, holte die Immobilienseiten der Zeitung herbei und drückte sie ihm in die Hand.

Fürs Erste hatte Luise ihre Aufgabe gefunden, denn nun studierte sie regelmäßig die Wohnungsangebote, strich sich die interessanten Anzeigen an, telefonierte mit Vermietern oder schrieb Briefe auf Chiffre-Anzeigen. An den Nachmittagen war sie häufig zu Besichtigungen unterwegs. Abends erstattete sie ihrem Mann Bericht, und mit Befriedigung stellte er fest, dass der abwesende Sohn in ihren Gesprächen kaum mehr eine Rolle spielte.

Freilich erwies sich die Wohnungssuche als schwierig, denn die Mieten waren schockierend hoch, und die wenigen Wohnungen, die nicht nur vom Preis her in Frage gekommen wären, sondern auch einigermaßen in der Nähe waren, hatten alle die eine oder andere Macke.

»Franz-Josef, kann ich nicht einfach zu dir in dein Stübchen ziehen? Dort ist es doch nach wie vor ruhig«, scherzte sie mit einem resignierten Seufzer.

»Nur wir zwei, in einem gemütlichen Arbeitszimmer voller Aktenordner?«, gab er im selben Ton zurück. »Sogar die Liege ist im Moment damit vollgestellt; ich muss dringend einmal wieder ausmisten. Sollen wir denn auf dem Schreibtisch schlafen oder lieber unter dem Schreibtisch?«

Am nächsten Vormittag, Luise war gerade bei der Hausarbeit, klingelte es an der Tür. Es war der Postbote. Er hielt ein Einschreiben in der Hand mit dem Vermerk: »Rückantwort«.

»Für mich?«, fragte die Hausfrau verwundert.

»Wenn Sie Luise Krautwald, geborene Keller, sind, ja.«

Luise unterschrieb den Begleitzettel, und dann sah sie den Absender an und erschrak: Er kam vom Amtsgericht, und es war auch kein Irrtum, dass er bei ihr abgeliefert worden war, denn es stand tatsächlich ihr Name drauf.

Was konnte das Amtsgericht nur vor ihr wollen? Sie konnte sich nicht vorstellen, was sie verbrochen haben könnte, aber sie wagte es auch nicht, den Brief zu öffnen. So blieb er verschlossen, bis ihr Mann nach Hause kam, dem sie ihn vorlegte.

Der wunderte sich ebenfalls, doch er zögerte nicht, den Brief aufzumachen und zu lesen, während Luise mit klopfendem Herzen dabeistand. Mit einem Mal sprang er auf, fasste seine Frau um die Taille und schwenkte sie in der Küche herum. Statt einer Erklärung jubelte er: »Luise, unser Wohnungsproblem ist gelöst!«

Dann überstürzten sich die Ereignisse. Es sollten Wochen vergehen, bis Luise endlich einmal wieder dazu kam, ihrem Sohn einen Brief zu schreiben:

»Lieber Thomas!
Du wunderst Dich sicher, dass Du so lange nichts von uns gehört hast. Vielleicht ist Dir auch schon aufgefallen, dass die Absenderangabe auf dem Kuvert anders ist. Ja, wir sind jetzt nach Pischelsdorf umgezogen. Das ist ein kleiner Ort, vierzig Kilometer nördlich von München. Er ist so winzig, dass er nicht einmal Straßennamen hat. Die wenigen Häuser sind einfach durchnummeriert.
Wie es uns in ein solches Nest verschlagen hat, kannst Du Dir sicher nicht vorstellen. Wir haben zwar in letzter Zeit nach einer anderen Wohnung gesucht, aber natürlich nicht so weit außerhalb. Doch in Pischelsdorf steht nun einmal das Haus, das ich geerbt habe. Ein richtiges kleines, süßes Haus auf dem Land! Die Ruhe hier ist himmlisch! Niemand wohnt über uns und niemand unter uns, der Krach machen kann. Und die Nachbarn, die links und rechts von uns wohnen, sind so weit weg, dass wir nichts von ihnen hören. Das Haus ist zwar klein, aber es steht mitten in einem riesigen Garten: 1400 Quadratmeter!
Eigentlich gibt es hier nur Bauernhäuser, und weil unseres das Einzige ist, das aus dem vorherrschenden Baustil herausfällt, wird es von den

Dorfbewohnern liebevoll ›die Villa‹ genannt. Ich würde es aber eher beschreiben als ein nettes Einfamilienhaus älterer Bauart, wenn auch mit einigem Schnickschnack. Es hat zum Beispiel einen entzückenden Erker, einen süßen, kleinen Balkon und eine rosenumrankte Pergola. Es war noch einiges zu renovieren und zu modernisieren, bevor wir einziehen konnten, und dabei kam uns das von meiner Mutter ererbte Geld sehr gelegen. Weil wir seit Wochen die ganze Zeit mit der Renovierung und dann mit dem Umzug beschäftigt waren, schreibe ich erst jetzt.

Von wem wir dieses Häuschen nun geerbt haben, willst Du sicher auch wissen. Die Antwort lautet: Von meiner Tante Erika. Von der hast Du wahrscheinlich noch nie etwas gehört, denn von ihrer Schwester, dem schwarzen Schaf der Familie, hat Deine Großmutter selten und ungern gesprochen. Die ist als junges Mädchen, lange vor dem Zweiten Weltkrieg, mit einem Schausteller durchgebrannt. Da der Krieg so viele Schicksale durcheinandergewürfelt hatte, war sie wohl der Annahme, Erika sei längst tot. In Wirklichkeit ist sie erst vor wenigen Monaten gestorben, und weil sie keine Kinder hatte und außer mir keine sonstigen Verwandten mehr leben, bin ich die gesetzliche Erbin.

Es tut mit aufrichtig leid, dass ich nicht früher erfahren habe, dass Tante Erika so lange in unserer Nähe gewohnt hat. Jetzt bleibt mir nur, ihr Grab zu pflegen. Nun ja, ich hoffe, dass ihr uns bald mal besucht, dann könnt ihr unser Häuschen sehen. Es

hat Platz genug für Gäste. Der Garten, der sehr verwildert war, beschäftigt mich im Moment den ganzen Tag, aber es macht mir großen Spaß. Es ist doch schön zu sehen, wie alles wächst und blüht. Ich habe nicht geahnt, dass Gartenarbeit solchen Spaß macht!
Wir hatten es uns reiflich überlegt, ob wir mit dem Umzug nicht bis zur Pensionierung Deines Vaters warten sollten, denn für ihn ist der Schulweg nun erheblich weiter. Aber wir wollten, wie gesagt, ohnehin umziehen, und deshalb schien es uns vernünftig, gleich hierherzuziehen. Wir wollen ja nicht in sechs Jahren, wenn er pensioniert wird, noch einmal einen Umzug bewältigen müssen. Sein Studierzimmer behält er natürlich bei. So kann er auch mal dort übernachten. Falls es ihm mit der Fahrerei zu anstrengend wird, kann er auch eine Vorruhestandsregelung in Anspruch nehmen, aber ob er das machen will, weiß er noch nicht.
Viele liebe Grüße von uns beiden, auch an Verena (so heißt sie doch noch?), Deine Mutter.«

Die Krautwalds lebten sich gut in Pischelsdorf ein. Luise war der Empfehlung einer Nachbarin gefolgt und Mitglied im Katholischen Frauenbund geworden. Das hatte ihr gleich Kontakt zum ganzen Dorf gebracht. Ihr neuer Alltag hatte sich bald eingespielt, und sie freute sich jeden Tag mehr darüber, aus München fortgezogen zu sein.

Es war Mitte Oktober, Luise hatte gerade ihren Garten eingewintert, als ihre Schwägerin Hilde anrief.

»Luise, ich war heute bei unserer Schwiegermutter draußen und habe festgestellt, dass es so mit ihr nicht mehr weitergehen kann. Geistig ist sie zwar noch voll da, aber sie ist körperlich nicht mehr in der Lage, sich selbst zu versorgen. Wir müssen uns zusammensetzen und überlegen, was mit ihr geschehen soll.«

Das Treffen der Kinder von Dora Krautwald im Hause von Dietrich und Hilde begann als gemütliche Kaffeerunde und Plauderstündchen, schlug aber in eine hitzige Diskussion um, nachdem sie über das eigentliche Thema zu sprechen begonnen hatten.

»Wir sollten Mutter in ein Heim geben«, schlug Dietrich, ihr Ältester, vor. »Ihre Rente ist zwar nicht üppig, aber wenn jeder von uns dreien etwas drauflegt, reicht es auch für eines der gehobenen Kategorie.«

»Nein, das können wir nicht machen«, widersprach Franz-Josef. »Eine Frau, die vier Söhne großgezogen hat, in ein Heim zu geben, wäre schäbig.«

Davon war er nicht abzubringen, obwohl Dietrich ihm einige Hochglanzprospekte angesehener Seniorenresidenzen vorlegte und versicherte, in einem solchen Haus lebe es sich sehr angenehm und komfortabel.

»Vielleicht sollte man dann eher eine Pflegerin für sie engagieren«, lautete Bodos Vorschlag.

Dass eine fremde Person sich um die Mutter kümmern sollte, gefiel Franz-Josef auch nicht besser.

»Willst du sie etwa zu dir nehmen?«, fragte Bodo zurück.

»Wieso ich? Ihr wisst doch, dass sie mir bis heute nicht verziehen hat, dass ich aus dem Kloster ausgetreten bin.«

»Aber ihr habt Platz, und Luise hat Zeit«, argumentierte Dietrich. »Hilde hat erst vor zwei Jahren wieder angefangen zu arbeiten, und jetzt soll sie nicht schon wieder alles hinwerfen müssen. Die Umstellung war für uns schwierig genug.«

»Platz haben wir, und Zeit hätte ich auch, das ist nicht das Problem«, schaltete Luise sich ein. »Aber ihr wisst doch, auf mich ist sie nicht gut zu sprechen.«

»Das kann ich verstehen«, räumte Hilde ein. »Aber bei mir geht es wirklich nicht. Es ist ja nicht nur meine Arbeit: Meiner eigenen Mutter geht es gar nicht gut, und ich kümmere mich schon mehr um sie als meine Geschwister, obwohl wir eigentlich vereinbart hatten, dass wir uns damit abwechseln. Ich kann einfach keine zusätzlichen Aufgaben mehr übernehmen, sonst klappe ich selbst noch zusammen – und wer kümmert sich dann um mich?«

Da sich alle Augen nun auf Waltraud, die Frau von Bodo, richteten, sah sie sich auch zu einem Kommentar genötigt: »Bei mir geht es leider auch nicht. Unsere Beate muss arbeiten, seit sie geschieden ist, und wenn ich mich nicht um ihre Kinder kümmere, wer denn dann? Die Kleine von Marion wird auch oft bei mir abgegeben. Meine Schwiegermutter zusätzlich zu betreuen, das traue ich mir nicht zu. Außerdem glaube ich ohnehin nicht, dass die alte Frau einen solchen Wirbel um sich herum gebrauchen kann, wie er bei mir immer herrscht.«

»Fazit also«, ergriff Bodo wieder das Wort, »es bleibt nur die Wahl zwischen Heim und Pflegerin.«

»Nein, ins Heim schiebe ich meine Mutter nicht ab«, ereiferte sich Franz-Josef wieder.

»Am besten, wir überlassen die Entscheidung ihr selbst«, schlug Dietrich vor. »Ohnehin können wir nicht einfach über ihren Kopf hinweg irgendetwas über sie beschließen.«

»Welche Entscheidung?«, wollte Luise wissen.

»Nun, ob Heim, Pflegerin oder zu euch«, erläuterte er. »Falls du bereit wärst, sie aufzunehmen und falls sie das selbst so wollte.«

»Gut«, antwortete Luise. »Wenn sie freiwillig zu uns will, dann übernehme ich die Pflege.«

Sie war sich ganz sicher, dass ihre Schwiegermutter überall lieber hingehen würde als zu ihr, und so fiel ihr dieses Versprechen nicht allzu schwer. Doch sie sollte eine Überraschung erleben. Dora Krautwald zögerte keine Sekunde, als Dietrich sie aufsuchte, um ihre Meinung zu hören. »Ich möchte zu Franz-Josef«, antwortete sie wie aus der Pistole geschossen.

Zurück konnte Luise nun nicht mehr, und so richteten sie und ihr Mann das Gästezimmer her. Daher bestanden sie zumindest darauf, dass die anderen sich alleine um den Umzug und die Haushaltsauflösung kümmerten.

Wie erstaunt war die junge Frau Krautwald, als die alte Frau Krautwald in ihrem Gästezimmer Einzug gehalten hatte: Keine Vorwürfe, kein Nörgeln, keine Forderungen. Vom ersten Tag an war sie die Liebenswürdigkeit selbst. Sie zeigte sich dankbar, sie war anspruchslos, sie übte in allem Zurückhaltung. Luise war das geradezu unheimlich.

Da es nun in den Winter hineinging, blieb der Herr Studienrat immer öfter über Nacht in der Stadt.

»Kommt er wegen mir nicht nach Hause?«, sorgte sich seine Mutter.

Luise versicherte ihr, dass es mit ihr nichts zu tun habe. »Das haben wir schon bei unserem Einzug so ausgemacht, dass er in seinem Arbeitszimmer bleiben soll, wenn ihm die Fahrerei zu anstrengend wird. Dort hat er nämlich auch eine Schlafgelegenheit. Gerade jetzt im Winter müsste er abends im Dunkeln heimfahren und morgens im Dunkeln wieder in die Stadt.«

»Da hast du aber auch nicht viel von deinem Mann.«

»Das stimmt schon. Er ist mehr mit seinem Beruf verheiratet als mit mir«, gab Luise zu. »Aber sein Beruf ist ja auch wichtig. Er ernährt uns schließlich.«

»Du bist eine sehr verständnisvolle Ehefrau«, erkannte die alte Dame an.

»Ach, das ist doch selbstverständlich«, wehrte Luise leise ab.

»So selbstverständlich ist das gar nicht«, widersprach Dora Krautwald. »Ebenso war es nicht selbstverständlich, dass du mich so ohne Weiteres aufgenommen hast.«

»Da sich deine anderen Söhne nicht gerade um dich gerissen haben, blieb uns doch nichts anderes übrig.«

»Ihr hättet mich doch in ein Heim abschieben können.«

»Wir haben meine Mutter gepflegt, also tun wir das Gleiche auch für dich.« Luise zögerte einen Moment, bevor sie hinzusetzte: »Ich war allerdings, ehrlich gesagt, überrascht, dass du dich so spontan für uns entschieden hast, wo du doch nicht gut auf mich zu sprechen bist.«

»Das ist längst vorbei!«, versicherte die alte Dame. »In den vergangenen Jahren hatte ich viel Zeit zum Nachdenken, und wenn es nicht so viel Überwindung kosten würde, dann hätte ich dir schon vor langer Zeit eingestehen müssen, dass ich dir Unrecht getan habe. Ich habe dich für einen Fehler büßen lassen, den ich selbst vor siebzig Jahren begangen habe.«

Luise begann diese Wendung des Gesprächs unheimlich zu werden. Sie stand auf und murmelte etwas von dem Geschirr, das sie noch spülen müsse. Dora Krautwald ergriff ihre Hand und bat: »Nein, bleib, Luise. Setz dich zu mir. Das Geschirr kann warten. Ich aber nicht, denn einmal muss es doch heraus. Ich habe schon viel zu lange gewartet.«

Gehorsam setzte die Schwiegertochter sich wieder.

»Meine Tage sind gezählt«, fuhr die Schwiegermutter fort. »Schon bald werde ich vor meinem Schöpfer stehen – mit leeren Händen.«

Sie schwieg. Erwartete sie eine Frage? Erwartete sie Widerspruch?

Während die jüngere Frau noch über diese beiden Möglichkeiten nachdachte, fuhr die ältere fort: »Ich muss vor meinen Herrgott hintreten, ohne ihm das Geraubte zurückgegeben zu haben.«

Da sie erneut eine Pause machte, fragte Luise verunsichert: »Was war es, das du Gott geraubt hast? Redest du von Franz-Josef?«

»Einen Priester habe ich ihm geraubt. Einen fix und fertigen Priester!«, rief die Greisin aus.

Vielleicht hat sie jetzt doch den Verstand verloren, dachte Luise.

Die alte Dame fuhr unbeirrt mit ihrer Erzählung fort: »Meine Söhne haben keine Ahnung davon, und von den wenigen, die je davon erfahren haben, lebt längst keiner mehr. Dieses Geheimnis habe ich streng gehütet, und eigentlich wollte ich es mit ins Grab nehmen. Aber das bringe ich nicht fertig. Versprich mir, dass du es niemandem erzählst, solange ich lebe, auch deinem Mann nicht. Ich könnte es nicht ertragen, wenn meine Söhne mich mit verächtlichen Blicken ansehen.«

Luise gelobte strenges Stillschweigen. Dora Krautwald atmete tief ein, richtete ihren Blick geradeaus und begann mit monotoner Stimme: »Wir wohnten in der Nähe von Ohlau, meine Eltern und ich. Mir hatte der Krieg meine Jugend gestohlen, nach den Hungerjahren kam die Inflation, und erst dann ging es langsam aufwärts. Nur für ein paar Jahre, aber das konnten wir damals ja noch nicht wissen.«

Sie unterbrach sich und schüttelte den Kopf.

»Nein. So wird das nichts. Ich muss die Sache zusammenfassen. Also: In jener Zeit, als alles besser zu werden schien, arbeitete ich in einem Kindergarten der katholischen Kirche, und dort lernte ich meinen Mann kennen.«

»In einem Kindergarten?«, vergewisserte sich Luise ungläubig.

»Nein, in der Pfarrei, zu der der Kindergarten gehörte. Er war Kaplan. Wir sahen uns, und es war wie ein Blitzschlag für uns beide. Es vergingen keine drei Monate, und ich war schwanger. Eine Katastrophe! Er zog die Konsequenzen und quittierte den kirchlichen Dienst.«

Die alte Dame verzog die Lippen zu einem schmerzlichen Lächeln, denn Luise war buchstäblich der Unterkiefer heruntergeklappt.

»Wenn du jetzt denkst: Wie kommt dieser alte Drachen dann dazu, mir Vorwürfe zu machen, ich hätte meinen Mann vom rechten Weg abgebracht … dann hast du recht!«, sagte sie mit Nachdruck. »Ich habe dir genau das vorgeworfen, was ich in Wirklichkeit selbst getan habe. Du bist unschuldig. Ich hätte das schon viel früher eingestehen müssen, aber dazu musste ich es erst einmal selbst begreifen.«

Vor Luises Blick verschwamm plötzlich alles, und sie musste blinzeln.

Noch ehe sie etwas antworten konnte, fuhr ihre Schwiegermutter fort: »Sünde hin, Unrecht her, von irgendetwas mussten wir leben, zumal wir ja bald zu dritt sein würden. Ein Onkel von mir hatte in Breslau eine einflussreiche Stellung bei der Stadtverwaltung inne. Der sorgte dafür, dass mein Mann in die Inspektorenlaufbahn übernommen wurde, was angesichts seines guten Abiturzeugnisses kein Problem war. Dass er zuvor Priester gewesen war, ließ sich vertuschen – und in der Anonymität der Großstadt konnten wir sicher sein, dass es nicht herauskommen würde.«

Sie seufzte.

»So dachten wir wenigstens in unseren ersten, glücklichen gemeinsamen Jahren. Doch dann kamen die Gewissensbisse und die Selbstvorwürfe. Wir hatten ja an Gott einen Verrat begangen, und ein Glück, das auf Verrat begründet wird, kann nicht von Dauer sein. Dass Gott uns lauter gesunde Söhne geschenkt hatte, drei kurz nacheinander, empfanden wir als große, ja, fast unverdiente Gnade. Zwölf Jahre nach der Geburt des Jüngsten wurde uns dann noch ein vierter Sohn geschenkt, und wir glaubten beide zu spüren, dass Gott dieses vierte Kind für sich beanspruchte, als Sühne für unseren Verrat. Wir haben das wirklich aus ehrlichem Herzen geglaubt, Luise!«

Erschöpft hielt die alte Frau inne. Das lange Reden hatte ihr zugesetzt, aber auch das Rückerinnern an die schmerzlichen Zeiten. Luise brannte eine Frage auf den Lippen, doch sie wartete, bis sich Dora Krautwald körperlich und psychisch etwas erholt hatte.

»Warum ausgerechnet Franz-Josef? Warum nicht einer seiner Brüder?«

»Weil er von Beginn an Interesse an der Bibel, an Kirchen und an allem zeigte, was damit zu tun hatte, dachten wir, der ist es, den der Herr sich auserkoren hat; den möchte er zum Priester haben.«

Luise nickte.

»Einige Jahre später brach der unglückselige Zweite Weltkrieg aus«, fuhr die alte Frau fort. »Gleich zu Kriegsbeginn erhielt mein Mann seinen Gestellungsbefehl. Von böser Vorahnung geplagt, beschwor er mich, alles daranzusetzen, dass aus Franz-Josef ein Priester werde. Nun fiel ihm der Abschied leichter, obwohl er davon überzeugt war, er gehe einen Weg ohne Wiederkehr. Ihm war klar, dass er im Krieg fallen würde, als Strafe dafür, dass er Gott abtrünnig geworden war.«

Wieder legte die alte Frau Krautwald eine Pause ein. Luise schwieg, um den Gedankenfluss der alten Frau nicht zu stören. Es musste für sie eine ungeheuere

Erleichterung sein, all ihre Gedanken, die sie jahrzehntelang eingekapselt hatte, aussprechen zu dürfen.

»Tag und Nacht habe ich für den Jungen gebetet und alles getan, um ihm die rechte Einstellung zum Priesterberuf zu vermitteln«, fuhr die Schwiegermutter fort. »Damit ihm nicht dasselbe Schicksal widerfahre wie seinem Vater, hatte ich ihn rechtzeitig auf eine Klosterschule geschickt. Als Ordenspriester, dachte ich, ist er vor den Verführungen der Welt sicher. – Und dann kam dieser schreckliche Brief, in dem Franz-Josef schrieb, er werde das Kloster verlassen! Du kannst dir nicht vorstellen, wie mich das erschüttert hat.«

»Vielleicht nicht ganz«, gab Luise zu. »Vor allem begreife ich nicht, dass du danach nicht eingesehen hast, dass Franz-Josef einfach nicht zum Priester berufen war. Gott selbst hatte es ihm doch gezeigt. Warum sonst hätte er ihm die Sprachstörung geschickt?«

»Diese Deutung erschien mir an den Haaren herbeigezogen«, erklärte die alte Frau. »Wie konnte das auch sein, da ich mir seiner Berufung so sicher gewesen war? Einen winzigen Hoffnungsschimmer hatte ich aber noch, weil Franz-Josef so lange unverheiratet blieb. Aber meine Gebete wurden nicht erhört, denn dann kamst du …«

Sie schlug beide Hände vors Gesicht und begann bitterlich zu weinen. Luise blieb schweigend neben ihr sitzen, erst als sie merke, dass sie sich zu beruhigen begann, legte sie fürsorglich den Arm um ihre Schultern.

»Mutter«, begann sie. »Du hast dich keines Versäumnisses schuldig gemacht. Meiner Meinung nach hast du dein Versprechen gehalten.«

»Wie das?«, fragte die Schwiegermutter, während sie sich die runzeligen Wangen abwischte.

»Du hast deinem Mann versprochen, dass du alles daransetzen wirst, damit aus Franz-Josef ein Priester wird. Das hast du doch getan. Du hast für ihn gebetet, du hast ihn gottesfürchtig erzogen, du hast ihn in die Klosterschule gegeben. Dass er dann doch kein Priester geworden ist, das hattest du nicht in der Hand. Er ist ein eigenständiger Mensch, dessen Entscheidungen du letzten Endes nicht bestimmen konntest.«

»Danke für deine Worte, Luise. Sie sind gut gemeint. Aber sie täuschen mich nicht darüber hinweg, dass Gott mich und meinen Mann richten wird für unseren Verrat.«

Luise überlegte und wählte ihre Worte sorgfältig: »Nun hör mir mal gut zu, Mutter: Ich habe in der Kirche nie von einem strafenden und rächenden, sondern immer nur von einem gnädigen und gütigen Gott gehört. Er hat dir doch längst verziehen, weil er deine inständige Reue gesehen hat – und auch deshalb, weil du aus Liebe gehandelt hast. Abgesehen davon braucht Gott dich gar nicht zu strafen. Du hast dich doch selbst genug gestraft, all die Jahre, in denen du dich mit Selbstvorwürfen gequält hast. Das Einzige, was du tun musst, ist dir selbst zu verzeihen.«

Ein Hoffnungsschimmer glomm in den alten Augen auf. »Was du sagst, klingt vernünftig, Luise. Vielleicht ist es nur eine Selbsttäuschung, wenn ich hoffe, dass es wahr ist. Verzeih mir aber bitte auch du, dass ich dich so viele Jahre verkannt habe. Ich hätte viel eher mit dir sprechen sollen.«

Am ersten Januar schrieb Luise ihrem Sohn:

»Lieber Thomas!
Danke für Deine Weihnachtskarte. Sie war zwar ein bisschen mager, aber ich verstehe, dass ihr gerade um diese Jahreszeit viel zu tun habt.
Bei uns hat sich wieder einiges ereignet. Wie Du weißt, ist Großmutter Krautwald im Oktober zu uns gezogen, und am 17. Dezember haben wir ihren 90. Geburtstag bei uns im Haus gefeiert. Sie hat es sichtlich genossen, dass alle ihre Söhne, Schwiegertöchter, die Enkelinnen und Urenkelkinder zum Gratulieren gekommen sind. Nur Dich hat sie schmerzlich vermisst. Sie hatte jedoch Verständnis dafür, dass Du die weite Reise nicht wegen so einer Feier unternehmen konntest, wenn jetzt gerade bei euch die Haupturlaubssaison angebrochen ist. Über Deine Karte hat sie sich aber gefreut.
Am Heiligen Abend ist sie noch mit uns in der Christmette gewesen, doch gleich nach Weihnachten verlangte sie nach einem Priester und sagte, sie wolle die Sterbesakramente empfangen, obwohl es ihr gesundheitlich genauso ging wie immer. Also bestellte ich den Pfarrer. Heute Morgen nun kam ich an ihr Bett und musste feststellen, dass sie in der Nacht sanft entschlafen war. Die Beerdigung wird am fünften Januar sein. Wir erwarten aber nicht, dass Du daran teilnimmst. Deshalb habe ich auch kein Telegramm geschickt. Dieser Brief wird erst nach der Beerdigung ankommen, sodass Du Dich

nicht genötigt fühlen musst. Ich hoffe, es geht Euch beiden gut und die Geschäfte laufen weiterhin zufriedenstellend.
Herzliche Grüße, auch an Verena, von Vater und mir.«

Als es im selben Jahr dann auf Ostern zuging, fühlte sich Franz-Josef immer wieder so müde und schlapp, dass er die Ferien herbeisehnte wie noch nie in seinem Leben. »Die viele Fahrerei setzt mir doch mehr zu, als ich dachte«, seufzte er hin und wieder. Auch wurde er zusehends reizbar und ungeduldig, sodass seine Frau hoffte, die zwei Wochen Ruhe und Erholung in Haus und Garten würden ihm guttun.

Am ersten Ostertag hatte Luise, wie in jedem Jahr, viel Zeit und Mühe darauf verwandt, ein besonders festliches Essen auf den Tisch zu bringen.

»Tut mir leid, Liebes«, entschuldigte sich ihr Mann, nachdem er einige Zeit in seinem gefüllten Teller herumgestochert hatte. »Ich habe so ein ungutes Gefühl im Magen; ich bringe heute einfach nichts herunter.«

Die bewährten Hausmittel gegen Magenverstimmungen brachten keine Linderung, deshalb suchte er gleich nach den Feiertagen seinen Hausarzt auf. Der tippte auf Magenschleimhautentzündung, doch auch seine Behandlung blieb unwirksam. So wurde Franz-Josef an einen Facharzt weiterüberwiesen, und dessen Diagnose war niederschmetternd: »Magenkrebs. Wir müssen Ihnen ein Drittel des Magens wegnehmen.«

Die tiefe Niedergeschlagenheit des Ehepaares Krautwald wich zunehmender Hoffnung auf eine vollständige

Genesung, nachdem die Operation erfolgreich überstanden war. Franz-Josef konnte nun nur noch kleine Portionen essen, doch er fühlte sich nach einigen Wochen zu Hause wieder so wohl, dass er sich entschloss, nach den Sommerferien wieder in die Schule zu gehen, anstatt sich vorzeitig pensionieren zu lassen. Vor seinen Schülern zu stehen, Fachgespräche mit seinen Kollegen zu führen, sich in sein Studierstübchen vergraben zu können, das hatte ihm doch arg gefehlt.

Es verging allerdings nur ein gutes Jahr, bis erneut Beschwerden auftraten. Wieder war eine Operation fällig, und der Rest des Magens wurde entfernt. Auch diesmal erholte er sich wieder einigermaßen, obwohl die Portionen, die er zu sich nehmen konnte, nun noch kleiner ausfallen mussten. Zurück in die Schule konnte er aber nicht mehr, und so gab er nun auch sein Arbeitszimmer auf. Einiges an Akten und Büchern brachte er in die Schule, damit die Kollegen es weiterverwenden konnten. Vieles war veraltet und wurde weggeworfen. Von einem kleinen Rest aber mochte er sich nicht trennen. Den nahm er mit nach Hause.

Dort begann er ein neues Leben. Er las viel, er arbeitete im Garten, er machte mit seiner Frau lange Spaziergänge. Sie fuhren auch manchmal nach München, um Einkäufe zu machen. Meist kauften sie jedoch in der nahegelegenen Kreisstadt Pfaffenhofen ein, wo er auch regelmäßig zur Kontrolle ins Krankenhaus ging.

Luise genoss das neue Leben mit ihrem Mann, denn so viel hatte sie noch nie von ihm gehabt. Allerdings: Wie lange würde sie ihn noch behalten dürfen? Die Zeitbombe in ihm, das war ihr inzwischen klar, tickte unermüdlich weiter. Franz-Josef behauptete zwar, er fühle sich wohl, und er wirkte auch guter Dinge, zudem wurde kein weiterer krankhafter Befund entdeckt. Doch er magerte immer weiter ab.

Beim Einwintern des Gartens hatte Franz-Josef noch nie geholfen, weil er bisher zu der Zeit immer in der Schule gewesen war. Jetzt war er gesundheitlich nicht mehr in der Lage dazu. Es tat seiner Frau aber gut, dass er dabeistand oder -saß und ihr gute Ratschläge gab. Danach spielte sich ihr Leben hauptsächlich im Haus ab. Sie genossen die langen Winterabende bei ihrem obligatorischen Gläschen Rotwein. Mitte November schrieb Luise an ihren Sohn:

»Lieber Thomas!
Dein Vater weiß nichts von diesem Brief. Es geht ihm zusehends schlechter, und deshalb halte ich es für angebracht, dass Du sobald wie möglich einmal herüberkommst. Deine Geschäfte müssten doch auch einmal ohne Dich gehen. Er würde sich bestimmt freuen, wenn er Dich noch einmal sehen könnte. Du willst ihn doch nicht erst wiedersehen, wenn Du an seinem Grab stehst?
Auch ich würde mich über ein Wiedersehen mit Dir sehr freuen. Denn gerade jetzt bin ich oft mutlos und verzweifelt. Ihm muss ich immer Optimismus vorspielen, aber ich fühle mich am Rande meiner Kräfte.
Gruß an Verena, alles Liebe,
Deine Mutter.«

Von Tag zu Tag war Luise enttäuschter, weil auf diesen Brief keine Reaktion erfolgte. Kein Anruf, kein Telegramm, kein Brief und erst recht kein persönliches Erscheinen. Sie fand sich damit ab, dass sie Weihnachten – vielleicht das letzte Weihnachten, das Franz-Josef noch erleben durfte – ohne Thomas verbringen mussten.

Am Morgen des Heiligen Abends fühlte Franz-Josef sich so schwach, dass er nicht einmal aufstehen wollte.

»Du wirst dieses Mal ohne mich zur Christmette gehen müssen, Liebes«, sagte er mit einem entschuldigenden Lächeln. »Ich bin heute ganz sicher nicht in der Lage, Auto zu fahren.«

»Wenn du nicht mitkommen kannst, dann bleibe ich auch hier«, sagte seine Frau entschlossen. »Gerade am Heiligen Abend kann ich dich doch nicht einfach alleine lassen.«

»Aber sicher kannst du das«, widersprach er. »Ja, das musst du sogar. Wenn ich schon nicht in die Kirche gehen kann, dann hast du die Verpflichtung, für mich mitzugehen. Bete dort für mich, Luise!«

Sie erhob noch weitere Einwände, doch die ließ er nicht gelten.

»Es gibt doch einige Frauen in deinem Frauenbund, die Auto fahren können«, entgegnete er, als sie daran erinnerte, dass sie doch gar keinen Führerschein habe. »Bestimmt ist eine von ihnen bereit, dich mitzunehmen.«

»Das ist eine gute Idee«, sagte Luise betont munter. »Ich mache dir jetzt erst mal Frühstück und werde dabei nachdenken, wen ich anrufen soll.«

Sie eilte in die Küche, denn mit ihrer Haltung war es vorbei. Sie sank auf einen Stuhl nieder und ließ ihren Tränen freien Lauf. War dies der Anfang vom Ende, und würde sie bald für immer allein sein?

Schließlich trocknete sie ihre Tränen und bereitete ihrem Mann das Frühstück. Während sie es zu ihm hineintrug, bemühte sie sich, ein optimistisches Gesicht aufzusetzen. »Deine kleine Schwäche wird bald vorüber sein«, versuchte sie, ihn aufzumuntern. »In ein paar Tagen wirst du mich bestimmt wieder chauffieren können. Jetzt rufe ich Irene an. Die nimmt mich bestimmt mit in die Kirche nach Jetzendorf.«

In ihrer Sorge, in der Christnacht keinen Sitzplatz mehr zu bekommen, fuhren die beiden Frauen so zeitig los, dass sie vierzig Minuten zu früh die Kirchentüre, durchschritten. Dennoch befand sich schon eine beachtliche Anzahl von Gläubigen im Gotteshaus. Trotz der äußerst spärlichen Beleuchtung entdeckte Luise in der ersten Bank auf der rechten Seite noch einige freie Plätze.

»Irene«, flüsterte sie, »lass uns in die erste Reihe gehen. Ich möchte die Zeit bis zum Beginn für ein Gebet nutzen, und ich möchte dabei an der Krippe sein.«

Die Freundin nickte.

Luise war so in ihr Gebet versunken, dass sie fast nicht mitbekommen hätte, als die Mette begann. Sie nahm alles nur wie aus der Ferne wahr: das Anschlagen der Sakristeiglocke, das Hellerwerden des Lichts, das Einsetzen der Orgel, den feierlichen Einzug des Pfarrers mit einem Heer von Ministranten, den Weihrauchduft. Das Gesicht des Pfarrers hingegen erkannte sie für einen Moment ganz deutlich, als er sich, am Altar angekommen, zur Gemeinde umdrehte.

»Nein!«, schrie Luise auf, die Farbe wich aus ihrem Gesicht, und sie kippte zur Seite. Irene konnte sie gerade noch auffangen und auf die Sitzbank gleiten lassen. Einige beherzte Männer sprangen hinzu, um zu helfen.

»Was fehlt ihr?«, fragte einer im Flüsterton.

»Sie ist ohnmächtig geworden!«, gab Irene ebenso leise zurück.

»Vielleicht die schlechte Luft? Wir müssen sie hinaustragen, dann kommt sie hoffentlich wieder zu sich.«

Sie wurde in die Sakristei gebracht. Der Messner riss geistesgegenwärtig ein paar Ministrantengewänder von den Bügeln und breitete sie auf dem Boden aus. Darauf bettete man die bewusstlose Frau.

»Luise! Kannst du mich hören? Was ist mit dir?«, redete Irene auf sie ein, doch es kam keine Reaktion. Ratlos blickte sie die anderen Anwesenden an.

»Wir müssen einen Krankenwagen rufen!«, stellte einer der Helfer fest.

»Nein, keinen Krankenwagen!«, bat Luise mit schwacher Stimme, und nun erst sahen die Umstehenden, dass sie die Augen wieder geöffnet hatte. »Es geht schon wieder. Ich habe etwas gesehen … völlig unmöglich. Es muss ein Traum gewesen sein.«

Sie versuchte sich aufzurappeln, und mit der Unterstützung hilfreicher Hände gelang ihr das auch. Jemand reichte ihr ein Glas Wasser; sie nahm einen großen Schluck, und nun kehrte auch die Farbe in ihr Gesicht zurück.

So wagten es die Helfer, sie in Irenes Obhut zu lassen, und begaben sich wieder in die Kirche.

»Ich muss auch wieder zurück!«, sagte Luise.

»Du solltest da nicht wieder hineingehen«, warnte Irene. »Das Gedränge, der Weihrauch …«

»Nein, nein, es geht mir wieder gut«, wehrte die Freundin ab. »Es ist doch Weihnachten. Ich muss doch auch für Franz-Josef hinein. Armer Franz-Josef … er wollte es doch unbedingt, dass ich zur Christmette gehe. Ich wäre ja bei ihm geblieben, aber er hat es einfach nicht zugelassen.«

Irene widersprach nicht mehr, sondern hakte sie unter und geleitete sie zu ihrem Platz. »Bleib aber sitzen!«, ermahnte Irene sie.

»Ja«, konnte Luise noch sagen, und dann fiel ihr Blick wieder auf den jungen Geistlichen, und ihr wurde klar, dass ihr verrückter Traum von vorhin Wirklichkeit gewesen war. Auch wenn sie in der gedämpften Beleuchtung die Gesichtszüge nun nicht mehr so genau erkennen konnte: Die Größe, die Haarfarbe, die Frisur, die Bewegungen, ja selbst die Stimme gehörten eindeutig zu ihrem Sohn.

Einen kurzen Moment lang schoss ihr der irrwitzige Gedanke durch den Kopf, Thomas habe wieder einmal einen neuen Traumberuf entdeckt und sei Knall auf Fall Priester geworden.

Doch für ein Theologiestudium brauchte man Jahre. So lange war er aus München aber noch nicht fort.

Luise zwang sich zur Ruhe und versuchte der Sache mit Logik beizukommen. Entweder war dieser Mann am Altar ihr Sohn, oder er war es nicht. Im ersten Fall konnte es sich höchstens um eine Amtsanmaßung handeln, um ein unverfrorenes Verkleidungsspiel, das sie Thomas dann doch nicht zutraute. Das aber hieß: Er konnte es nicht sein. Damit war der Pfarrer jemand anders.

Aber diese Ähnlichkeit! Wie war so etwas denn möglich?

›Reiß dich zusammen!‹, ermahnte sie sich selbst. Bestimmt war es möglich, dass sie nach dem Gottesdienst ein paar Worte mit dem Pfarrer sprechen konnte – und das würde sie auch tun. Sie musste einfach wissen, wer er war und woher er kam.

Der junge Priester verlas das Evangelium, ohne dass Luise allzu viel davon mitbekommen hätte, und als er an die Stelle kam: »Fürchtet euch nicht, denn ich verkünde euch eine große Freude …«, erstrahlte die Kirche in hellem Licht, und sein Gesicht war endlich voll beleuchtet.

Wieder stockte ihr der Atem, denn dieses Gesicht gehörte zweifelsfrei ihrem Sohn Thomas. Ein Irrtum war ausgeschlossen. Und doch konnte dieser Mann hier nicht Thomas sein, wie sie ja längst festgestellt hatte. Wer aber war er dann?

Diese eine Frage wenigstens sollte beantwortet werden, noch bevor der Priester seine Predigt begann. »Mein Name ist Blasius Moosberger«, stellte er sich vor. »Zurzeit bin ich als Kaplan in Rom tätig, wo ich meine Studien fortsetze. Jetzt habe ich Heimaturlaub, und der Bischof hat mich für die Feiertage als Vertretung für Ihren erkrankten Pfarrer gesandt. Ich freue mich sehr, dass ich in Ihrer Gemeinde sein kann, um mit Ihnen Weihnachten zu feiern.«

Der Rest der Predigt rauschte an Luise vorbei, denn in ihrem Kopf wirbelte alles wild durcheinander. Zwischendurch drangen nur Fetzen in ihr Bewusstsein: Friede auf Erden. Mutter. Engel. Geburt.

Geburt! Dieses Wort setzte sich in ihrem Kopf fest. Plötzlich sah sie sich selbst im Kreißsaal, damals vor fast dreißig Jahren. Sie hatte Zwillinge geboren. Zwei Söhne, nicht einen! Aber einer davon war gestorben; sie hatte ihn ja gesehen. Hatte er dem anderen ähnlich gesehen? Sie versuchte, das im Laufe von dreißig Jahren verblasste Bild ihres zweiten Kindes vor Augen zu zwingen, doch vergeblich.

Man hatte schon von Kindsverwechslungen gehört. War damals eine Verwechslung passiert?

Nach der Mette drängte Luise nicht im Strom der anderen Gläubigen zum Kirchentor, sondern suchte die Sakristei auf.

»Warte hier auf mich. Ich habe nur eine Frage an den Kaplan«, erklärte sie Irene, die vor der angelehnten Tür stehen blieb.

Die Ministranten hatten sich bereits wieder umgezogen und stürmten einer nach dem andern nach draußen. Nur der Messner war noch mit Aufräumen beschäftigt. Verwundert sah der junge Priester die Eintretende an.

»Kann ich Ihnen helfen?«, fragte er freundlich.

»Entschuldigen Sie bitte, dass ich noch zu so später Stunde eindringe, ich möchte Sie etwas fragen.«

»Aber bitte. Wenn ich Ihre Frage beantworten kann, tue ich es gern.«

»Was ich wissen will, wird Ihnen aber seltsam vorkommen«, warnte Luise vor. »Wann sind Sie denn geboren?«

Erstaunt zog er die Augenbrauen hoch, gab aber bereitwillig Antwort.

»Am 3.2.1965.«

Luise klopfte das Herz zum Zerspringen. Sie war kaum in der Lage, die zweite Frage zu formulieren. »Und wo …? Wo sind Sie geboren?«

»In München.«

»Und … wissen Sie vielleicht auch den Namen des Krankenhauses?«

Der Priester lachte. »Ihre Fragen sind wahrhaftig seltsam! Aber zufälligerweise weiß ich auch das. Meine Mutter hat ihn oft erwähnt, weil sie mir mehrmals die dramatischen Umstände meiner Geburt geschildert hat.«

Er nannte den Namen des kleinen Belegkrankenhauses, in dem Luise niedergekommen war.

Sie hatte geglaubt, darauf gefasst zu sein, doch nun war es dennoch mehr, als ihre Nerven verkraften konnten. Plötzlich wurde ihr schwarz vor Augen, sie schwankte, und als sie Halt suchte, packte sie instinktiv den Arm des Kaplans.

»Hilfe, Hilfe«, rief er. »Schnell – die Frau wird ohnmächtig.«

Er hatte den Messner gemeint, der noch im Raum war und sofort die Situation erfasste, einen der Stühle ergriff, die in der Ecke standen, und ihn der Frau unterschob. Aber auch Irene stürzte in die Sakristei. »Ich bin eine Bekannte von ihr«, erklärte sie. »Sie muss sofort an die frische Luft. Das ist alles zu viel für sie. Ihr Mann ist schwer krank.«

»Ist das nicht die Frau, die schon zu Beginn der Mette ohnmächtig geworden ist?«, fragte der Messner.

»Ja, aber sie wollte unbedingt wieder hinein.«

Luise dachte aber gar nicht daran, sich ins Freie führen zu lassen.

»Nein, es geht mir schon wieder gut«, wehrte sie ab. »Irene, würdest du bitte in der Kirche auf mich warten? Ich brauche noch ein paar Minuten. Ich habe dem Herrn Kaplan etwas Dringendes zu sagen. Es duldet leider keinen Aufschub.«

Nachdem die Freundin widerstrebend ihrer Bitte nachgekommen war, wandte Luise sich dem Kaplan zu. »Bitte, nehmen Sie sich auch einen Stuhl.«

Mit einem Blick auf die Uhr bemerkte er: »Lohnt sich das wirklich, wenn es nur um ein paar Minuten geht?«

»Bei dem, was ich Ihnen zu eröffnen habe, ist es besser, wenn Sie sitzen.« Als er nicht gleich Folge leistete, fügte sie hinzu: »Sonst haut es Sie am Ende auch noch um, genauso wie mich.«

Folgsam nahm er sich einen Stuhl und setzte sich. »Jetzt bin ich aber sehr gespannt.«

Sie öffnete ihre Handtasche und entnahm ihr ein Foto. Wortlos reichte sie es dem Geistlichen, der einen Blick darauf warf und überrascht fragte: »Wie kommen Sie denn an eine Fotografie von mir?«

»Das Foto zeigt nicht Sie, sondern meinen Sohn Thomas.«

»Das gibt es doch nicht!«

Er stand auf und trat ganz nah an die Lampe, um das Foto so genau wie möglich studieren zu können. Endlich schüttelte er den Kopf.

»Ich hätte geschworen, das auf dem Foto sei ich – obwohl ich nie einen solchen Haarschnitt gehabt habe, wie mir jetzt auffällt. Auch die Kleidung kenne ich nicht.«

Er gab ihr das Bild wieder zurück. »Jetzt kann ich Ihr Erschrecken verstehen. Sie dachten, ich sei Ihr Sohn?«

»Ja … das heißt, nein. Es ist kompliziert«, versuchte Luise vergeblich, den Sachverhalt in einem einzigen Wort zusammenzufassen. »Im ersten Moment dachte ich wirklich, Sie seien Thomas. Aber das konnte ja nicht sein, denn erstens lebt er seit mehr als anderthalb Jahren in Barbados, und zweitens hatte er nie Neigungen zur Theologie – obwohl meine Schwiegermutter das gerne gesehen hätte, fällt mir da gerade ein. Mein Mann auch, aber der hat sich damit zurückgehalten …«

Sie wurde sich bewusst, dass sie zu weit abschweifte, und versuchte sich zusammenzureißen.

»Aber mein Sohn sind Sie dennoch, wie ich jetzt weiß.«

Der Priester traute seinen Ohren nicht. »Soll das ein Witz sein? Frau … Frau … Ich weiß nicht mal Ihren Namen.«

»Krautwald. Luise Krautwald.«

»Gut, Frau Krautwald. Bitte machen Sie keine solchen Scherze mit mir.«

»Nach Scherzen ist mir, weiß Gott, nicht zumute, Herr Moosberger«, versicherte sie ihm. »Die Sache ist bitterernst. Sie haben mir Ihr Geburtsdatum und das Krankenhaus genannt, in dem Sie zur Welt gekommen sind. Jetzt hören Sie bitte meine Geschichte an: Am 3.2.1965 habe ich in genau dieser Klinik Zwillinge zur Welt gebracht, und eines der Kinder kam – angeblich – tot zur Welt. Zur selben Zeit wurde im Nachbarkreißsaal ebenfalls ein Kind geboren … und heute treffe ich Sie. Wie Sie selbst gesehen haben, gleichen Sie meinem Sohn wie ein Ei dem anderen. Was, meinen Sie, hat das zu bedeuten?«

»Jetzt bin ich wirklich froh, dass ich sitze«, gestand er ein.

Er nahm das Foto noch einmal zur Hand und betrachtete es eingehend. »Die Ähnlichkeit ist wirklich frappierend. Das kann kein Zufall sein. Aber das, was Sie vermuten, ist schwer zu glauben.«

»Welche andere Erklärung könnten Sie sich vorstellen?«

»Ich versuche die ganze Zeit schon, eine zu finden«, gestand der Priester. »Aber mir fällt keine ein.«

Wieder schaute er das Foto an und schüttelte ungläubig den Kopf. Gerade wollte sie erneut zum Sprechen ansetzen, da kam er ihr zuvor.

»Vermutlich sind Sie wirklich meine Mutter, auch wenn ich mich an diesen Gedanken erst gewöhnen muss. Das würde also bedeuten, ich bin in der falschen Familie aufgewachsen. Der Sache müssen wir jedenfalls auf den Grund gehen.«

»Ja, und zwar möglichst bald«, antwortete Luise. »Sie müssen wissen …« Sie unterbrach sich und blickte ihn unsicher an. »Zu meinem eigenen Sohn darf ich doch du sagen, auch wenn er Kaplan ist?«, erkundigte sie sich ein bisschen verlegen. Als er nickte, fuhr sie fort: »Mein Mann … dein Vater ist sehr krank. Es wäre für ihn wunderbar, wenn er noch erleben dürfte, dass er einen Sohn hat, der Priester geworden ist. Aber erst müssen wir herausfinden, was damals geschehen ist.«

»Wie wäre es, wenn wir morgen zu meiner Mutter fahren?«, schlug der Geistliche vor. »Ich meine, zu der Frau, die ich bisher für meine Mutter gehalten habe. Vielleicht kann sie Licht in dieses Dunkel zu bringen.«

Sie vereinbarten, dass er sie gleich am nächsten Tag nach dem Hochamt abholen werde.

Als Irenes Auto vor dem Haus der Krautwalds anhielt, sprach Luise eine Bitte aus: »Würdest du morgen Mittag meinem Mann sein Essen ans Bett bringen? Ich bereite schon alles vor; du brauchst es dann nur aufzuwärmen. Ich habe morgen nämlich eine sehr dringende Sache zu erledigen. Es hat mit dem zu tun, was ich heute mit dem Kaplan zu besprechen hatte. Sei mir bitte nicht böse, wenn ich jetzt noch nichts Genaues darüber sagen kann; im Moment ist auch mir selbst zu vieles daran noch nicht klar. Ich verspreche dir aber, sobald ich darüber sprechen kann, bist du natürlich die Erste, die alles erfährt.«

Während sich das Auto des jungen Kaplans den Berg zum Gumperhof hinaufwand, betrachtete Luise aufmerksam die verschneite Landschaft.

»Wir hätten uns schon viel früher begegnen können«, sinnierte sie. »Ganz hier in der Nähe haben wir einige Male Urlaub gemacht.«

»Wie so eine Begegnung wohl ausgegangen wäre?«, überlegte der Kaplan. »Das erinnert mich an ein Kinderbuch, das die Eva, eine meiner Schwestern, als Kind gern gelesen hat.«

»Das doppelte Lottchen!«, fiel ihm Luise ins Wort.

»Ja, genau! Da begegnen sich ja die beiden Zwillingsmädchen, die nichts voneinander gewusst haben, in einem Ferienlager.«

»Und dann tauschen sie die Elternhäuser …«

Luise fragte sich insgeheim, was wohl anders gewesen wäre, wenn dieser junge Mann hier anstelle von Thomas bei ihr im Haus aufgewachsen wäre. Wie glücklich hätte es ihre Schwiegermutter gemacht, dieses Enkelkind noch erleben zu dürfen …

Als sie vor dem stattlichen Anwesen anhielten, äußerte Luise staunend: »Hier bist du also aufgewachsen?«

»Weitgehend. Meine Schülerzeit habe ich allerdings in München verbracht.«

Die Familie auf dem Gumperhof war gerade mit dem Mittagessen fertig, als die beiden Ankömmlinge die Küche betraten. »Onkel Blasi, Onkel Blasi!«, riefen drei muntere kleine Burschen, die mit dem Blick zur Tür saßen. Mit einem Ruck drehte Zenta sich um. »Ja, Blasi, was für eine Überraschung! Ich dachte, du bleibst über die Feiertage in dem Pfarrhaus, wo du Vertretung machst.«

»Ja, das habe ich auch gedacht. Aber meine Begegnung mit Frau Krautwald hat meine Pläne über den Haufen geworfen. Leider bin ich nicht dazu gekommen, noch vorher anzurufen.«

Verlegen lächelnd nickte Luise in die Runde.

»Meine Mutter, Zenta Moosberger«, begann der junge Mann nun, ihr seine Familie vorzustellen. »Meine Schwester Moni, meine Schwester Eva, die Bäuerin auf dem Hof, ihr Mann Gregor, mein Freund. Die drei Buben heißen Blasius, Gregor und Severin.«

»Krautwald heißen Sie?«, fragte Zenta, als sie später in der Stube am Tisch Platz genommen hatten. »Mir kommt es so vor, als hätte ich diesen Namen schon mal gehört.« Sie lächelte entschuldigend. »Einen solchen Namen vergisst man doch nicht! Aber das muss lange her sein. Lassen Sie mich kurz nachdenken, vielleicht fällt es mir wieder ein.«

Sie überlegte. »Ja, jetzt weiß ich es. Das war vor dreißig Jahren, im Krankenhaus, bei der Geburt vom Blasi.«

Luise nickte. »Ja, genau. Damals lag ich im Kreißsaal nebenan. Die Hebamme wird meinen Namen erwähnt haben, die Aloisia. An deren Familiennamen kann ich mich aber nicht mehr erinnern.«

»Ja, ja, die gute Aloisia. Aloisia Gaßlmaier heißt sie«, lächelte Zenta.

»Vielleicht erinnern Sie sich noch, dass Aloisia unter ziemlichem Stress stand?«, tastete Luise sich vor. »Ständig lief sie zwischen den beiden Kreißsälen hin und her. Mein Arzt war nicht gekommen, und Ihrer anscheinend auch nicht.«

»Das stimmt«, nickte die Moosbergerin.

Luise fiel keine Möglichkeit ein, auf diplomatischere Weise zum Kern der Sache vorzudringen. »Nun vermute ich, dass die Hebamme in dieser ganzen Hektik die Kinder vertauscht hat«, sagte sie ganz direkt.

Zenta schluckte. »Wie kommen Sie denn darauf?«

Ohne eine weitere Erklärung abzugeben, legte ihr Luise das Foto von Thomas vor.

Die Bäuerin warf einen flüchtigen Blick darauf. »Na und?«

»Dieses Foto zeigt nicht Blasius, sondern meinen Sohn Thomas. Der lebt derzeit auf Barbados, wo er ein Reisebüro leitet. Sie können sich sicher mein Erschrecken vorstellen, als ich in der Christnacht diesen jungen Mann hier am Altar sah.«

Zenta nahm das Foto wieder auf. Sie blickte Blasius an, dann das Bild, dann wieder ihren Sohn. »Wenn das nicht ein und dieselbe Person ist, dann müssen es Zwillinge sein.«

»So ist es«, bestätigte Luise mit einem Nicken. »Und in jener Nacht habe ich tatsächlich Zwillinge geboren.«

Die alte Bäuerin brauchte einige Momente, um ihre Gedanken zu ordnen. »Ja ... da muss die Aloisia tatsächlich die Kinder vertauscht haben«, sagte sie endlich. »Dann ... dann ist mein ... mein wirklicher Sohn also bei Ihnen aufgewachsen?«

»Nein.«

»Wieso nein?«

»Man hat mir nur ein Kind mit nach Hause gegeben.«

Zenta presste die Hände aufs Herz. »Was ist aus meinem Sohn geworden?«

»Er ist tot zur Welt gekommen. In der Nottaufe hat er den Namen Franz-Josef, nach meinem Mann, bekommen und ist auf dem Waldfriedhof zu München begraben worden.«

Zenta sagte lange Zeit nichts, sondern starrte nur stumm vor sich hin.

Endlich blickte sie auf und sagte: »Sind Sie gekommen, um mir Blasi wegzunehmen?«

»Nein, Zenta«, versicherte Luise. »Sie haben ihm doch viel mehr gegeben als ich, indem Sie ihn aufgezogen haben. Gefühlsmäßig wird er immer Ihr Sohn bleiben. Ich bin nur glücklich, dass ich ihn durch eine so wunderbare Fügung wiedergefunden habe. Glauben Sie mir, ich will Ihnen nichts Böses.«

Die Bäuerin wirkte etwas beruhigter.

»Vor allem aber wünsche ich mir, ihn seinem Vater vorstellen zu können«, fuhr Luise fort. »Der hatte immer den Wunsch, unser Thomas solle Theologie studieren, aber leider zeigte er überhaupt keine Neigung dazu.«

Das zauberte ein wehmütiges Lächeln auf Zentas Gesicht. »Und für seinen bisherigen Vater war genau das an Blasi die größte Enttäuschung seines Lebens.«

Auf Luises fragenden Blick hin erzählte Zenta, welch steinigen Weg der junge Kaplan hatte gehen müssen, bis er dieses Ziel erreicht hatte.

»Sehen Sie, Zenta, alles fügt sich zu einem Bild zusammen«, meinte Luise. »Ich habe im Grunde keinen Zweifel, dass Blasius unser Sohn ist, aber mir liegt viel an einer wirklichen Bestätigung. Ich würde gerne in dem Krankenhaus nachfragen. Es muss doch Unterlagen geben, Bücher, in denen Geburten und Todesfälle registriert werden. Vielleicht arbeitet dort ja auch noch jemand, der die damalige Nacht mitbekommen hat.«

»Das würde mich auch interessieren«, meldete sich Blasius zu Wort. »Wenn Sie wollen, fahren wir nachher dort vorbei.«

»Sag doch nicht immer Sie zu mir«, bat Luise. »Das klingt so fremd. Ich bin doch deine Mutter.«

»Mit dem Verstand habe ich das begriffen, aber mit dem Herzen noch nicht«, musste Blasius zugeben. »Lass mir noch ein bisschen Zeit, damit ich mich daran gewöhnen kann.«

Das konnte Luise verstehen. »Wollen wir uns nicht auch duzen?«, wandte sie sich an Zenta. »Wir sind doch gewissermaßen auch miteinander verwandt, da wir uns beide zu Recht als Blasis Mütter betrachten können. Mein Name ist Luise.« Zenta nickte und brachte sogar ein schwaches Lächeln zustande.

»Deine Idee, Blasius, heute noch zum Krankenhaus zu fahren, finde ich gut«, griff Luise seinen Vorschlag auf. »Mir ist wichtig, die Tatsachen möglichst schnell aufzudecken, damit ich dich mit gutem Gewissen auch deinem Vater vorstellen kann. Diese Freude soll er schon noch erleben. Der Idealfall wäre natürlich, wenn wir die Hebamme noch selbst befragen könnten.«

»Ja«, pflichtete Zenta ihr bei. »Leider geht das nicht mehr. Sie ist ja bald nach der Geburt von da weggezogen.«

»Du weißt nicht zufällig, wo sie hingezogen ist?«

»Leider nein. Wir hatten uns alle gewundert, dass sie so Knall auf Fall weggezogen ist – und, jetzt wo ich darüber rede, fällt mir auf: Das war noch, bevor der Blasi seinen ersten Geburtstag gefeiert hat. Sie gehörte hier im Dorf gewissermaßen zum Inventar, fast fünfundvierzig Jahre hat sie hier gelebt, aber plötzlich war sie fort, und ihr Haus stand zum Verkauf.«

»Das ist wirklich jammerschade«, seufzte Luise.

»Vermutlich lebt sie eh nicht mehr«, überlegte Zenta. »Sie wäre jetzt schon weit über neunzig. Sie hat ja sogar schon mich auf die Welt geholt, und ich bin jetzt 73.«

»Auch wenn sie noch leben sollte«, schaltete sich der Sohn wieder ein, »was würde uns das denn weiterhelfen? Wenn ihr damals wirklich ein Irrtum unterlaufen ist, dann weiß sie ja nichts davon.«

Dagegen konnten die beiden Frauen kaum etwas einwenden.

»Dann wollen wir also bei dem Krankenhaus unser Glück versuchen«, schlug Luise vor. »Zenta, willst du auch mitkommen?«

»Ja, ich gehe mich nur noch umziehen.«

Als die Bäuerin in Hut und Mantel erschien, brach man gleich auf. Die beiden Mütter nahmen auf den Rücksitzen Platz, damit sie sich während der Fahrt besser unterhalten konnten.

»Eigentlich bräuchte ich diese Bestätigung durch das Krankenhaus gar nicht mehr«, sinnierte Zenta. »Jetzt, wo ich weiß, was du mir gesagt hast, wird mir klar, dass ich immer gewusst habe, dass der Blasi ganz anders ist als meine anderen Kinder. Ich hätte von selbst darauf kommen können, dass er in Wirklichkeit gar nicht unser Sohn ist.«

»Wie das?«, unterbrach Luise ihren Gedankengang.

»Wenn er mit seinen Schwestern auf dem Hof spielte, habe ich ihn manchmal beobachtet. Dann dachte ich immer, er sieht so aus, als ob er gar nicht dazugehört«, erklärte Zenta. »Sicher, die Haarfarbe stimmte, aber die Gesichtszüge hatten nichts mit den ihren gemeinsam. Das war kein Moosberger-Gesicht, und auch keines, in dem ich jemanden aus meiner Familie wiedererkannt habe. Aber so ungewöhnlich fand ich es auch wieder nicht, dass ich mir irgendwelche Gedanken gemacht hätte. Außerdem, ich muss ja froh sein, dass niemand schon früher auf solche Ideen gekommen ist. Mein Mann war doch so glücklich mit seinem Sohn! Auch dann noch, als der schließlich Geistlicher wurde. Als der Blasi hier in der Dorfkirche seine Primiz hielt, ist sein Vater fast geplatzt vor Stolz. Er war schon krank, und ein paar Monate später ist er dann auch gestorben, aber das wollte er sich auf keinen Fall entgehen lassen.«

Warum der Moosberger unbedingt einen Sohn hatte haben wollen, das musste sie Luise nun doch noch erklären. Sie tat es in wenigen Sätzen auf dem Fußweg vom Parkplatz zur Krankenhauspforte, denn inzwischen waren sie angekommen.

Dem jungen Mann an der Pforte erklärte Luise ihr Anliegen.

»Das Geburtenbuch von 1965?«, fragte der ungläubig. »Seit fünf Jahren ist dieses Haus in neuer Trägerschaft, und es ist auch kein Krankenhaus mehr. Es ist jetzt ein Altersheim.«

»Wissen Sie, was aus den Unterlagen des Krankenhauses geworden ist?«, erkundigte sich Blasius. »Es muss doch ein Archiv oder etwas Ähnliches geben.«

Der junge Mann schüttelte den Kopf. »Hier im Haus jedenfalls nicht mehr.«

Ratlos und enttäuscht blickten sich die drei Besucher an. »Was machen wir nun?«, fragte Luise, ohne eine Antwort von Zenta oder Blasius zu erwarten.

»Moment mal«, fiel ihr da der junge Mann ins Wort. »Vielleicht weiß Schwester Bilhildis ja etwas darüber; sie ist länger hier im Haus als alle anderen. Ich frage mal bei ihr an.«

Er griff zum Telefon.

»Schwester Bilhildis?« Beide Frauen sahen sich überrascht an.

»Die saß doch damals an der Pforte, als ich eingeliefert wurde«, erinnerte sich Zenta. »Diesen ungewöhnlichen Namen habe ich mir gemerkt.«

»Ich auch«, bestätigte Luise. »Die Hebamme hat ihn mehrmals erwähnt.«

Bald darauf erschien eine schlanke Person in weißer Schwesterntracht. Ihr Alter war schwer zu schätzen, da die Haube nur wenig vom Gesicht frei ließ. Sie begrüßte die drei Besucher freundlich und führte sie in ein kleines Sprechzimmer. Luise entschuldigte sich dafür, dass sie mit ihrem Anliegen am hochheiligen Weihnachtsfest hereingeplatzt seien. Aber ihr Mann liege sterbenskrank danieder, deshalb gelte es, keine Zeit zu verlieren. Nach dieser Einleitung stellten die drei Personen sich vor.

»Krautwald und Moosberger«, wiederholte die Schwester nachdenklich. »Diese beiden Namen sind mir vor langer Zeit schon mal begegnet.«

»Das war im Jahre 1965«, fing Luise an. Die Schwester nickte und antwortete: »Richtig. Es war im Februar. Und es war Nacht.«

»Dass Sie das noch wissen!«, entfuhr es Frau Krautwald. »Nach so langer Zeit. Inzwischen müssen doch Tausende von Patienten an Ihnen vorbeigeschleust worden sein.«

»Ja, das ist wirklich unglaublich«, pflichtete Zenta ihr bei, die bisher außer ihrem Namen noch nichts von sich gegeben hatte.

»Das kann ich Ihnen erklären«, lächelte Schwester Bilhildis. »Erstens sind die Namen Krautwald und Moosberger keine Allerweltsnamen, und zweitens war ich damals erst seit wenigen Tagen in diesem Haus tätig. Die ersten Eindrücke merkt man sich bekanntlich am besten.«

»Wissen Sie zufälligerweise auch, ob das Geburtenbuch von 1965 noch existiert und wo es zu finden ist?«, schaltete Blasius sich ein.

»Natürlich weiß ich das. Das Archiv wurde damals, vor fünf Jahren, in Kisten verpackt und im Keller eingelagert. Eigentlich hieß es, dass es irgendwann einmal abgeholt werden solle, aber das muss in Vergessenheit geraten sein. Die Kisten stehen jedenfalls immer noch dort. Aber es lohnt sich nicht, dass ich dort nach dem Geburtenbuch suche, damit Sie reinschauen können.«

»Wie wollen Sie das beurteilen?«, fragte Luise gereizt.

»Das, was Sie wissen wollen, kann ich Ihnen ohnehin auswendig aufsagen.«

»Wie? Was? Sie wissen, was wir in dem Buch suchen?«, fragte Blasi verdattert.

»Ja. Ich nehme an, dass in jener Nacht ein Kind vertauscht worden ist.«

»Sie haben das die ganze Zeit gewusst?«, fragte Luise. »Wieso haben Sie denn nie etwas gesagt?«

»Gewusst habe ich nichts, nur etwas geahnt«, berichtigte Schwester Bilhildis. »Vergessen Sie nicht, ich war damals noch jung und hatte gerade erst hier im Krankenhaus angefangen. Ich hätte es nie gewagt, einer erfahrenen Hebamme wie Aloisia Gaßlmaier einen Fehler zu unterstellen. Ich dachte deshalb, ich bilde mir die ganze Sache nur ein. Aber da Sie heute, am heiligen Feiertag, hereinkommen und sich danach erkundigen, werde ich damals wohl doch recht gehabt haben.«

»Und was genau haben Sie vermutet?«, erkundigte sich Luise. »Und aus welchem Grund?«

»Die Ähnlichkeit der beiden Neugeborenen fiel mir auf«, erklärte die Schwester. »Ich musste am Ende meiner Nachtschicht noch im Säuglingszimmer beim Wickeln der Kinder mithelfen, und ich war neugierig auf unsere beiden Neuzugänge. Man behauptet ja immer, alle Neugeborenen sähen gleich aus. Aber das stimmt nicht. Jedes ist schon ein kleines Individuum. Aber diese beiden sahen sich wirklich zum Verwechseln ähnlich. Das hat mich so verblüfft, dass ich mir das dritte Kind, das in jener Nacht tot zur Welt gekommen war, in der Leichenhalle auch noch angeschaut habe.«

»Wie sah es aus?«, erkundigte Zenta sich gespannt.

»Es hatte schon auch eine große Ähnlichkeit mit den beiden anderen«, sagte Schwester Bilhildis. »Es hätte sowohl der Bruder von dem einen als auch von dem anderen sein können. Und vergessen Sie nicht, ein totes Kind sieht nun einmal doch ein wenig anders aus als ein lebendiges. So wurde ich wieder unsicher. Ich überlegte mir noch, ob ich alle drei Kinder einmal nebeneinanderlegen sollte. Aber wie hätte ich das irgendjemandem erklären können, ohne damit eine fürchterliche Aufregung hervorzurufen? Noch dazu, wenn niemand außer mir selbst etwas an der Ähnlichkeit ungewöhnlich finden sollte oder ich sie mir vielleicht doch nur eingebildet hatte? So entschloss ich mich, die Sache auf sich beruhen zu lassen. Aber durch den Kopf gegangen ist sie mir im Lauf der Jahre immer wieder einmal. Deswegen habe ich auch Ihre Namen nicht vergessen.«

»Wissen Sie, was aus der Hebamme geworden ist?«, wollte Luise wissen. »Sie war ja damals schon nicht mehr die Jüngste. Sicher lebt sie schon längst nicht mehr.«

»Doch, sie lebt noch. Vor fünf Jahren, als das Haus hier in ein Altersheim umgewandelt wurde, gab es zur Einweihung eine Feier, zu der man auch die Senioren der Umgebung eingeladen hat. Bei diesem Fest stand sie plötzlich vor mir. Wir wechselten ein paar Worte, und sie erzählte, solle sie ein Pflegefall werden, brauche sie eine neue Bleibe, denn ihrer Enkelin, bei der sie jetzt wohne, wolle sie dann auf keinen Fall zur Last fallen. Seitdem ist sie jedes Jahr beim Sommerfest hier im Haus gewesen. Jedes Jahr frage ich Frau Gaßlmaier, ob ich ihr schon mal ein Zimmer reservieren solle. Jedes Mal verneint sie lächelnd, sie brauche noch keine Pflege.«

»Würden Sie uns bitte ihre Adresse geben?«, bat Luise.

»Ich weiß nicht, ob ich die so einfach weitergeben darf. – Aber warten Sie einen Augenblick, ich rufe bei der Enkelin an und frage nach.«

Die Schwester verließ für ein paar Minuten das Besucherzimmer und kehrte mit einem Zettel, auf dem sie die Adresse notiert hatte, und dem Bescheid zurück, Frau Gaßlmaier erwarte sie.

Beklommenen Herzens traten die drei Personen bei der Greisin ein. Sie saß aufrecht in ihrem Lehnstuhl. »Grüß dich, Zenta«, sagte sie mit klarer Stimme. »Grüß Gott, Frau Krautwald. Grüß dich, Blasi, groß bist du geworden.«

Die Enkelin holte vom Esstisch Stühle herbei und stellte sie im Halbkreis vor der Großmutter auf. Diskret wollte sie den Raum verlassen.

»Bleib nur da, Marlene«, gebot die Großmutter. »Was ich zu sagen habe, darfst du auch hören.« Aloisia schaute von einem zum anderen und nickte dabei mit dem Kopf. »Ich habe damit gerechnet, dass ihr früher oder später kommen würdet.«

Luise war die Erste, die Worte fand: »Wie, Aloisia, Sie haben den Irrtum bemerkt? Warum haben Sie nie etwas gesagt?«

»Es war kein Irrtum«, bekannte sie offen. »Ich hatte ganz bewusst und in voller Absicht gehandelt. Ich hatte die beiden Kinder vertauscht, weil ich es mit euch beiden nur gut meint hatte. Dir, Zenta, habe ich endlich zu dem lang ersehnten Stammhalter verhelfen wollen. Und bei Ihnen, Frau Krautwald, hatte ich den Eindruck, Sie würden mit Zwillingen völlig überfordert sein.«

»Es war Ihnen aber schon bewusst, dass Sie sich mit dieser Handlung strafbar gemacht haben?«, wollte Blasius wissen.

»Ja, und ob! Aber das hat mich weniger belastet als mein Gewissen. Schicksal hatte ich gespielt, als ob ich dem Herrgott Konkurrenz machen dürfte! Das hat mir all die dreißig Jahre zugesetzt. Dreißig Jahre!« Sie schüttelte den Kopf. »Nie hätte ich erwartet, dass ich 92

Jahre alt werden könnte. Es ist, als wolle Gott mich einfach nicht sterben lassen, bevor die Wahrheit ans Licht gekommen ist. Und nachdem mir dieser Gedanke vor einiger Zeit gekommen ist, habe ich begonnen, auf euren Besuch zu warten.«

Klar und deutlich, als wäre es erst gestern passiert, erzählte Aloisia nun die ganze Geschichte von Anfang an, ohne etwas zu verschweigen. Sie berichtete, wie sie auf die Idee gekommen war, und beschrieb in allen Einzelheiten, wie sie das Vertauschen durchgeführt hatte.

Keiner ihrer Zuhörer brachte ein Wort hervor, auch nachdem die alte Hebamme längst geendet hatte. Deshalb fügte sie nach einer Weile hinzu: »Nun verurteilt mich. Ich habe es nicht anders verdient.«

Diesmal war es Zenta, die als Erstes ihre Sprache wiederfand: »Uns ist kein Schaden daraus erwachsen, dass wir ein fremdes Kind großgezogen haben«, stellte sie mit Entschiedenheit fest. »Im Gegenteil, wir haben so viel Freude an dem Buben gehabt, und wir waren und sind so stolz auf ihn, dass ich dir nicht zürnen kann. Ja, Aloisia, eigentlich muss ich dir sehr dankbar sein.«

Nun sah sich Luise ebenfalls zu einer Erklärung genötigt: »Ich kann Ihnen auch nicht böse sein. Ich erkenne auch an, dass Sie es mit uns beiden wirklich gut gemeint hatten, als Sie das Schicksal in andere Bahnen gelenkt hatten. Sollten Sie dadurch Schuld auf sich geladen haben, so haben Sie diese längst durch Ihre Gewissensbisse abgebüßt.«

»Ich bin mehr als einmal heimlich zum Gumperhof geschlichen, um ein Geständnis abzulegen, so schlimm waren meine Gewissensbisse«, bekannte die Greisin.

»Sogar nachdem ich schon längst nach München gezogen war, bin ich ein paar Mal gekommen. Aber mal sah ich im Herankommen die Großmutter, wie sie den Kleinen stolz im Wagerl umherschob. Mal sah ich dich, Zenta, wie du ihn glücklich im Arm hieltest, oder den Bauern, wie er voller Stolz auf seinen vermeintlichen Sohn einredete, ihm dies und jenes erklärte und gar auf dem Traktor neben sich sitzen ließ. Jedes Mal dachte ich: Nein, dieses Glück darfst du nicht zerstören. Deshalb sagte ich mir jedes Mal: Du musst alles lassen, wie es ist, und mit der Schuld, die du auf dich geladen hast, mit der musst du leben, bis der Bub erwachsen ist und du ihm nicht mehr seine glückliche Kindheit zerstören kannst.«

Sie lächelte und schüttelte gleichzeitig den Kopf.

»In Wirklichkeit habe ich natürlich gar nicht daran geglaubt, dass ich jemals so alt werde. Das war also eine Ausrede, und als der dritte Februar 1983, der achtzehnte Geburtstag der beiden Buben, gekommen war, erfand ich eben neue Bedenken und Ausreden. Schließlich fühlte ich mich dann zu alt, um diesen Gang doch noch anzutreten.«

Der alten Frau rannen die Tränen über die runzeligen Wangen. Sie zog ihr Taschentuch aus dem Ärmel und tupfte sie ab.

Zenta erhob sich, trat auf ihre alte Hebamme zu und umarmte sie. »Es ist ja alles gut, Aloisia. Gott wird dir auf jeden Fall vergeben. Er war es doch selbst, der dich zu seinem Handlanger gemacht hat, damit auf dem Gumperhof das Glück und der Friede einkehren. Und wenn du deine Schuld bekannt hättest, dann hätte es meinem

Mann das Herz gebrochen, also ist es gut, dass die Wahrheit nicht früher ans Tageslicht gekommen ist.«

Nun meldete sich Aloisia wieder zu Wort: »Blasi, komm her zu mir. Lass dich umarmen. Ich möchte dir Abbitte leisten, weil ich dein Leben so durcheinandergebracht habe.«

Der junge Kaplan trat ohne Zögern zu ihr hin. »Ist schon gut, Aloisia. Mir ist ja auch kein Schaden entstanden. Im Gegenteil: Du hast mir zwei Mütter verschafft – bin ich darum nicht zu beneiden?«

Darüber vermochte die alte Frau sogar ein wenig zu lächeln.

»Da ihr vorhin von Gräbern geredet habt, hätte ich gleich noch eine Bitte an dich, Blasi. Würdest du mir mein Sterbeamt halten und mein Begräbnis machen, wenn Gott beschließt, mich heimzuholen? Nun muss er mich ja eigentlich nicht mehr allzu lange darauf warten lassen.«

Es ging schon auf 19.00 Uhr zu, als Luise mit ihrem Sohn nach Hause kam und ihn ins Wohnzimmer führte. »Schau dich schon mal ein bisschen um. Deinen Vater muss ich erst schonend auf diese Neuigkeit vorbereiten.«

Als sie ins Schlafzimmer trat, fragte Franz-Josef: »Du strahlst ja so, Liebes. Hast du einen schönen Tag gehabt?«

»Ja. Insbesondere aber einen interessanten.«

»Du warst ja auch lange genug weg. Irene ist vor einer halben Stunde hinübergegangen, weil sie ihre Familie ja auch nicht die ganze Zeit alleine lassen kann. Sie kommt nachher noch einmal, wenn sie drüben gegessen haben. Sie wollte dann noch so lange hierbleiben, bis du wieder aufgetaucht bist.«

Diesen kleinen Tadel wollte er ihr nicht ersparen.

»Irene ist ein Schatz!«, sagte Luise. »Ich hätte nie geglaubt, dass es so lange dauern könnte. Aber für deine Geduld bekommst du jetzt auch eine Belohnung. Die hast du dir wahrlich verdient.«

»Eine Belohnung? Belohnung ist immer gut. Was ist es? Lass mich raten.«

»Ich habe Besuch mitgebracht.«

»Besuch, Luise? Ist etwa unser Sohn da?«

Nun war seine Frau die Überraschte. »Wie bist du so schnell darauf gekommen?«, wollte sie wissen.

»Ist er es wirklich? Das habe ich nur so gesagt, weil du so gestrahlt hast, und weil ich mir insgeheim so sehr gewünscht habe, dass er zu Weihnachten kommt. Wo ist er?«, fragte er ungeduldig. »Er soll hereinkommen.«

»Gemach, gemach, Franz-Josef. Ehe ich ihn hereinrufe, muss ich dir noch etwas erzählen.«

Die freudige Überraschung in der Miene des Vaters verwandelte sich in Besorgnis.

»Luise – sag es mir ganz offen«, bat er. »Was hat er denn diesmal angestellt? Ist er seiner Verena mit einer karibischen Schönheit durchgebrannt? Oder hat er seine Berufung zum Zirkusclown entdeckt? Ich bin auf alles gefasst und verspreche dir, dass ich mich nicht aufregen werde.«

»Keine Sorge«, versicherte Luise. »Es geht um etwas ganz anderes. Das ist nur schwierig zu erklären. Franz-Josef, du erinnerst dich doch, dass ich Zwillinge zur

Welt gebracht habe? Eines der beiden Kinder mussten wir auf dem Waldfriedhof begraben lassen.«

»Wieso beginnst du jetzt bei Adam und Eva, wenn du mir etwas über unseren Sohn erzählen willst?«, fragte er ein wenig ungehalten. »Natürlich erinnere ich mich daran.«

»Franz-Josef, es war nicht unser Kind, das wir damals beerdigt haben.«

Er blickte sie an, als zweifle er an ihrem Verstand.

»Wieso das? Wie kommst du jetzt darauf? Was erzählst du da für einen Unsinn?«

»Die Hebamme hat damals zwei Kinder vertauscht. Eine andere Frau hatte das tote Kind zur Welt gebracht. Unser zweiter Sohn lebt noch.«

»Luise!« Der Kranke richtete sich halb auf und fasste seine Frau am Unterarm. »Was fantasierst du dir denn da zusammen?«

»Ich fantasiere nicht. Er ist mir begegnet – und er sieht Thomas so ähnlich wie ein Ei dem anderen. Um herauszufinden, was sich zugetragen hat, war ich heute so lange unterwegs.«

»Du hast Detektiv gespielt? Typisch meine Frau.« Ermattet ließ er sich zurückfallen. Offensichtlich war das für ihn doch zu viel gewesen.

»Ich hole ihn gleich, dann kannst du dich mit eigenen Augen davon überzeugen«, fuhr Luise fort. »Aber vorher möchte ich dir noch erzählen, was ich herausgefunden habe – und wie es dazu gekommen ist.«

Sie berichtete ihm ausführlich von ihrem Erlebnis am Heiligen Abend. Dann erst ging sie hinaus und kehrte mit Blasius zurück.

»Das ist wirklich nicht Thomas?«, forschte der Vater beim Anblick dieses Sohnes.

»Nein, Vater«, antwortete Blasi und trat näher an das Bett heran. »Ich bin Blasius Moosberger, der verlorene Sohn.«

»Das musst du wohl sein, denn ein solcher Ausspruch wäre von Thomas niemals gekommen. Und dennoch, diese Ähnlichkeit! Komm näher, mein Junge. Lass dich genauer anschauen, lass dich anfassen.«

Luise ging hinaus, um den beiden ein wenig Zeit für sich alleine zu lassen und außerdem, um ein kleines Abendessen vorzubereiten. Nach etwa einer halben Stunde ging sie wieder ins Krankenzimmer.

»Verzeih mir die Unterbrechung, Franz-Josef. Aber über die Freude, dass wir unseren verlorenen Sohn wiedergefunden haben, dürfen wir ihn nicht verhungern lassen. Ein Mastkalb habe ich zwar nicht geschlachtet, aber von dem Weihnachtsputer ist noch genügend vorhanden.«

»Ja, ja, Liebes, du hast recht. Entführe ihn nur mal für eine Weile in die Küche. Mir tut es ohnehin gut, wenn ich ein wenig ausruhen kann. Außerdem muss ich auch über all das nachdenken, was ich erfahren habe.«

Als Mutter und Sohn nach dem Abendessen wieder zu dem Patienten zurückkehrten, teilte Luise ihm mit, was sie in der Küche beschlossen hatten. »Wir wollen Blasius heute Abend nicht zu lange aufhalten. Morgen nach dem Gottesdienst packt er seine Siebensachen zusammen und zieht für ein paar Tage zu uns, so lange, bis seine Vertretung in unserer Pfarrei beendet ist. Wir wohnen ja nahe genug an seiner Kirche.«

»Das habt ihr gut ausgeheckt, ihr beiden«, freute sich Franz-Josef. »So gehört sich das auch: Der Sohn muss im Hause seines Vaters weilen.«

Irene kam an jenem Abend nicht mehr, denn Luise rief sie an, um Bescheid zu geben, dass sie wieder da sei. Am nächsten Morgen holte ihre Nachbarin sie rechtzeitig zum Hochamt ab, und unterwegs erzählte Luise, wie versprochen, alles, was sie herausgefunden hatte. »Jetzt verstehe ich alles«, sagte Irene, nachdem auch sie das Bild von Thomas betrachtet hatte. »Ich glaube, eine solche Neuigkeit hätte mich auch umgehauen.«

Nach dem Gottesdienst fuhr sie mit Blasius im Auto wieder nach Hause, wo er seine Sachen in einem der Gästezimmer unterbrachte. Wenig später saß er wieder am Bett seines Vaters und reichte ihm die Krankenkommunion. Dass er von sich aus daran gedacht hatte, machte den Vater sehr glücklich.

»Ich danke dir, mein Sohn. Du kannst dir gar nicht vorstellen, wie viel es mir bedeutet, dass du Priester geworden bist. Nur schade, dass deine Großmutter das nicht mehr erlebt hat.«

»Warum so kleingläubig, Franz-Josef?«, widersprach Luise. »Sie hat es schon lange vor uns erfahren. Noch bevor wir eine Ahnung davon hatten, hat sie es vom Himmel aus gesehen.«

»Ja, Luise. Manchmal denke ich, du bist doch gläubiger als ich.«

Später, die Mutter war gerade damit beschäftigt, ihm das Mittagessen auf dem Nachttisch zu servieren, läutete es an der Haustür.

»Wer mag das sein?«, fragte Franz-Josef verwundert.

»Vermutlich ist das Irene. Sie wollte mir noch was bringen.«

Luise schaute sich hilflos um, weil sie gerade keine Hand frei hatte.

»Lass nur, Mutter«, rief Blasius und sprang auf. »Ich öffne schon.«

An der Tür blieb ihm vor Überraschung der Mund offen stehen: Es war nicht die Nachbarin, die er vor der Tür sah, sondern … er selbst.

Natürlich begriff er sofort, wen er hier vor sich haben musste, dennoch war es ein seltsames Gefühl – als würde er in einen Spiegel schauen. Zumal seinem anderen Ich der Unterkiefer heruntergeklappt war, was wohl auch auf ihn selbst zutraf.

»Ich glaub, ich spinne«, stellte der andere nach einigen Schrecksekunden fest. »Habe ich jetzt Halluzinationen, oder bin ich während meiner Abwesenheit geklont worden?«

»Weder-noch. Ich bin Blasius, dein Zwillingsbruder.«

»Erstens heißt mein Zwillingsbruder Franz-Josef, und zweitens liegt der seit dreißig Jahren auf dem Waldfriedhof zu München«, widersprach Thomas, der nicht aufhören konnte, seinen Doppelgänger anzustarren. »Ich war schließlich oft genug an seinem Grab.«

»Das ist wie in dem Buch vom Doppelten Lottchen mit uns beiden, nur komplizierter«, versuchte Blasius die Sache auf eine Kurzformel zu bringen. »Weil es bei uns um drei Kinder und nicht nur zwei gegangen ist. Keine Sorge, wir werden dir alles noch erklären.«

»Darum möchte ich doch sehr bitten!«, antwortete sein Gegenüber. »Einstweilen überzeugt mich der Augenschein wenigstens so halb davon, dass wir irgendwie miteinander verwandt sein müssen.«

Hinter Thomas tauchte auf einmal eine blonde, junge Frau auf, die offensichtlich in anderen Umständen war. »Das ist Verena, meine Verlobte«, stellte er sie vor, und an sie gewandt, sagte er mit einer Handbewegung zu Blasius hin: »Wer der da ist, kann ich dir leider auch nicht so genau sagen. Ich sehe ihn zum ersten Mal – außerhalb unseres Badezimmerspiegels jedenfalls.«

Luise, die im Schlafzimmer den Wortwechsel zwar mitbekommen, aber kein Wort verstanden hatte, schob sich nun, neugierig geworden, in die Diele.

»Was gibt's denn da?«, rief sie aus dem Hintergrund. Beim Näherkommen entdeckte sie ihren anderen Sohn. »Thomas! Das gibt's doch nicht! Bist du es wirklich?«

»Ja, Mutter. Aber wie ich sehe, hätte ich gar nicht zu kommen brauchen«, antwortete er, halb im Spaß, halb immer noch erschüttert. »Ihr habt euch ja bereits Ersatz für mich beschafft.«

Luise spürte plötzlich einen Lachreiz in sich aufsteigen, den sie bei aller Anstrengung nicht unterdrücken konnte. Sie lachte und lachte und konnte einfach nicht mehr aufhören. »Was erwartest du denn, wenn du so lange wegbleibst und zu Weihnachten noch nicht mal eine Karte schickst?«, japste sie zwischendurch und wischte sich die Tränen ab.

»Was gibt es da draußen zu lachen?«, rief es aus dem Schlafzimmer. »Ich will auch mitlachen.«

»Ja, ja, wir kommen schon«, rief seine Frau und versuchte, sich zusammenzunehmen. Leiser fügte sie hinzu: »Vorher muss ich euch aber erst einmal drücken.«

Zuerst schloss sie ihren Thomas in die Arme. Dann wandte sie sich der Freundin zu, die sie noch gar nicht richtig gesehen hatte, und ihr Blick weitete sich vor Staunen.

»Sehe ich richtig? Ihr erwartet ein Kind? Ich werde verrückt! Dann kommt mal alle drei schnell herein in die warme Stube. Oder vielmehr ins Schlafzimmer, damit der Vater nicht zu ungeduldig wird.«

Sie ließ die beiden Söhne vorangehen und beobachtete von der Zimmertür aus, was ihr Mann nun für ein Gesicht machen würde. Der riss erst die Augen auf, dann rief er: »Luise, was hast du mir in den Kaffee getan? Ich sehe doppelt.«

Dann umarmte er Thomas.

»Jetzt erst bin ich wirklich überzeugt davon, dass es zwei sind«, sagte er zu Luise hinüber, die das Wiedersehen von der Tür aus mit Wohlgefallen beobachtete. »Vorhin nagte, ehrlich gesagt, immer noch ein leichter Zweifel an mir.«

»Das kann ich gut verstehen«, bestätigte Thomas, indem er Blasius von oben bis unten begutachtete. »Ich sehe ihn, und ich zweifle immer noch.«

»Und ich muss mich daran gewöhnen, überhaupt einen Bruder zu haben, und dann auch noch einen leibhaftigen ungläubigen Thomas«, konterte Blasius. »Bisher hatte ich nämlich sechs Schwestern, von denen keine auch nur im Traum daran denken würde, meinen Worten keinen Glauben zu schenken.«

Nun erst bemerkte Franz-Josef Verena, die sich bislang im Hintergrund gehalten hatte. Er betrachtete sie erstaunt und umarmte sie mit der gleichen Herzlichkeit. »Ja, Thomas, offensichtlich hast du dich doch zu einem Kind durchgerungen. Du kannst dir gar nicht vorstellen, wie mich das freut. Nun habe ich doch noch Aussichten, Stammvater eines großen Volkes zu werden, wie mein großes Vorbild Abraham.«

»Ach, Vater, du immer mit deinen frommen Sprüchen. Aber jetzt mal was anderes«, wandte Thomas sich an seine Mutter. »Das Zimmer, das du für mich vorgesehen hattest, ist wohl belegt durch diesen Eindringling da?«

»Nein, keine Sorge«, versicherte ihm die Mutter. »Für dich haben wir auch noch Platz. Wir besitzen nämlich ein zweites Gästezimmer. In dem stehen sogar zwei Betten, also genug Platz für zwei Personen – für zweieinhalb Personen«, korrigierte sie sich.

»Dann ist ja alles in Ordnung. Wir würden gern einige Tage bleiben, bis wir eine eigene Wohnung gefunden haben.«

»Eine eigene Wohnung?«, wiederholte Luise.

»Ja, Mutter, du hast richtig gehört. In Barbados haben wir unsere Zelte abgebrochen und wollen sie in München wieder aufbauen.«

»Soll das heißen, dass ihr …?«

»Ja, wir haben uns dazu entschlossen, als Verena schwanger geworden ist. So schön es auf Barbados auch ist, aber unser Kind wollen wir doch lieber in Deutschland großziehen. Also haben wir unser Unternehmen an unseren früheren Chef verkauft. Wir haben in den letzten Wochen nur noch unsere Nachfolger eingelernt, und das war ein ganz schönes Chaos. Deshalb konnten wir auch erst auf den letzten Drücker buchen. Vor Weihnachten haben wir keinen Flug mehr bekommen.«

»Und warum hast du uns so lange nicht geschrieben?«

»Wir wollten euch doch überraschen.«

»Die Überraschung ist euch wirklich gelungen«, bestätigte der Vater.

»Aber sie ist nichts gegen die eure«, entgegnete Thomas. »Präsentieren die mir da einen ausgewachsenen Bruder! Und noch dazu einen, mit dem ich mich selbst verwechseln könnte. Ich kann es immer noch nicht glauben.«

»Wie ich deine Mutter kenne, wird sie dir das alles haarklein erzählen, und am Ende wirst du es glauben müssen«, bemerkte der Vater trocken.

»Natürlich werde ich das. Aber zunächst freue ich mich riesig, dass ihr in der Heimat bleiben wollt«, versicherte Luise. »Und außerdem interessiert es mich, was ihr hier in München für Pläne habt – ich meine, von eurem Kind einmal abgesehen. Thomas, steht am Ende jetzt ein weiterer Berufswechsel bei dir auf dem Programm? Und wenn ja, worauf müssen wir uns diesmal einstellen?«

»Also, wenn ihr mich so fragt … ich ziehe eine steile Karriere als Koch in Erwägung.« Thomas grinste. »Verena findet nämlich, ich koche viel besser als sie – obwohl ihr Essen ja schon spitzenmäßig ist. Also müsste doch irgendein Nobelrestaurant hier meine herausragenden Fähigkeiten zu würdigen wissen.«

Sein Vater blickte so entsetzt, dass er eilig hinzusetzte: »Nein, nein – ich habe nur Spaß gemacht. Ich werde wieder bei meinem alten Chef anfangen. Am liebsten hätte er Verena auch gleich wieder eingestellt, aber die hat ihn vertrösten müssen: Erst wenn das Kind aus dem Gröbsten raus ist, dann kann er wieder mit ihr rechnen, wenigstens stundenweise oder vielleicht auch mal für ein besonderes Projekt, bei dem es von Vorteil ist, ein Kind zu haben. Ein Probeaufenthalt in einem Familienhotel oder so.«

An dieser Stelle schaltete sich der Vater wieder ein: »Aber mit dem gschlamperten Verhältnis ist jetzt Schluss. Ich will keine unehelichen Enkel haben.« Er machte eine Bewegung zu seinem anderen Sohn hin. »Hier, schaut euch den an. Der wird nichts lieber tun, als euch sobald wie möglich zu trauen.«

»Bist du etwa Standesbeamter?«, erkundigte sich Thomas bei seinem Bruder. Der schüttelte den Kopf. »Nein, Priester.«

»Großer Gott!«, entfuhr es Thomas. »Jetzt werde ich endgültig verrückt.«